JN040959

やさしく まるごと 中学社会 改訂版

著　渡部迪恵

マンガ　そらあすか

協力　葉一

教育系YouTuber 葉一監修！
- 社会の勉強のコツ&達成BOOK
- 定期テスト計画シート
- 社会の勉強のコツDVD　つき

Gakken

はじめに

　人は，生きるために栄養をとって体を維持しなければなりません。同様に，脳の働きを維持するためには脳に栄養を与える必要があります。この場合の「脳への栄養」とは，勉強をして自分の知識を増やすことです。

　本書を手にとったみなさんは，総復習をしたい3年生でしょうか。先どり学習をしようとしている1年生，2年生でしょうか。それとも，お子さんにすすめようとしている保護者の方かもしれませんね。

　また，この本を手にするきっかけは何でしょう。社会科が苦手だからでしょうか。テストで点数が思うようにとれなくて何とかしようと思ってでしょうか。どのような理由にせよ，社会科に対して関心を持ってくれていることは確かだと思います。

　そして本書は，そのほとんどの人の要望にかなうものであると自信を持っています。

　皆さんは，社会科の勉強方法を「暗記する」ものだと思っていませんか？　社会科が苦手な人にとって「社会は暗記教科ではない」という言葉は信じられないかもしれません。しかし，今求められている社会科の力は，暗記だけでは身につきません。

　例えば「アイヌの人々」は，地理分野で北海道などに住んでいる先住民族であると紹介されます。歴史分野では，本州の人々との不平等な交易により生活が圧迫されていったことを学習しますし，歴史の中で奪われた独自の文化を守るための法律の整備は，公民分野の平等権に関係します。これらを暗記だけですませるのではなく，地理・歴史・公民は，すべてつながりのある物語だと考えてください。地理という舞台で展開される，歴史という壮大な物語を，テーマごとに見つめたものが公民です。社会科は物語だと思って勉強すると，飛躍的に力がつきます。

　本書を利用して学ぼうとしている皆さんへ。中学3年分の学習内容と，その内容を動画で確認して学習を進めることのできる画期的な本書で，脳への栄養をたっぷりとってください。

　最後に，原稿執筆や校正などの作業が遅い私を根気よく待ってくれた編集担当さんには本当にご迷惑をおかけしました。また，このような機会を紹介してくれた友人のM氏にも感謝しています。

　すてきなまんがで本書を彩ってくださったそらあすか先生をはじめとする出版までのすべての作業に携わった皆様，そして本書を手にとってくれたみなさんにも，本当にありがとうございました。

　この本を学習に利用する，やる気に満ちあふれたすべての人の役に立ちますように。

わたべみちえ
渡部迪恵

本書の特長と使いかた

まずは「たのしい」から。

　たのしい先生や，好きな先生の教えてくれる科目は，勉強にも身が入り得意科目になったりするものです。参考書にも似た側面があるのではないかと思います。

　本書は読んでいる人に「たのしいな」と思ってもらえることを願い，個性豊かなキャラクターの登場するマンガを多く載せています。まずはマンガを読んで，この参考書をたのしみ，少しずつ勉強に取り組むクセをつけるようにしてください。勉強するクセがつけば，学習の理解度も上がってくるはずです。

中学3年分の内容をしっかり学べる。

　本書は中学3年分の内容を1冊に収めてありますので，どの学年の人でも，自分に合った使いかたで学習することができます。はじめて学ぶ人は学校の進度に合わせて進める，入試対策のために3年分を早く復習したい人は1日に2・3レッスンずつ進めるなど，使いかたは自由です。

　本文では，なるべくわかりやすくていねいに説明しています。また，多くの図版やイラストで，たのしく読み進めていけます。理解度を確認できるように練習問題も収録してありますので，この1冊で中学3年分の学習内容をちゃんとマスターできる作りになっています。

動画授業があなただけの先生に。

　本書の動画マーク（🖥）がついた部分は，YouTubeで動画授業が見られます。動画をはじめから見てイチから理解をしていくもよし，学校の授業の予習に使うもよし，つまずいてしまった問題の解説の動画だけを見るもよし。PCやスマホでいつでも見られますので，活用してください。

　誌面にあるQRコードは，スマホで直接YouTubeにアクセスできるように設けたものです。

YouTubeの動画一覧はこちらから

https://gakken-ep.jp/extra/
yasamaru_j/movie/

※動画の公開は予告なく終了することがございます。

Prologue
[プロローグ]

…これが見つかると
マズい…
とりあえずここに
隠すか

ヒロキ
社会がちょっぴり（？）
苦手な中学生

あ――ッ！

ちょっとヒロキ！

のぞみ
ヒロキの姉
史学科の大学生

ご先祖様の"ほこら"で何してんの？

見つかった――！！

ウワッ!!
なにこの
点数！？

社会
12点

ウチは代々武士の家系…
なのに子孫のアンタが
歴史も公民も苦手なんて…

この歴史
オタクがっっ

かっ関係ないだろ？

実は…社会を
勉強しようとすると
なぜかお腹が減ったり
眠くなったり
しちゃうんだよ～

何よそれ？

そういえば…
ウチに伝わる書物で
読んだことがあるわ

パラ…

我が家のご先祖様に
とんでもないアホ殿がいて…

勉強もせず食べて
寝てばかりいたって…

うわっ
何これ？

ぼくにソックリ？

ヒロキが社会ができないのは
きっとこのアホ殿の性質を
受け継いでしまったせいよ！

めちゃくちゃ非科学的
だなあ！

ご先祖様お願いです！
弟が社会の勉強ができる
ようにしてくださーい！

何やってんの姉ちゃん！？

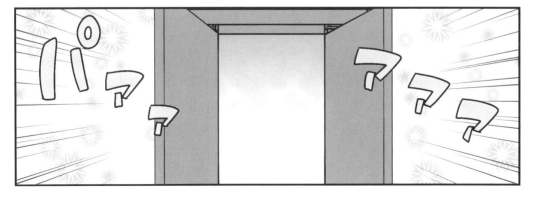

パァァ

アアア

何か出た──！！？

あーっ！例のアホ殿！？

な、何じゃここは…？

キョロ
キョロ

えっとえっと…
実は…かくかく
しかじかで

ほ〜ここは何百年も
先の世なのか！

そなたたち
この時代のおいしい食べ物を
余に教えてくれんかの〜

くわっ

コラーッ！！

うちの殿のせいで
子孫にまで迷惑を
かけてしまっているとは…
まことに申し訳ない

教育係の
わしの
責任
じゃ…

トホホ…

我々がここに連れて
こられたということは

未来の世を見せて
殿の根性を叩き直せと
天が仰せなのじゃろう

よし！それなら
社会が得意なこの私が

殿にみっちり
地理も歴史も公民も教えましょう！

頑張って姉ちゃん
この殿のアホさが直れば
ぼくも社会の勉強が
できるようになるね

何言ってんのヒロキ
アンタも一緒に勉強するのよ

♪～

えー！ヤダー！

お腹すいたー！！

余も勉強するの
ヤダ——！！！

しっかり学べばごほうびに
殿の好物の団子食べ放題ですぞ

コロッ☆

うむ！
やるぞ！

ヒロキ！
余について参れ！！

やるぞー！！

お——♪

ええ——っ

Contents

[地理]

Lesson 1 　日本は地球のどこにあるの？ ［地球の姿と国の位置］ ………… 10

Lesson 2 　暑い？寒い？気候の違い ［世界の気候］ ………… 16

Lesson 3 　アジアは広い！ ［世界の諸地域：アジア州］ ………… 22

Lesson 4 　国を越えた結びつき　鉱産資源の宝庫
［世界の諸地域：ヨーロッパ州，アフリカ州］ ………… 30

Lesson 5 　人種はいろいろ，仲良く国づくり
［世界の諸地域：北アメリカ州，南アメリカ州，オセアニア州］ ………… 38

Lesson 6 　日本はどんな国なの？ ［世界から見た日本のすがた］ ………… 44

Lesson 7 　冬の寒さが厳しい地方 ［日本の諸地域：北海道地方，東北地方］ ………… 52

Lesson 8 　東京大都市圏と日本の屋根 ［日本の諸地域：関東地方，中部地方］ ………… 58

Lesson 9 　古都の保存と過疎化 ［日本の諸地域：近畿地方，中国・四国地方］ ………… 64

Lesson 10 　暖かい地方　地形図を読もう ［日本の諸地域：九州地方，地形図］ ………… 70

[歴史]

Lesson 11 　ヒトのルーツはどこから？ ［原始時代］ ………… 76

Lesson 12 　古代の日本はどんな社会だったの？ ［古墳時代〜飛鳥時代］ ………… 82

Lesson 13 　律令政治ってどんなもの？ ［奈良時代〜平安時代前期］ ………… 88

Lesson 14 　平氏と源氏ってどんな人たち？ ［平安時代後期〜鎌倉時代］ ………… 94

Lesson 15 　鳴かぬなら　○○○○○○○○○　ホトトギス
［室町時代〜安土桃山時代］ ………… 100

〈キャラクター紹介〉

ヒロキ
社会科が苦手な中学生。"ほこら"から現れた殿と，社会科を勉強することに。特技は料理。

殿
江戸時代からやってきたヒロキのご先祖にあたるアホ殿。食べることと寝ることがだいすき。

のぞみ
ヒロキの姉。社会科が得意で，大学では歴史の勉強をしている。歴史のことになると興奮する。

Lesson 16　将軍のおひざもと　天下の台所 [江戸時代]————————106
Lesson 17　明治維新で何が変わったの？ [江戸時代末期〜明治時代]————114
Lesson 18　帝国主義に向かって… [明治時代〜大正時代]————————122
Lesson 19　戦争から民主化へ [昭和時代]————————————————130
Lesson 20　戦後の復興，そして経済大国へ！ [昭和時代〜平成時代]————138

[公民]

Lesson 21　幸せに暮らすために [現代の生活と私たち，人権思想と憲法]————144
Lesson 22　国民の代表者はどうやって選ぶ？
　　　　　　[民主政治のしくみ，選挙と政党]————————————————152
Lesson 23　国会は最高機関で立法機関 [国会のしくみと仕事]————————158
Lesson 24　行政の権限と司法の力 [行政と司法]————————————164
Lesson 25　国のしくみと地方のしくみ [三権分立と地方自治]——————170
Lesson 26　ものの値段はどうやって決まる？ [家計と市場経済]————————176
Lesson 27　株式の発行と銀行の役割 [企業と金融]————————————182
Lesson 28　国はどうやってお金を集めてるの？ [財政と社会保障制度]————190
Lesson 29　世界の平和を守るために… [国際連合と地域主義]——————196
Lesson 30　未来のためにできること [さまざまな国際問題]————————202

総しあげ　実戦問題に挑戦！————————————————————208

さくいん————————————————————————————————220

じい

殿の教育係。殿と一緒に現代に
やってきた。若い頃は戦で勇敢
に戦っていたらしい。

姫

殿の妹。可愛くて，勉強への意
欲もあるお姫様。少し夢見がち。

忍者

殿の家に仕える寡黙な忍者。
看板を使って意思表示する。

Lesson 1

日本は地球のどこにあるの？

[地球の姿と国の位置]

このLessonのイントロ♪

　地球が丸いことはみなさんも知っていると思います。でも、「日本は地球のどこにある？」と聞かれてすぐに答えられますか？「日本は北半球にあるよ。」というだけでは、範囲が広すぎてわかりませんね。世界の国の地球上での位置を、わかりやすく示す方法を見ていきましょう。

1 地球のすがた

🔲 大陸と海洋

地球の表面は，陸地と海洋からできています。

陸地には**ユーラシア大陸**，アフリカ大陸，北アメリカ大陸，南アメリカ大陸，オーストラリア大陸，南極大陸の6大陸があります。しっかり覚えましょう。もっとも大きいのはユーラシア大陸，もっとも小さいのはオーストラリア大陸です。

主な海洋は**太平洋**，大西洋，インド洋の3大洋で，もっとも大きいのは太平洋です。

地球上の陸地と海洋の表面積の割合は，だいたい**海洋7：陸地3**です。

南極大陸は，定住している人がいなくて，どの国の領土でもない大陸なのよ

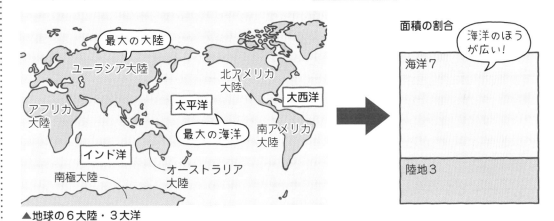

面積の割合

海洋のほうが広い！

海洋7

陸地3

▲地球の6大陸・3大洋

🔲 世界の変動帯（造山帯）

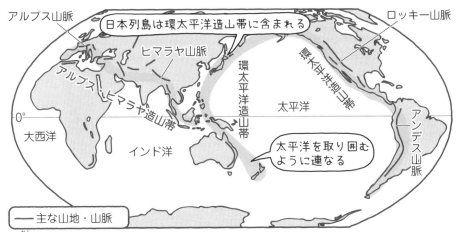

アルプス山脈

日本列島は環太平洋造山帯に含まれる

ロッキー山脈

ヒマラヤ山脈

環太平洋造山帯

アルプス・ヒマラヤ造山帯

0°

太平洋

大西洋

インド洋

太平洋を取り囲むように連なる

アンデス山脈

── 主な山地・山脈

▲環太平洋造山帯とアルプス・ヒマラヤ造山帯

実は，地球の陸地は動いています。その中でも，動きが活発で，高く険しい山地をつくっている地域を変動帯（造山帯）といいます。

日本列島を含み，太平洋を取り囲むように連なる**環太平洋造山帯**と，世界一高い山エベレストやヨーロッパのアルプス山脈が含まれる**アルプス・ヒマラヤ造山帯**を覚えましょう。

これらの変動帯（造山帯）では，火山活動が活発で，付近では地震がよく起こります。

🐾 地球儀といろいろな世界地図

地球はほぼ球の形をしており，地球をそのままの形で縮小したものが地球儀です。地球儀は地球上の面積や距離，方位や角度などのすべてをほぼ正しく表現できます。

平らな世界地図では，地球の面積や距離などをすべて同時に正しく表現できません。そこで，目的に応じて地図を使い分けます。世界地図には，主に以下のようなものがあります。

✿**メルカトル図法**…角度が正しい地図（正角図法）。北極や南極に近づくほど，面積が大きくなってしまう。船で海を渡るときなどに利用。

✿**モルワイデ図法**…面積が正しい地図（正積図法）。

✿**正距方位図法**…中心からの距離と方位が正しい地図。目的地までの最短距離がわかるため，航空図に利用。国際連合の旗に採用。

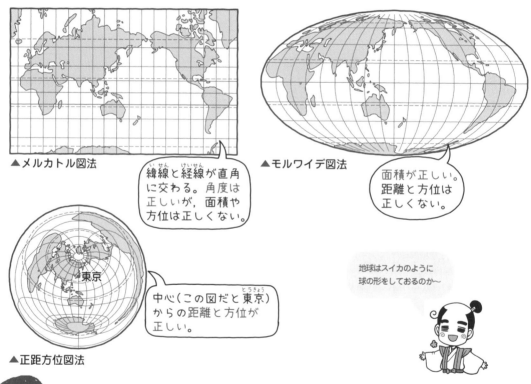

▲メルカトル図法

緯線と経線が直角に交わる。角度は正しいが，面積や方位は正しくない。

▲モルワイデ図法

面積が正しい。距離と方位は正しくない。

東京

中心（この図だと東京）からの距離と方位が正しい。

▲正距方位図法

地球はスイカのように球の形をしておるのか〜

ポイント
- 地球の表面は**陸地3：海洋7**で海洋のほうが広い。6大陸と3大洋がある。
- 主な変動帯（造山帯）は，**環太平洋造山帯**と**アルプス・ヒマラヤ造山帯**。
- **メルカトル図法**は**角度**が正しい。**モルワイデ図法**は**面積**が正しい。**正距方位図法**は中心からの距離と方位が正しい。

② 地球上の位置と時間

授業動画は
こちらから

国や都市が地球上でどの位置にあるかを示すために使われるのが，**緯度**と**経度**です。

緯度

赤道を基準（0度）として，南北をそれぞれ**90度ずつ**に分けたものが**緯度**です。赤道より北を**北緯**，南を**南緯**といいます。赤道は，北極と南極との中間になる地点を結んだ線です。同じ緯度の地点を結んだ横の線を，**緯線**といいます。

経線は地球をくし切りにしたイメージ。

緯線は地球を輪切りにしたイメージ。

▲緯度と経度の分け方…赤道より北は北半球，南は南半球。

経度

イギリスのロンドンを通る**本初子午線**（経度0度の経線）を基準として，東西をそれぞれ**180度ずつ**に分けたものが**経度**です。本初子午線より東を**東経**，西を**西経**といいます。同じ経度の地点を結んだ縦の線を，**経線**といいます。

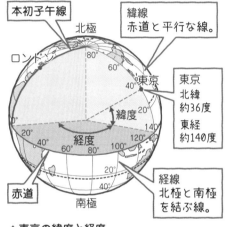

緯線
赤道と平行な線。

東京
北緯
約36度
東経
約140度

経線
北極と南極を結ぶ線。

▲東京の緯度と経度

時差のしくみ

日本では夜でも，イギリスはそのとき昼間ということがあります。これは地球が自転しているため，場所によって太陽の光があたる時間が異なり，昼と夜のズレがうまれるからです。

地球は1日（24時間）で1回転（360度）するので，360度÷24時間＝15度。つまり，1時間に15度の速さで回転していることになります。これは，**15度で1時間のズレがうまれる**ということです。この時間のズレを**時差**といいます。

各国では，**標準時子午線**を決め，それに合わせて標準時を定めています。日本では，**兵庫県明石市を通る東経135度を**標準時子午線としています。また，ほぼ180度の経線に沿って**日付変更線**が引かれています。次のページの地図で確認してみましょう。

☑ここをチェック

国内の時差
ロシアなどの国土が広い国では，標準時がいくつも設定されているので，国内でも時差がある。

補足 経度15度で1時間の時差をつくっていくと，地球を1周した場合，1日の日付のズレがうまれてしまいます。そのため，日付変更線を引いて日付を調整しています。

🔴 時差の求め方

　実際に時差を求めてみましょう。日本（東経135度）とロンドン（経度0度）との時差を知りたいときは，まず**経度差**を求めます。日本の経度からロンドンの経度を引いて，**135度－0度＝135度**。経度15度で1時間の時差がうまれるので，**135度÷15度＝9時間**。これで，日本とロンドンとの時差は9時間だとわかります。ロンドンは日本より西にあって時刻が遅くなるので，日本が正午のとき，ロンドンは9時間前の午前3時ということになります。

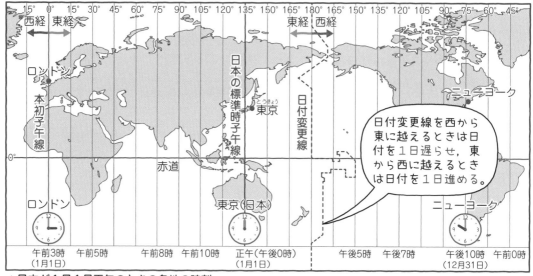

▲日本が1月1日正午のときの各地の時刻

　日本（東経135度）とニューヨーク（西経75度）の時差も求めてみましょう。東経の都市と西経の都市の経度差を求めるときは，2つの都市の経度を足して求めます。この場合，**135度＋75度＝210度**。経度15度で1時間の時差がうまれるので，**210度÷15度＝14時間**。日本とニューヨークの時差は14時間だとわかります。ニューヨークは本初子午線をはさんで日本より西にあって，時刻が遅いので，日本が正午のとき，ニューヨークは前日の午後10時ということになります。

　補足　日本は本初子午線より東で，日付変更線の近くにある国です。そのため，世界中の多くの都市は日本より西にあり，時刻が遅くなります。時差を計算するときは，このことを頭に入れておきましょう。

ポイント

●**赤道**を基準として南北に**緯度**，**本初子午線**を基準として東西に**経度**を決めている。

●**経度15度ごとに1時間の時差**。ほぼ180度の経線に沿って**日付変更線**が引かれている。

●各国には標準時子午線が決められている。日本は**東経135度の経線**。

時差を求めるときは，まず経度差から計算することを覚えておこうね！！

Lesson 1 の 力だめし

授業動画は
こちらから

➡️ 解説は別冊p.1へ

1 大陸と海洋について説明した次の文の（　）にあてはまる語句を答えなさい。

　地球には，6つの大陸があります。その中でもっとも大きいのは（　①　）大陸で，もっとも小さいのは（　②　）大陸です。また，もっとも大きな海洋は（　③　）です。

① (　　　　　　　　　　　)　　② (　　　　　　　　　　　)

③ (　　　　　　　　　　　)

2 次の図①・図②を見て，あとの各問いに答えなさい。

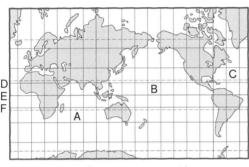

図①　メルカトル図法

図②　モルワイデ図法

(1)　図①・図②はそれぞれ何が正しい地図か。次のア～エから，それぞれ記号で選びなさい。

　　ア. 面積　　イ. 距離（きょり）　　ウ. 方位　　エ. 角度　　　図① (　　　　　)

　　　　　　　　　　　　　　　　　　　　　　　　　　　　　　図② (　　　　　)

(2)　インド洋は図①中のA～Cのうちどれか。記号で答えなさい。

　　　　　　　　　　　　　　　　　　　　　　　　　　(　　　　　)

(3)　赤道は図①中のD～Fのうちどれか。記号で答えなさい。

　　　　　　　　　　　　　　　　　　　　　　　　　　(　　　　　)

(4)　環太平洋造山帯（かんたいへいようぞうざんたい）に含まれる（ふく）山脈を次のア～カから2つ選び，記号で答えなさい。

　　ア. ヒマラヤ山脈　　　イ. アパラチア山脈　　　ウ. アンデス山脈

　　エ. スカンディナビア山脈　　　オ. アルプス山脈　　　カ. ロッキー山脈

　　　　　　　　　　　　　　　　　　　　(　　　　) (　　　　)

3 ロンドン（経度0度）が10月31日午後10時のとき，日本の日付と時刻を答えなさい。

　　　　　　　　　　　　　　　(　　　　　　　　　　)

暑い？寒い？気候の違い
［世界の気候］

このLessonのイントロ♪

　日本には春・夏・秋・冬の四季がありますね。でも，世界には四季のない国もたくさんあるんです。1年を通して暑いところ，寒いところ，ほとんど雨の降らないところや季節によって豪雨のあるところなど，さまざまです。地域による気候の特徴をみていきましょう！

① 気候の違い

授業動画はこちらから

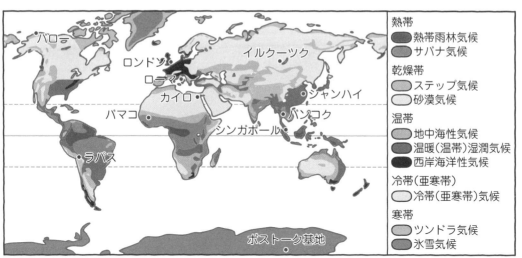

▲世界のさまざまな気候

熱帯
　熱帯雨林気候
　サバナ気候
乾燥帯
　ステップ気候
　砂漠気候
温帯
　地中海性気候
　温暖（温帯）湿潤気候
　西岸海洋性気候
冷帯（亜寒帯）
　冷帯（亜寒帯）気候
寒帯
　ツンドラ気候
　氷雪気候

　地球上では赤道周辺で気温が高く，高緯度になるほど気温が低くなります。緯度のほかにも，地形や高度，偏西風や季節風などの風，海からの距離などによって気候の違いがうまれます。世界には大きく**熱帯・乾燥帯・温帯・冷帯（亜寒帯）・寒帯**の5つの気候帯があることを覚えましょう。

　地球は北極と南極を結んだ線を軸（地軸）に回転しています。また，地軸が少し傾いた状態で太陽のまわりを回っているので，場所によって太陽の光が強く当たったり，弱く当たったりして，季節に違いが生まれます。北半球と南半球では季節が逆になります。

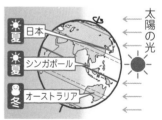

▲7月ごろの各地の季節…北半球に太陽の光が強くあたる。

🌐気候の違いをうみだすもの

☆**緯度**…地球は球の形をしているので，緯度の高い地域は太陽光に対して地表の角度が低く太陽エネルギー（熱）が弱いため，気温が上がらずに寒くなります。逆に緯度の低い地域は太陽光に対して地表が垂直に近く太陽エネルギーが強いため，気温が上がって熱くなります。

▲緯度による気温の違い

☆**高度**…標高が高いところほど，気温は低くなります。

☆**海からの距離**…大陸では，海からの距離で気候が変わります。海に近い地域ほど昼と夜の気温差が小さく，雨が多く降ります。海から遠い内陸の地域では，夏と冬，昼と夜の気温差が大きく，雨はあまり降りません。

☆**風**…1年を通して西から吹く**偏西風**は，ヨーロッパ西部の気候などに影響を与えます。東アジア〜南アジアでは，夏と冬とで反対の方向から吹く**季節風**が気候に影響を与えます。

●緯度や高度，海からの距離や風などによって気候の違いがうまれる。
●世界には熱帯・乾燥帯・温帯・冷帯（亜寒帯）・寒帯という5つの気候帯がある。
●北半球と南半球では季節が逆になる。

2 温帯

授業動画は
こちらから

　日本の大部分は**温帯**に含まれます。温帯の中でも，四季のはっきりしている**温暖（温帯）湿潤気候**です。**季節風の影響**で**雨が多めで，夏に暑く，冬に寒い**のが特徴です。

　ヨーロッパ西部などの大陸西岸は，高緯度のわりに冬でも暖かい西岸海洋性気候です。暖流の上を**偏西風**が吹いて，暖かい空気が流れ込んでくるからです。雨は少ない

　ヨーロッパの南部，地中海沿岸地域は，**夏に乾燥して雨が少なく，冬にはやや雨が多くなる**地中海性気候です。

補足 日本は夏に太平洋側地域で雨が多く，冬に日本海側の地域で雪が多くなります。これは海の上を渡ることで水分を多く含んだ季節風が夏は南東から，冬は北西から吹き，山地にぶつかって風上に雨を降らせるためです。

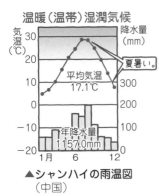

▲シャンハイの雨温図
（中国）

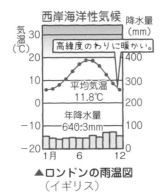

▲ロンドンの雨温図
（イギリス）

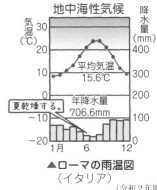

▲ローマの雨温図
（イタリア）

（令和2年版
「理科年表」）

●日本の大部分は**温帯**に含まれる。
●温帯には**温暖（温帯）湿潤気候**と**西岸海洋性気候，地中海性気候**の3つがあり，雨の降る時期や量，気温差によって分けられる。

3 熱帯と乾燥帯

授業動画は
こちらから

 熱帯

　熱帯は赤道周辺に広がり，気温がとても高くなっています。赤道付近の多くの地域は**1年中暑く**，毎日のように**スコール**という集中豪雨がある**熱帯雨林気候**です。赤道からやや離れ

た地域は，**雨が多い雨季**と**雨が少ない乾季**に分かれ，丈の高い草や樹木がまばらに生える草原（サバナ）の広がる**サバナ気候**となっています。

乾燥帯

乾燥帯は，熱帯のまわりの中緯度地域や内陸部に広がり，雨が少ないのが特徴です。**夏に少し雨が降り**，丈の短い草が生える草原（ステップ）が広がる**ステップ気候**と，1年中**ほとんど雨が降らず**，岩や砂の砂漠が広がる**砂漠気候**があります。

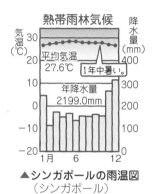

▲シンガポールの雨温図
（シンガポール）

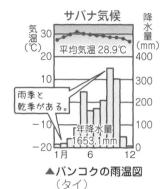

▲バンコクの雨温図
（タイ）

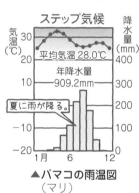

▲バマコの雨温図
（マリ）

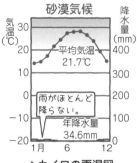

▲カイロの雨温図
（エジプト）　（令和2年版「理科年表」）

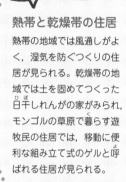

✓ここをチェック

熱帯と乾燥帯の住居
熱帯の地域では風通しがよく，湿気を防ぐつくりの住居が見られる。乾燥帯の地域では土を固めてつくった日干しれんがの家がみられ，モンゴルの草原で暮らす遊牧民の住居では，移動に便利な組み立て式のゲルと呼ばれる住居が見られる。

各都市の位置は17ページの地図で確認してくだされ

ポイント

- **熱帯**は，**熱帯雨林気候**と**サバナ気候**に分かれる。
- **乾燥帯**は降水量が少なく，**ステップ気候**と**砂漠気候**に分かれる。

4 冷帯（亜寒帯）・寒帯・高山気候

授業動画はこちらから

冷帯（亜寒帯）

冷帯（亜寒帯）は温帯よりも高緯度の地域に広がります。**南半球では見られず，北半球にだけ広がる気候帯です。冬の寒さが厳しく，夏と冬の気温差が大きいのが特徴です。**北海道やロシア連邦の大部分などが冷帯（亜寒帯）です。冷帯（亜寒帯）の北部には，**タイガ**と呼ばれる針葉樹林が広がります。

🐾寒帯

　寒帯は，高緯度地域から北極・南極付近に広がる気候です。夏でも気温が低く，**永久凍土**と呼ばれる1年中凍っている土地が見られます。**夏に地表の雪や氷が溶けて湿原ができて，コケ類が生えるツンドラ気候**と，**1年中氷と雪に覆われる氷雪気候**に分かれます。

🐾高山気候

　気候は標高によっても変化します。高度が100m上がるごとに，気温は0.6〜0.7℃ほど下がります。そのため赤道付近でも，標高の高い地域では温帯に近いおだやかな気候となります。これを高山気候といいます。

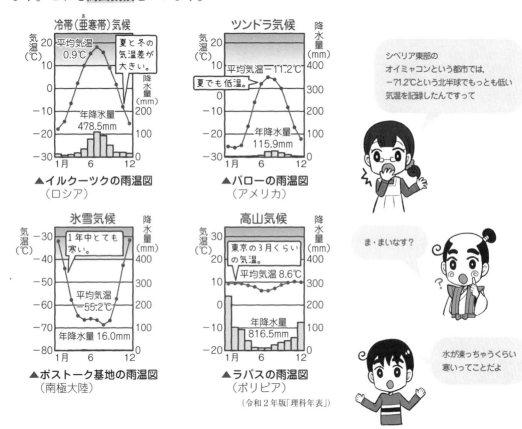

▲イルクーツクの雨温図
（ロシア）

▲バローの雨温図
（アメリカ）

シベリア東部のオイミャコンという都市では，−71.2℃という北半球でもっとも低い気温を記録したんですって

▲ボストーク基地の雨温図
（南極大陸）

▲ラパスの雨温図
（ボリビア）

（令和2年版「理科年表」）

ま・まいなす？

水が凍っちゃうくらい寒いってことだよ

●冷帯（亜寒帯）は冬の寒さが厳しく，夏と冬の気温差が大きい。

●寒帯は，夏に地表の氷が溶けてコケ類の生える**ツンドラ気候**と，1年中氷と雪に覆われる**氷雪気候**に分かれる。

●**高山気候**は1日の気温差が大きく，1年の気温差が小さい。

Lesson 2 の 力だめし

授業動画はこちらから 10

解説は別冊p.1へ

1 世界の気候について説明した次の文の（　）にあてはまる語句を答えなさい。

　日本の大部分は温帯に含まれており,四季があり,雨の多い（　①　）気候です。ヨーロッパ西部などの大陸西岸は,高緯度のわりに冬でも暖かい（　②　）気候です。熱帯は,1年中暑く,毎日のように（　③　）という集中豪雨がある熱帯雨林気候と,雨季と乾季があるサバナ気候に分かれています。乾燥帯は,1年中ほとんど雨が降らず,岩や砂の砂漠が広がる砂漠気候と,夏に少し雨が降り,丈の短い草が生える草原が広がる（　④　）気候に分かれます。

① (　　　　　　　　　)　② (　　　　　　　　　)
③ (　　　　　　　　　)　④ (　　　　　　　　　)

2 次の地図とグラフを見て,あとの各問いに答えなさい。

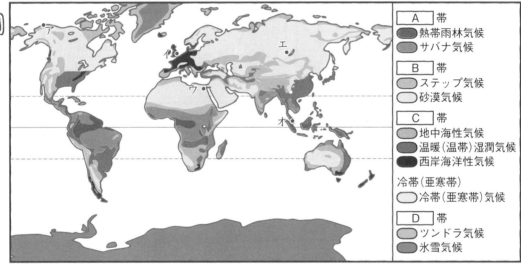

(1) 地図の右にあるA〜Dにあてはまる気候を答えなさい。

A (　　　　　　　　　)
B (　　　　　　　　　)
C (　　　　　　　　　)
D (　　　　　　　　　)

(2) 雨温図①・②は,地図中のア〜オのどの都市のものか。それぞれ記号で答えなさい。
①(　　　　)　②(　　　　)

ヒント ①は夏でも低温なこと,②は冬の気温や,1年を通して平均した降水量に注目しよう。

アジアは広い！

[世界の諸地域：アジア州]

世界を6つの州に分けたとき
私たちの住む日本は「アジア州」に属するの

ヨーロッパ州

アジア州

アジアかあ……

2人ともすごく
考え込んでるね

世界の広さを痛感している
ようですじゃ！

アジの干物食べた〜い

アジのたたき食べた〜い

このLessonのイントロ♪

　みなさんは「アジア」や「ヨーロッパ」という言葉を聞いたことがありますか？世界はアジア州やヨーロッパ州などの6つの州に分けられます。ここからは、世界の州の自然や産業について見ていきましょう。まずは、日本も含まれるアジア州です。

1 世界の地域区分

ヨーロッパ州　アジア州　北アメリカ州　アフリカ州　南アメリカ州　オセアニア州

大陸の名前と州の名前が違うものもあるのぉ～！！

オーストラリア州ではないので注意！

▲世界の地域区分

　世界は6つの地域に分けられます。**アジア州・ヨーロッパ州・アフリカ州・北アメリカ州・南アメリカ州・オセアニア州**です。アジア州はさらに細かく分けられます。東アジア・東南アジア・南アジア・西アジア・中央アジアなどです。

→アジア州の区分は右下の地図を見よう

補足 ロシアはアジア州とヨーロッパ州にまたがる国です。ウラル山脈より東がアジア州，西がヨーロッパ州です。ほかにも，トルコがアジア州とヨーロッパ州にまたがります。

●世界は，**アジア州・ヨーロッパ州・アフリカ州・北アメリカ州・南アメリカ州・オセアニア州**という6つの州に分けられる。

中央アジア　東アジア　西アジア　南アジア　東南アジア

日本は東アジア

▲アジア州の地域区分

2 アジア州のすがた

授業動画はこちらから  11

アジア州の人々

　アジア州は，世界でもっとも人口が多い州です。特に，中国やインドの人口は13億人を超えています。増えすぎた人口を抑えるため，中国では「**一人っ子政策**」を行っていました。

1組の夫婦（ふうふ）に子どもは1人までとする政策（2015年まに廃止）

　アジア州には，いろいろな民族が集まって暮らしている**多民族国家**が多くあります。例えば，中国にはもっとも多い**漢族（漢民族）**のほかに，50を超える少数民族が暮らしています。またマレーシアにも，マレー系や中国系，インド系などのいろいろな民族が暮らしています。

人口の90パーセント以上

華人（かじん）という

🔹アジア州の自然

中国やインド，ネパールなどの国境付近には，高くて険しい**ヒマラヤ山脈**が連なります。ヒマラヤ山脈には，世界一高い**エベレスト**（チョモランマ）が含まれています。アジア州には，長江やメコン川，ガンジス川などの大きな川が流れています。

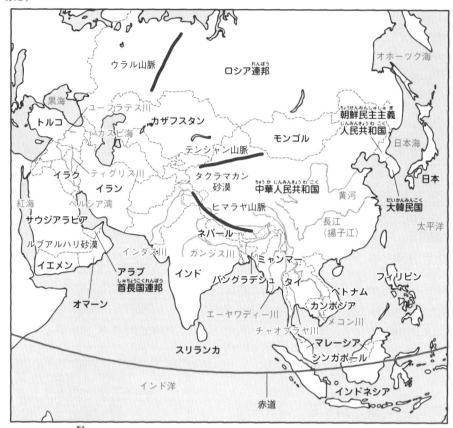

▲アジア州の主な地形

東アジアの沿岸部や東南アジア，南アジアは**季節風（モンスーン）**の影響が強い地域です。そのため，雨の多い雨季と雨の少ない乾季があります。西アジアや中央アジアには，雨の少ない乾燥帯が広がっています。シベリアには，冷帯や寒帯が広がっています。

→Lesson 2の17, 18ページを見よう

毎日, スコールという集中豪雨がある地域もある

▲夏と冬の季節風の向き

ポイント

●アジア州は世界の中でもっとも人口が多い。

●アジア州には**多民族国家**が多い。

●**ヒマラヤ山脈**に世界一高い山の**エベレスト**。

●東アジア〜南アジアは**季節風（モンスーン）**の影響を強く受ける。

3 東・東南・南アジアの産業

農業

●稲作

アジア州の東部から南部は，季節風（モンスーン）の影響で降水量の多い地域です。雨が多いことをいかして，稲作がさかんです。

代表的な産地は，メコン川・チャオプラヤ川・エーヤワディー川の河口付近の**三角州（デルタ）地帯**です。これらの地域では，米を年に2回つくる**二期作**を行っています。また，山の斜面を切り開いてつくった**棚田**を利用して，稲作を行っている地域もあります。

東南アジアのタイや南アジアのインドは世界有数の米の輸出国です。

米はもともと，気温が高くて水がたくさんあるところに適した作物なんですって♪

●プランテーション

アジア州の多くの国は，かつてアメリカやヨーロッパの国々の植民地でした。東南アジアには，植民地の時代につくられた**プランテーション**という大農園が残っています。これは，輸出用に**1つの作物を大規模に栽培**する農園です。栽培されている農作物は，**天然ゴム**や油やし，バナナなどです。

えびの養殖池をつくるためにマングローブが伐採され問題に。

▲アジア州でつくられている農産物・畜産物・水産物

🐾鉱工業と経済発展

東アジア・東南アジア・南アジアでは，石油や石炭，鉄鉱石や天然ガスなどがとれます。特に**天然ガスは，マレーシアやインドネシアから日本へ多く輸出**されています。

アジアNIES（新興工業経済地域）と呼ばれる**韓国や台湾，ホンコン，シンガポール**は，早くから工業化が進みました。近年，東南アジアの国々や中国，インドも急速に工業化が進んでいます。中国は，外国の資本や高い技術力を得るため，**経済特区**を設けて外国企業を受け入れています。インドは，南部で**情報通信技術産業（ICT産業）**が発達しています。

また，東南アジアの10の国々は，経済的に協力するため，**ASEAN（東南アジア諸国連合）**を結成しています。

▲東南アジアでとれる鉱産資源

▲インド周辺でとれる鉱産資源とさかんな工業

- ●アジア州の東部から南部では稲作がさかん。**二期作**。**棚田**の利用。
- ●**プランテーション**で輸出用の**天然ゴム**やバナナなどがつくられる。
- ●中国は**経済特区**を設け，工業が発展。インド南部の都市バンガロールなどで**情報通信技術産業（ICT産業）**が発達。
- ●東南アジアの10の国々は，**ASEAN（東南アジア諸国連合）**を結成。

❹ 中央アジア・西アジアの産業

🐾農業

中央アジアから西アジアは乾燥した気候のため，農作物の栽培には向いていません。そのため，やぎや羊，らくだなどの**遊牧**を行っています。

砂漠の中で水が手に入るところをオアシスといいます。オアシスでは，小麦やなつめやしなどを栽培する**オアシス農業**が行われています。

 遊牧とは，広い地域にわたって平地を移動しながら，家畜を飼育することです。

🔩 鉱工業

西アジアの**ペルシア湾岸**は，世界でもっとも石油がとれるところです。日本も，**サウジアラビア**や**アラブ首長国連邦**などから石油を多く輸入しています。
埋蔵量が多い。世界全体の約半分。

西アジアの石油産出国が中心となって，**OPEC（石油輸出国機構）** が結成されています。これは石油産出国の利益を守るための組織です。また，中央アジアは**レアメタル（希少金属）** が豊富で，近年注目されています。
→Lesson4の36ページを見よう

ポイント

● 中央アジアや西アジアの乾燥地域では**遊牧**や小麦などを栽培する**オアシス農業**。

● **ペルシア湾岸**は，石油の埋蔵量が多い。石油産出国は**OPEC（石油輸出国機構）** を結成。

⑤ アジア州の暮らし

授業動画はこちらから

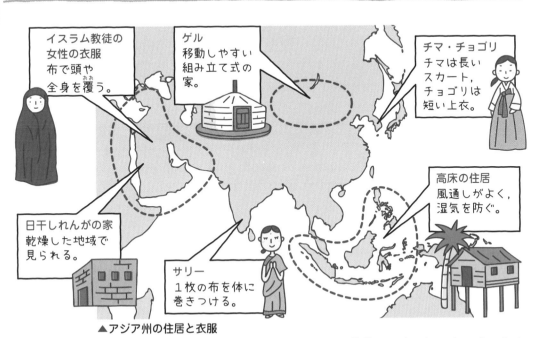

イスラム教徒の女性の衣服
布で頭や全身を覆う。

ゲル
移動しやすい組み立て式の家。

チマ・チョゴリ
チマは長いスカート，チョゴリは短い上衣。

日干しれんがの家
乾燥した地域で見られる。

サリー
1枚の布を体に巻きつける。

高床の住居
風通しがよく，湿気を防ぐ。

▲アジア州の住居と衣服

アジア州の住居は地域によってさまざまです。**ゲル**という移動しやすい組み立て式の家は，モンゴル族の遊牧民の住居です。西アジアの砂漠が広がる地域では**日干しれんが**でつくった家，東南アジアの熱帯地域では湿気を防ぐための**高床の住居**が見られます。

また，衣服も地域によって違います。イスラム教徒の女性は，顔や肌を覆った布を身につけています。インドなどの女性が着る**サリー**，韓国の女性が着る**チマ・チョゴリ**，ベトナムの女性のアオザイ，日本の着物など，伝統ある民族衣装が見られます。

- **ゲル**という組み立て式の家，**日干しれんが**の家，**高床の住居**など，さまざまな住居。
- インドなどの女性の**サリー**，韓国の女性の**チマ・チョゴリ**など，さまざまな衣服。

6 アジア州の宗教

アジア州で信仰されている宗教は，下の地図のようになっています。東アジアでは**仏教**，西アジアでは**イスラム教**が信仰されていますね。東南アジアの大陸部では仏教，島国ではイスラム教の信者が多くなっています。また，フィリピンでは**キリスト教**，インドでは**ヒンドゥー教**が信仰されています。いっぽう，日本では仏教やキリスト教だけでなく，**神道**という日本独自の宗教も信仰されています。

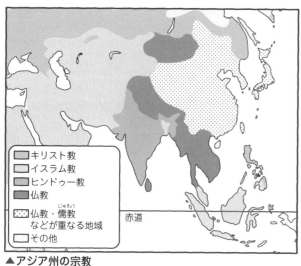

キリスト教
イスラム教
ヒンドゥー教
仏教
仏教・儒教
などが重なる地域
その他

赤道

▲アジア州の宗教

初もうでにお盆，クリスマス…
日本人の生活はいろいろな
宗教と関わっているんだね

初もうでは神道，
お盆は仏教，
クリスマスはキリスト教の
行事なのよ

- **仏教**や**イスラム教**，**ヒンドゥー教**や**キリスト教**などのさまざまな宗教が信仰されている。

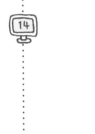

Lesson 3 の力だめし

授業動画は
こちらから　14

解説は別冊p.2へ

1　次の地図を見て，あとの各問いに答えなさい。

14

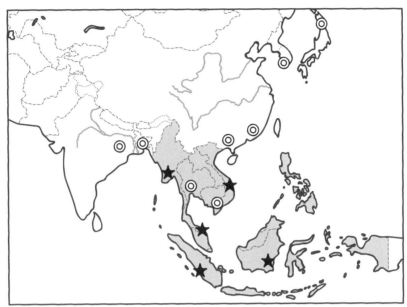

(1)　地図中の◎の地域と，★の地域で生産のさかんな農作物は，次のア～エのどれか。
それぞれ記号で答えなさい。

ア．小麦　　イ．米　　ウ．天然ゴム　　エ．とうもろこし

◎（　　　　　　）★（　　　　　　）

(2)　地図中の  の国々は，経済的（けいざいてき）な結びつきを強めるための組織を結成してい
ます。この組織の名称（めいしょう）を答えなさい。　　　　　　（　　　　　　　）

2　中国で行われていた，「1組の夫婦（ふうふ）に子どもは1人まで」とする政策（せいさく）を答えなさい。

（　　　　　　　）

3　外国の資本（しほん）や高い技術力を得（え）るために，中国の沿岸部（えんがんぶ）につくられた地域を何とい
うか。答えなさい。　　　　　　　　　　　　　　（　　　　　　　）

4　インドで最も信仰者数の多い宗教を答えなさい。（　　　　　　　）

5　ペルシア湾岸（わんがん）の石油産出国が中心となって結成している組織を何というか。答え
なさい。　　　　　　　　　　　　　　　　　　（　　　　　　　）

Lesson 4

国を越えた結びつき　鉱産資源の宝庫
［世界の諸地域：ヨーロッパ州，アフリカ州］

今日のご飯は
ぼくが作りました！

ヒロキは料理が
上手いのう！

これは何という料理じゃ？

じゃーん

パスタだよ〜
イタリア料理！

いたりあとは何じゃ？

ずずーっ

ヨーロッパの国の名前だよ

ヨーロッパでは他に
フランス料理やスペイン料理
なんかも有名だね

ほほ〜！

よーろっぱに参るぞ！

馬を出せー！！

おーっ

馬じゃ行けないと
思うけど…

このLessonのイントロ♪

　ヨーロッパ州は，古代から都市が栄え，世界に大きな影響を与えてきました。でも，実はほとんどの国が日本より小さいんです。そんな「小さな力持ち」ヨーロッパ州を学習しましょう！　そして，ヨーロッパ州の南にあり，世界一広い砂漠と世界一長い川があるアフリカ州も見ていきましょう。

1 ヨーロッパ州の自然

▲ヨーロッパ州の主な地形と北大西洋海流・偏西風

地形

ヨーロッパ州は，ユーラシア大陸の西部にあります。

スカンディナビア半島の大西洋岸には**フィヨルド**という地形が広がっています。フィヨルドは，**氷河によって削られた谷に海水が入り込んでできた地形**です。また北部には，タイガという針葉樹林が広がっています。
→Lesson2の19ページを見よう

中部には，**ライン川**やドナウ川などの国際河川がいくつもの国にまたがって流れています。**国際河川**とは，条約を結んだ国が自由に航行できる川をいいます。

南部は**アルプス山脈**が連なり，険しい山が多くなっています。アフリカ大陸との間には，地中海が広がります。

気候

西部は，西岸海洋性気候です。多くの国が日本よりも緯度の高いところにありますが，**暖流の北大西洋海流**と**偏西風**の影響で，高緯度のわりに暖かいのが特徴です。

南部の地中海沿岸は，地中海性気候となっています。東部には冷帯（亜寒帯），北部には寒帯が広がっています。
→Lesson2の18ページを見よう

●北部に**フィヨルド**，中部に**ライン川**やドナウ川，南部に**アルプス山脈**。
●西部は，**北大西洋海流**と**偏西風**の影響で緯度のわりに暖かい西岸海洋性気候。地中海沿岸は地中海性気候。

❷ ヨーロッパ州の産業

授業動画は
こちらから

🌾農業

●北部・中部

酪農（らくのう）や混合農業（こんごう）が中心です。

☆**酪農**…乳牛などを飼育して，牛乳をとったりバター，チーズをつくったりする農業です。アルプス山脈では，夏は高いところ，冬はふもとへと移動して，家畜（かちく）を飼育する**移牧**を行っています。

☆**混合農業**…小麦と家畜（かちく）のえさとなる農作物（大麦など）の栽培（さいばい）と，家畜の飼育（しいく）を組み合わせた農業です。特に，豚（ぶた）や肉牛など**フランスはヨーロッパで小麦の輸出量がもっ**とも多い国です。

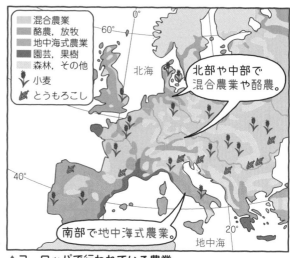

▲ヨーロッパで行われている農業

凡例：
混合農業
酪農，放牧
地中海式農業
園芸，果樹
森林，その他
🌾 小麦
🌽 とうもろこし

北部や中部で混合農業や酪農。

南部で地中海式農業。

ヨーロッパの穀倉と呼ばれている

●南部

アルプス山脈より南側では，**地中海式農業**（ちちゅうかいしき）がさかんです。地中海式農業とは，乾燥する夏は，乾燥（かんそう）に強いぶどうやオリーブなどのくだものをつくり，雨が降（ふ）る冬には，小麦をつくる農業のことです。

（補足）ぶどうからはワイン，小麦からはパンがつくられます。

⛏鉱工業（こう）

●工業

イギリスは，18世紀に**産業革命**（かくめい）が起こり「世界の工場」として発展しましたが，第二次世界大戦後は地位が低下して伸（の）び悩（なや）んでいます。

近年，ヨーロッパの国々が技術面で協力して，**航空機の開発・生産**を行っています。フランスのトゥールーズは，航空機産業の中心都市となっています。

ドイツでは，鉄鋼業（てっこうぎょう）を中心に**ルール工業地域**が発達しました。近くでとれる鉄鉱石や石炭がライン川の水運で結びついたことが発達した理由です。現在は下流のロッテルダムなど臨海部で石油化学工業が発達しています。

●鉱業

北海で油田（**北海油田**）が開発され，**イギリス・ノルウェー**が石油輸出国となりました。

ポイント

●ヨーロッパ北部・中部で酪農や混合農業，南部で**地中海式農業**。

●各国が協力して**航空機を開発・生産**し，フランスの**トゥールーズ**で組み立て。

●イギリス・ノルウェーが北海油田を開発。

3 ヨーロッパ州の結びつき

EUの誕生

ヨーロッパ州は第一次世界大戦と第二次世界大戦で戦場となりました。戦後，戦争をさけ，アメリカなど大国に対抗するため，経済的な結びつきを強めようとしました。

1967年に発足した**EC（ヨーロッパ共同体）**は，1993年に**EU（ヨーロッパ連合）**に発展しました。2020年にはイギリスが離脱し，発足以来初めての離脱国となりました。

EUの政策

EU内では，人・もの・お金の移動が自由になっています。

具体的には…

✿多くの国で，**パスポートを持たず国境**を越えることができます。

✿貿易を自由にするために，**関税をなく**しました。
　　　輸出入品にかかる税金のこと

✿両替をしなくてもいいように，**ユーロ**という通貨（お金）を導入しました。

ユーロを導入しないで
独自の通貨を
使っている国もあるよ

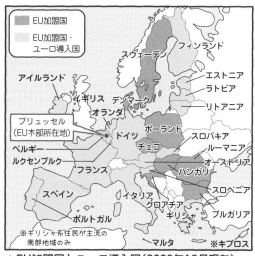

▲EU加盟国とユーロ導入国（2020年12月現在）

EU加盟国

EU加盟国・ユーロ導入国

フィンランド
スウェーデン
アイルランド
イギリス　デンマーク
エストニア
ラトビア
リトアニア
オランダ
ブリュッセル
（EU本部所在地）
ポーランド
ドイツ
スロバキア
ベルギー
チェコ
ルーマニア
ルクセンブルク
オーストリア
フランス
ハンガリー
スロベニア
スペイン
イタリア
クロアチア
ブルガリア
ギリシャ
ポルトガル
マルタ
※キプロス
※ギリシャ系住民が主流の
　南部地域のみ

交通網

高速道路や高速鉄道で，ヨーロッパ各地が結ばれています。島国であるイギリスとフランスの間には，**ユーロトンネル**という海底トンネルが通っていて，**ユーロスター**という高速列車で，イギリスとヨーロッパの大陸側を行き来することができます。
　　英仏海峡トンネル，ドーバー海峡トンネルともいう

貿易と課題

オランダのライン川河口にある**ユーロポート**は，EU最大の貿易港となっています。

国境を越えた結びつきを強くしたEUですが，課題もあります。加盟国が増えるにつれて，加盟国の経済格差の広がりや，失業率の上昇などの問題が起きています。

ポイント

- ●政治的・経済的な結びつきを強めるために**EU（ヨーロッパ連合）**を結成。
- ●**EUは人・もの・お金の移動が自由**で，共通通貨の**ユーロ**を導入。
- ●イギリスと大陸側の間に**ユーロトンネル**。オランダのライン川河口の**ユーロポート**はEU最大の貿易港。

④ ロシア連邦のようす

授業動画はこちらから

自然

ロシア連邦は，ヨーロッパ州からアジア州にかけて広がっています。**国土面積は世界最大で，ユーラシア大陸のほぼ北半分を占めます。**

気候は，ほとんどの地域が冷帯か寒帯に属しています。冷帯の地域には**タイガ（針葉樹林）**が，北極海に近い地域には**ツンドラ**が広がります。

補足 ツンドラとは，夏の間だけ氷がとけ，草やこけがはえる地域。夏の時期以外は，雪や氷で覆われます。

▲ロシア連邦の地形・農業・鉱産資源

産業

●農業・水産業

ロシア連邦は森林面積が広く，農業に適した地域はとても少ないです。ロシア南西部から，隣国のウクライナやカザフスタンにかけては，栄養分の豊かな黒土地帯が広がっていて，**小麦**の栽培がさかんです。

水産業では**さけ**や**たら**などが水揚げされ，**日本へ多く輸出されています。**

ロシアでとれた魚がたくさん日本へ輸出されているんだって♪

さけもたらも大好物じゃ～！

●鉱工業

ロシア連邦は鉱産資源が豊富で，**石油**や**天然ガス**，**石炭**や**ボーキサイト**などがとれます。**石油や天然ガスはパイプラインを使って，ヨーロッパの国々へ輸出されています。** 日本は，ボーキサイトを加工した**アルミニウム**を多く輸入しています。

⑤ アフリカ州のようす

授業動画は
こちらから

歴史

16世紀から19世紀にかけて，多くの人々が奴隷として，アフリカ大陸から南北アメリカ大陸に売られていきました。これを**奴隷貿易**といいます。

また19世紀後半から，アフリカ大陸の多くの地域が**ヨーロッパの国々の植民地**となり，民族のまとまりを無視して国境線が直線に引かれました。
緯線や経線に沿って引いた

補足 第二次世界大戦後，多くの国が独立しました。特に17国が独立した1960年は「アフリカの年」と呼ばれています。

自然

北部に広がる**サハラ砂漠**は，世界一広い砂漠です。北東部を流れる**ナイル川**は世界一長い川です。

北部と南部には**乾燥帯**が広がり，赤道付近の中部には**熱帯**が広がっています。

産業

●農業と課題

アフリカ州では，植民地時代につくられた**プランテーション**で農作物
→Lesson 3の25ページを見よう
が栽培されています。多くの国は，**モノカルチャー経済**となっていて，経済の遅れが問題です。
特定の農作物や鉱産資源（こうさんしげん）の輸出に依存する経済

東部のケニアなどでは，**コーヒー**や**茶**の栽培がさかんです。西部の**ギニア湾岸**の国々では，
コートジボワールやガーナなど
カカオの栽培がさかんです。

▲アフリカ州の主な国と地形

ものかるちゃーって
どんな味の茶じゃ〜？

殿！ 茶では
ございませぬぞ

●鉱工業

　アフリカ州は鉱産資源が豊富です。しかし，開発がおくれているため，工業はあまり発達していません。

　主な鉱産資源は，**ダイヤモンド**や銅，レアメタル（希少金属）などで，南アフリカ共和国は世界有数の**金**の産出国です。

　ナイジェリアやアルジェリアは石油産出国で，OPECに加盟しています。

補足　レアメタルとは，ニッケルやコバルトなど，とれる量が少なくてとても貴重な金属のことです。携帯電話やパソコンなどの生産には欠かせません。

ナイジェリアは，アフリカ最大の石油産出国なんですって

- **奴隷貿易**で多くの人々が南北アメリカ大陸へ。その後，**ヨーロッパの国々による植民地支配**。第二次世界大戦後，多くの国が独立。
- ケニアなどで**コーヒー・茶**，ギニア湾岸で**カカオ**の栽培がさかん。
- 主な鉱産資源は**ダイヤモンド**，銅，**レアメタル**。南アフリカ共和国で**金**。

Lesson 4 の 力だめし

授業動画は
こちらから　>>> 18

解説は別冊p.2へ

1 ヨーロッパ州について説明した次の2つの文の（　　）にあてはまる語句を答えなさい。

18

●ヨーロッパ州の西部は，暖流の北大西洋海流と（　①　）の影響で，高緯度でも温暖な地域となっています。中部と北部では，農作物の栽培と家畜の飼育を組み合わせた（　②　）や酪農がさかんです。アルプス山脈あたりでは，夏と冬に，家畜を放牧するところを変える（　③　）が行われています。

●アルプス山脈より南側では，（　④　）農業が行われています。（　④　）農業では，夏に，乾燥に強い（　⑤　）やオリーブなどのくだものをつくります。雨が降る冬には，（　⑥　）をつくります。

①（　　　　　　　　）　②（　　　　　　　　）
③（　　　　　　　　）　④（　　　　　　　　）
⑤（　　　　　　　　）　⑥（　　　　　　　　）

2 ヨーロッパ州の国々が，政治的・経済的な結びつきを強めるために結成している組織を何というか。答えなさい。　　　　（　　　　　　　　）

3 2 の組織の多くの国で使用されている，共通通貨を何というか。カタカナで答えなさい。　　　　（　　　　　　　　）

4 アフリカ州のガーナとケニアで栽培のさかんな農作物は，次のア〜エのどれか。それぞれ記号で答えなさい。

ア．コーヒー　　イ．小麦　　ウ．ぶどう　　エ．カカオ

ガーナ（　　　　　　）　ケニア（　　　　　　）

5 アフリカ州の鉱産資源について説明した次の文の（　　）にあてはまる語句を答えなさい。

南アフリカ共和国は，世界有数の（　①　）の産出国です。また，指輪などにつかわれる宝石の（　②　）の産出国でもあります。ナイジェリアとアルジェリアは（　③　）の産出国で，OPECに加盟しています。

①（　　　　　　　　）　②（　　　　　　　　）
③（　　　　　　　　）

人種はいろいろ，仲良く国づくり

[世界の諸地域：北アメリカ州，南アメリカ州，オセアニア州]

このLessonのイントロ♪

　北アメリカ州・南アメリカ州には，アメリカ合衆国だけではなく，カナダやブラジルなど，多くの国があります。また，オセアニア州にも，オーストラリアだけではなく，たくさんの島々があります。日本とのつながりの深い国も多い，これらの地域を見ていきましょう！

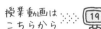

1 北アメリカ州の自然と民族

地形

西部に高くて険しい**ロッキー山脈**，東部にアパラチア山脈が連なります。

中央平原に**ミシシッピ川**が流れ，東部には五大湖と呼ばれる湖があります。

気候

北極付近は寒帯となっています。カナダの大部分とアメリカ合衆国の北部には，冷帯が広がっています。

アメリカ合衆国の西部は乾燥帯となっていて，**グレートプレーンズ**や**プレーリー**などの平原が南北に広がっています。東部は温帯，南部には熱帯もあります。

▲北アメリカ州の主な国と地形

民族

北アメリカ州は，もともと先住民が住む土地でした。

現在カナダには，イギリス系とフランス系の人々が多く住んでいます。

アメリカ合衆国は，さまざまな民族が住む**多民族国家**です。ヨーロッパ系（白人），アラスカなどに住む**エスキモー**，先住民の**ネイティブ＝アメリカン**，**ヒスパニック**，奴隷貿易によって連れてこられたアフリカ系の人々の子孫，アジア系など，多くの民族が住んでいます。

アメリカ合衆国は「民族のサラダボウル」と呼ばれているのよ

- 西部に**ロッキー山脈**，中央平原に**ミシシッピ川**，東部にアパラチア山脈。
- 気候は寒帯，冷帯，温帯，乾燥帯，熱帯と幅広い。
- アメリカ合衆国は，**ネイティブ＝アメリカン**や**ヒスパニック**など，多くの民族が住み，**多民族国家**となっている。

2 北アメリカ州の産業

 20

🌾 農業

アメリカ合衆国の農業で覚えることは次の2つです。

☆企業的な農業

大型機械を使って，生産力を高める。
少ない人手で大量生産

☆適地適作

地域の気候や土壌などの条件に合わせた農作物をつくる。

このように大量の農作物を生産し，輸出しているので，アメリカは「**世界の食料庫**」と呼ばれています。

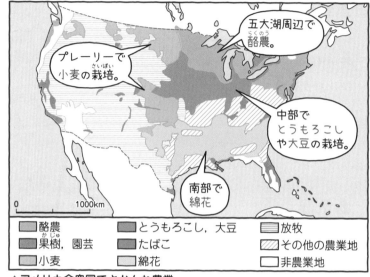

▲アメリカ合衆国でさかんな農業

吹き出し：
- 五大湖周辺で酪農。
- プレーリーで小麦の栽培。
- 中部でとうもろこしや大豆の栽培。
- 南部で綿花

凡例：
酪農／果樹，園芸／小麦／とうもろこし，大豆／たばこ／綿花／放牧／その他の農業地／非農業地

⛏ 鉱業

アメリカ合衆国の**メキシコ湾岸油田**などで，**石油**がとれます。**アパラチア炭田**で石炭，**メサビ鉄山**で鉄鉱石がとれます。

カナダでも石油や石炭，鉄鉱石などがとれ，メキシコでは石油などがとれます。

▲アメリカ合衆国の鉱産資源と主な工業

地図中の地名：シアトル，メサビ鉄山，ピッツバーグ，ニューヨーク，サンフランシスコ，デトロイト，ボストン，シカゴ，北緯37度，サンベルト，アパラチア炭田，ロサンゼルス，アトランタ，シリコンバレー ICT関連の企業が多い。，ニューオーリンズ，ヒューストン，メキシコ湾

凡例：
井 石油／△ 天然ガス／■ 石炭／▲ 鉄鉱石／区 鉄鋼業／✿ 機械工業／⚙ 化学工業／🛩 航空機産業／自動車工業／■ 工業地域

🏭 工業

アメリカ合衆国では昔から工業が発達しています。五大湖周辺のデトロイトでは自動車工業，ピッツバーグでは鉄鋼業がさかんでした。

現在は，北緯37度より南の**サンベルト**が工業の中心地となっています。特に，**先端技術（ハイテク）産業**は世界をリードしています。サンフランシスコ郊外には**シリコンバレー**と呼
高度な技術を必要とする産業。航空機産業や宇宙産業，コンピュータ関連産業など
ばれる地域があり，ICT（情報通信技術）産業の企業が集中しています。

ポイント

● アメリカ合衆国は，適地適作と企業的な農業➡「世界の食料庫」。

● メキシコ湾岸油田で石油，アパラチア炭田で石炭，メサビ鉄山で鉄鉱石。

● サンベルトで工業がさかん。先端技術産業が発達。

③ 南アメリカ州のようす

♣自然と歴史

赤道付近を流れる**アマゾン川**は，流域面積世界一です。流域には**熱帯雨林（熱帯林）**が広がります。太平洋側には**アンデス山脈**が連なります。
標高5000〜6000mの山々

南アメリカ州の国々は，主にスペインとポルトガルの植民地でした。ブラジルやペルーには**日本人移民**が多く住んでいます。
日系人

♣農業

ブラジルでは，ファゼンダと呼ばれる大農園で**コーヒー**や**さとうきび**を栽培しています。

アルゼンチンでは**パンパ**と呼ばれる草原で，**小麦やとうもろこし**を栽培しています。

アンデス山脈ではリャマやアルパカを飼育する牧畜や，じゃがいもやとうもろこしなどの栽培を行っています。

▲南アメリカ州の主な国・地形・農業

リャマとアルパカって似てるけど，リャマのほうが大きいんだって！

♣鉱業

ベネズエラやエクアドルでは石油がとれます。ブラジルのカラジャ
OPEC（石油輸出国機構）加盟国
ス鉱山では**鉄鉱石**がたくさんとれ，日本にも輸出されています。チリやペルーでは銅，ペルーやボリビアではすずがとれます。近年は，**レアメタル（希少金属）**が注目されています。

♣工業と経済

ブラジルの経済は，コーヒーや鉄鉱石など農作物や鉱産資源の輸出に頼っていました。1950年代より，外国企業を受け入れたブラジルやアルゼンチンは，鉄鋼業や機械工業が発達しました。特にブラジルは経済が急速に発展して，**BRICS**の1つとなっています。
ブリックス

☑ここをチェック

BRICS（ブリックス）
1990年代から経済が大きく発展したブラジル，ロシア，インド，中国に加えて，近年発展した南アフリカ共和国を合わせた5か国のこと。

ポイント

●**アマゾン川**は流域面積が世界一。太平洋側には**アンデス山脈**が連なる。

●ブラジルで**コーヒー**や**さとうきび**。ブラジルで**鉄鉱石**が産出。

●ブラジルは経済発展がめざましく，**BRICS**の1つとなっている。

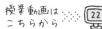

4 オセアニア州のようす

自然と民族

オセアニア州には，オーストラリア大陸とニューギニア島，太平洋にうかぶたくさんの島々があります。

オーストラリアには古くから**アボリジニ**という先住民が住んでいます。しかし，18世紀にイギリスの植民地となってから彼らは迫害を受けました。現在はアボリジニの文化を守る取り組みが進められています。ニュージーランドには**マオリ**という先住民が住んでいます。

▲オセアニア州の主な国と地形

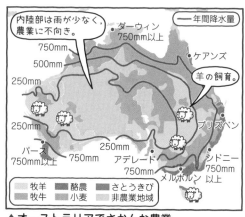

▲オーストラリアでさかんな農業

農業

オーストラリア西部の内陸部は乾燥が激しく，農業はできません。南東部や南西部では，乾燥に強い羊の放牧が行われています。オーストラリアの羊毛の生産量は世界トップクラスです。雨が多い地域では，小麦の栽培や酪農が行われています。

ニュージーランドでは羊や牛の放牧がさかんです。

鉱工業

オーストラリアでは**鉄鉱石**，**石炭**，ボーキサイト，金などがとれます。特に，鉄鉱石と石炭は日本へ多く輸出されています。

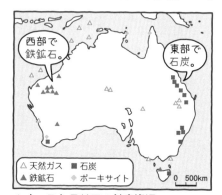

▲オーストラリアの鉱産資源

●オーストラリアの先住民は**アボリジニ**，ニュージーランドは**マオリ**。

●オーストラリアでは**羊**の放牧や小麦の栽培。

●日本は，オーストラリアから**鉄鉱石や石炭を多く輸入**している。

Lesson 5 の力だめし

解説は別冊p.3へ

1 北アメリカ州について説明した次の文の（　）にあてはまる語句を答えなさい。

　北アメリカ州の東部にはなだらかな（　①　）山脈, 西部には高くて険しい（　②　）山脈が連なっています。中央平原には, 北アメリカ州でもっとも長い川の（　③　）川が流れています。

　アメリカ合衆国(がっしゅうこく)では, 大型機械を使った（　④　）的な農業が行われています。また, アメリカ合衆国の工業の中心地は, 北緯(ほくい)37度より南の（　⑤　）です。特に, 航空機産業や宇宙産業などの（　⑥　）産業は世界をリードしています。

①（　　　　　　　　　）　②（　　　　　　　　　）
③（　　　　　　　　　）　④（　　　　　　　　　）
⑤（　　　　　　　　　）　⑥（　　　　　　　　　）

2 アメリカ合衆国に住む民族で, 中央アメリカや南アメリカから移ってきた人々やその子孫を何というか。答えなさい。　　　　　　　　（　　　　　　　　　）

ヒント スペイン語を話す人々のこと。

3 南アメリカ州を流れる川で, 流域面積が世界一の川は何か。答えなさい。

（　　　　　　　　　）

4 ブラジルでたくさんとれる鉱産資源(こうさんしげん)で, 日本にも多く輸出されているものは, 次のア～エのどれか。記号で答えなさい。

　ア. 銅(どう)　　イ. 石炭　　ウ. 鉄鉱石　　エ. すず

（　　　　　　　　　）

5 オセアニア州について説明した次の文の（　）にあてはまる語句を答えなさい。

　オセアニア州には, オーストラリア大陸とニューギニア島, 太平洋にうかぶ多くの島々があります。オーストラリアは鉱産資源が豊富です。特に（　①　）と（　②　）は日本へ多く輸出されています。オーストラリアの雨の少ない地域では, 乾燥に強い（　③　）の放牧がさかんです。雨が多い地域では, （　④　）の栽培や酪農が行われています。

①（　　　　　　　　　）　②（　　　　　　　　　）
③（　　　　　　　　　）　④（　　　　　　　　　）

Lesson 6 日本はどんな国なの？

[世界から見た日本のすがた]

ほーっ！！

109

都会は人が凄いのう～！

ザワ ザワ

日本は世界の中でも人口密度の高い国で

特に都会に人口が集中しているからね～

まるで合戦のようでありますなあ…

ぎょっ…

合戦！！？

このLessonのイントロ♪

　Lesson 2 で，世界の気候を学習しましたね。では，日本の気候はどうでしょうか。日本の範囲や地域区分，世界と日本の地形や人口，資源や産業などのようすも見ていきましょう。

1 日本のすがた

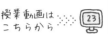 授業動画は こちらから … 23

 ## 日本のすがた

日本は，まわりを海に囲まれた島国（海洋国）です。**北海道**・**本州**・**四国**・**九州**の4つの大きな島と，大小7000ぐらいの島々からなっています。

面積は約38万km²で，世界では60番目くらいの大きさです。

> ☑ここをチェック
>
> **排他的経済水域**
> 海岸線から200海里（約370km）までの水域で，領海は含まない。日本は排他的経済水域が広い国である。

日本の範囲

●国の領域

国は**領土**（陸地）と**領海**，**領空**からなります。領海は，海岸線から12海里までの海です。領空は領土と領海の上空です。また，各国は**排他的経済水域**という水域をつくっています。排他的経済水域では，魚などの水産資源や，石油などの鉱産資源は沿岸国のものとなります。

●日本の東西南北の端

☆東の端…東京都の**南鳥島**
☆西の端…沖縄県の**与那国島**
☆南の端…東京都の**沖ノ鳥島**
☆北の端…北海道の**択捉島**

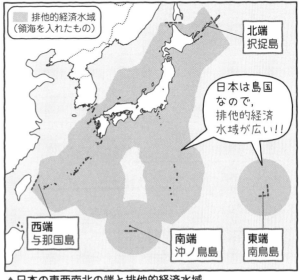

▲日本の東西南北の端と排他的経済水域

日本の地域区分

日本には47の都道府県があります。1都（東京都），1道（北海道），2府（大阪府・京都府），43県です。47の都道府県は**北海道地方**，**東北地方**，**関東地方**，**中部地方**，**近畿地方**，**中国・四国地方**，**九州地方**の7地方に分ける方法がよく使われます（7地方区分）。

▲7つの地方に分けた日本

●東端は**南鳥島**，西端は**与那国島**，南端は**沖ノ鳥島**，北端は**択捉島**。
●北海道，東北，関東，中部，近畿，中国・四国，九州地方に分かれる。

2 日本の自然環境

 ## 日本の気候

日本は国土のほとんどが**温帯**です。しかし，南北約3000kmに広がっているので，北（北海道）は冷帯，南（南西諸島）は**亜熱帯**となっています。また，季節によって吹く向きが変わる**季節風**の影響を受けます。**夏は南東から吹く季節風によって，太平洋側で雨が多く，冬は北西から吹く季節風によって，日本海側で雪が多くなり，太平洋側は乾燥します。**

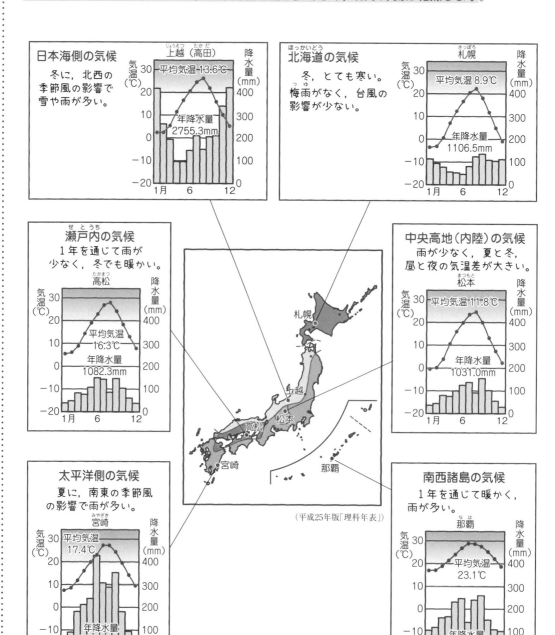

日本海側の気候
冬に，北西の季節風の影響で雪や雨が多い。
上越（高田）　平均気温13.6℃　年降水量2755.3mm

北海道の気候
冬，とても寒い。梅雨がなく，台風の影響が少ない。
札幌　平均気温8.9℃　年降水量1106.5mm

瀬戸内の気候
1年を通じて雨が少なく，冬でも暖かい。
高松　平均気温16.3℃　年降水量1082.3mm

中央高地（内陸）の気候
雨が少なく，夏と冬，昼と夜の気温差が大きい。
松本　平均気温11.8℃　年降水量1031.0mm

太平洋側の気候
夏に，南東の季節風の影響で雨が多い。
宮崎　平均気温17.4℃　年降水量2508.5mm

南西諸島の気候
1年を通じて暖かく，雨が多い。
那覇　平均気温23.1℃　年降水量2040.8mm

（平成25年版「理科年表」）

🏝 日本の地形

日本列島は**環太平洋造山帯**(かんたいへいようぞうざんたい)に含まれているので，**火山が多く，地震も多く**(じしん)なっています。

山地が海に沈み込んで(しず)できた複雑な地形の**リアス海岸**(ふくざつ)は，地震のときに起きることのある**津波の被害を受けやすい**地形です。
東北地方の三陸海岸など(ひがい)

また，国土が細長く，さらに山がちなため，川は短く，流れが急で，流域面積も狭いです。(せま)
国土の約4分の3が山地

☆ 長い川 BEST 3

1.	信濃川(しなの)	367 km
2.	利根川(とね)	322 km
3.	石狩川(いしかり)	268 km

☆ 流域面積が広い川 BEST 3

1.	利根川	1万6840 km²
2.	石狩川	1万4330 km²
3.	信濃川	1万1900 km²

（令和2年版「理科年表」）

ポイント

● 夏は**南東**から，冬は**北西**から吹く**季節風**の影響が大きい。

● 日本はほとんどが**温帯**となっていて，気候は6つに区分される。

● **環太平洋造山帯**に含まれ，**火山**が多く，**地震**も多い。

③ 日本と世界の人口

🌏 世界の人口

世界の人口は約77億人（2019年）です。

特にアジアやアフリカの発展途上国で急激に人(はってん と じょうこく)口が増加し，**人口爆発**(ばくはつ)が起きています。ヨーロッパなどの先進国では，逆に人口が減少しています。

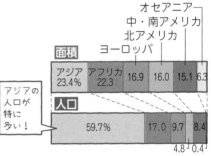

面積
オセアニア
中・南アメリカ
北アメリカ
ヨーロッパ

| アジア 23.4% | アフリカ 22.3 | 16.9 | 16.0 | 15.1 | 6.3 |

アジアの人口が特に多い！

人口

| 59.7% | 17.0 | 9.7 | 8.4 |

4.8 0.4

（面積は2015年，人口は2019年）（2020/21年版「世界国勢図会」など）(ひかく)

▲世界の面積と人口の比較（州ごと）

🗾 日本の人口

日本の人口は約1億2600万人（2019年）です。

人口の約5割が**東京・大阪・名古屋**(とうきょう おおさか なごや)の**三大都市圏**(けん)に集中しています。現在の日本は，**大都市に人口が集中しすぎる過密**(かみつ)の問題と，**農村部などの人口が大幅に減少する過疎**(おおはば)(かそ)の問題を抱えています。

人口増加によって，世界では食料不足が起こっているのよ

また，医療の発達(いりょう)で平均寿命が伸び，(じゅみょう)**高齢化**(こうれい)が進む一方で，うまれる子どもの数が減り，**少子化**も進んでいます。現在の日本は**少子高齢社会**(こうれい)です。

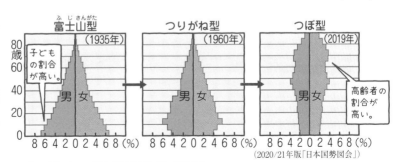

富士山型(ふじさんがた)（1935年）
子どもの割合が高い。
80歳 60 40 20
男 女
8 6 4 2 0 2 4 6 8 (%)

つりがね型（1960年）
男 女
8 6 4 2 0 2 4 6 8 (%)

つぼ型（2019年）
高齢者の割合が高い。
男 女
8 6 4 2 0 2 4 6 8 (%)

（2020/21年版「日本国勢図会」）

▲人口ピラミッドの移り変わり（日本）

👥人口密度

　人口密度は，1 km² （の土地）に人が何人いるかをあらわすものです。人口を面積で割って計算します。

　例えば，日本には1 km²の中に，およそ340人もの人がいることになります。日本は世界的にも人口密度の高い国です。

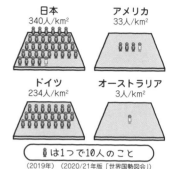

日本
340人/km²

アメリカ
33人/km²

ドイツ
234人/km²

オーストラリア
3人/km²

👤は1つで10人のこと

(2019年) (2020/21年版「世界国勢図会」)

ポイント

- ●世界の人口は77億人を超え，発展途上国で**人口爆発**が起きている。
- ●日本では，**東京・大阪・名古屋**の**三大都市圏**などで人口が集中しすぎる**過密**，農村部で人口が大幅に減少する**過疎**の問題を抱えている。
- ●日本の**人口密度**は，世界の国々と比べて，とても高い。

4 日本と世界の資源

授業動画は
こちらから

🌐世界の資源

　世界でとれる鉱産資源には，石油・石炭・鉄鉱石・レアメタルなどがあります。

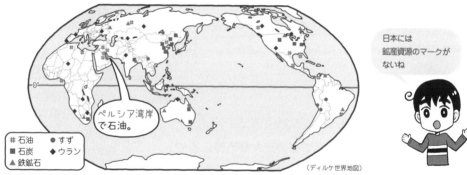

ペルシア湾岸
で石油。

〓石油　●すず
■石炭　◆ウラン
▲鉄鉱石

(ディルケ世界地図)

日本には
鉱産資源のマークが
ないね

▲主な鉱産資源がとれるところ

✿**石油（原油）**…**ペルシア湾岸**，北アフリカ，北海，メキシコ湾岸などで産出。

✿**石炭**……………中国，オーストラリアなどで産出。

✿**鉄鉱石**…………オーストラリア，ブラジルなどで産出。

✿**レアメタル（希少金属）**……アフリカや中国などで産出。
　→Lesson4の36ページを見よう

🔸日本の資源

　日本は鉱産資源が少なく，ほとんどの資源を輸入に頼っています。石油は，**サウジアラビア**や**アラブ首長国連邦**など西アジアの国々から輸入しています。石炭と鉄鉱石は**オーストラリア**からたくさん輸入しています。鉄鉱石は**ブラジル**からの輸入も多くなっています。

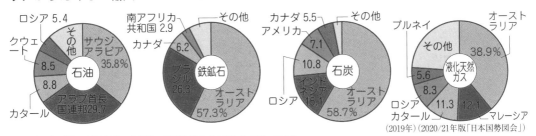

▲日本が石油・鉄鉱石・石炭・天然ガスを輸入している国

　●鉱産資源には，**石油・石炭・鉄鉱石・レアメタル**などがある。
　●日本は石油を**サウジアラビア**などの西アジアの国々から，石炭・鉄鉱石を**オーストラリア**から多く輸入。

5 日本の産業と結びつき

授業動画はこちらから …… 26

🔸農業

　日本は耕地面積の狭い国です。そのため，たくさんの労働力や肥料を使って生産量を増やす**集約的農業**を行っています。

　近年は農業で働く若い人が減り，**高齢化**が問題となっています。

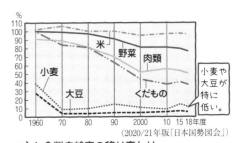

▲主な食料自給率の移り変わり

　国内で消費される食料のうち，国内で生産される割合のことを**食料自給率**といいます。日本の食料自給率は約40％で，とても低い水準です。

　特に**小麦**や**大豆**の食料自給率が低く，輸入に頼っています。最近は，**貿易の自由化**が進んで輸入が増えたため，くだものや肉類の自給率も低くなってきています。

（補足）貿易の自由化とは，外国から輸入するものやその量の制限をなくすことです。

🔸水産業

　日本はまわりを海に囲まれていて，水産業がさかんです。とくによい漁場は2つあります。

☆**東シナ海**…水深200 m以下の**大陸棚**が広がる。魚のえさとなるプランクトンが豊富。

☆**三陸海岸沖**…寒流の**親潮**（千島海流）と暖流の**黒潮**（日本海流）がぶつかる**潮目**（潮境）がある。
　どちらも多くの魚が集まります。

日本はどんな国なの？　**49**

近年，各国が<ruby>排他的経済水域<rt>はいたてきけいざい</rt></ruby>を<ruby>設定<rt>せってい</rt></ruby>したため，日本の**遠洋漁業**の<ruby>漁獲量<rt>ぎょかくりょう</rt></ruby>が減り，多くの水産物を輸入に頼っています。

→Lesson6の45ページを見よう

遠くの海で，数十日～数か月間漁をする

🔵工業

日本の工業は，<ruby>関東<rt>かんとう</rt></ruby>地方南部から<ruby>九州<rt>きゅうしゅう</rt></ruby>地方北部にかけての**太平洋ベルト**でさかんです。太平洋ベルトには，工業地帯や工業地域が集中しています。

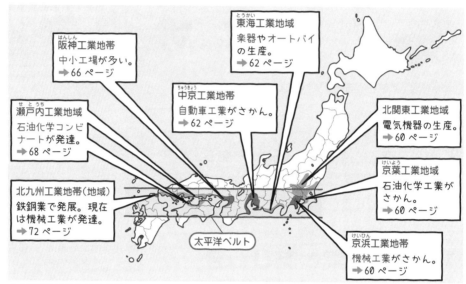

<ruby>東海<rt>とうかい</rt></ruby>工業地域
楽器やオートバイの生産。
➡62ページ

<ruby>阪神<rt>はんしん</rt></ruby>工業地帯
中小工場が多い。
➡66ページ

<ruby>中京<rt>ちゅうきょう</rt></ruby>工業地帯
自動車工業がさかん。
➡62ページ

<ruby>北関東<rt></rt></ruby>工業地域
電気機器の生産。
➡60ページ

<ruby>瀬戸内<rt>せとうち</rt></ruby>工業地域
石油化学コンビナートが発達。
➡68ページ

<ruby>京葉<rt>けいよう</rt></ruby>工業地域
石油化学工業がさかん。
➡60ページ

<ruby>北九州<rt></rt></ruby>工業地帯（地域）
鉄鋼業で発展。現在は機械工業が発達。
➡72ページ

<ruby>京浜<rt>けいひん</rt></ruby>工業地帯
機械工業がさかん。
➡60ページ

太平洋ベルト

▲工業がさかんなところ

日本の工業は，原料を輸入して，製品を輸出する**加工貿易**で発展しました。最近は，海外に工場を建てて，**現地生産**を行う<ruby>企業<rt>きぎょう</rt></ruby>が増えています。これにより，貿易摩<ruby>擦<rt>まさつ</rt></ruby>を解消したり，生産費用を<ruby>抑<rt>おさ</rt></ruby>えたりすることができます。しかし，国内での生産が減ってしまって，産業の<ruby>空洞化<rt>くうどうか</rt></ruby>という問題が起きています。

国と国との貿易においておこる対立のこと

国内の産業が衰えること

🔵貿易

上でも話したように，日本は加工貿易を行ってきました。しかし近年は，アジアの国々などからの**製品の輸入**が多くなっています。

また，最大の貿易相手国は，かつては**アメリカ<ruby>合衆国<rt>がっしゅうこく</rt></ruby>**でしたが，近年，**中国**にかわりました。

液化ガス ─┐ ┌─衣類 4.1
輸入 78.6兆円 | 機械類 24.9% | 石油 12.1 | 6.2 | その他

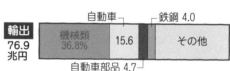

自動車 ─┐ ┌─鉄鋼 4.0
輸出 76.9兆円 | 機械類 36.8% | 15.6 | | その他
自動車部品 4.7 ─┘

現地生産の場合は逆輸入となる

(2019年)(2020/21年版「日本国勢図会」)

▲日本の輸入品と輸出品の内わけ

ポイント

●日本の農業は**集約的農業**。<ruby>高齢化<rt>こうれいか</rt></ruby>の問題。**食料自給率**が低い。

●工業は**太平洋ベルト**でさかん。**加工貿易**で発展。**産業の空洞化**が問題。

●最大の貿易相手国が**アメリカ合衆国**から**中国**にかわった。

Lesson 6 の力だめし

授業動画は
こちらから

➡ 解説は別冊p.4へ

1 日本の自然について説明した次の文の(　　)にあてはまる語句を答えなさい。

　日本列島は（　①　）変動帯（造山帯）に属します。火山が多く，地震の多い国です。気候は，ほとんどの地域が（　②　）帯に属します。また，季節によって吹く向きが変わる季節風の影響を受けます。夏は（　③　）から吹く風で太平洋側に雨が多く，冬は（　④　）から吹く風により，日本海側で雪が多くなり，太平洋側は乾燥します。

①（　　　　　　　　　　）　②（　　　　　　　　　　）
③（　　　　　　　　　　）　④（　　　　　　　　　　）

2 日本の東の端にある島と南の端にある島は，次のア～エのどれか。それぞれ記号で答えなさい。

　ア．択捉島　　イ．沖ノ鳥島　　ウ．南鳥島　　エ．与那国島

東の端（　　　　　　　）　南の端（　　　　　　　）

3 日本がもっとも石油を輸入している国と，もっとも鉄鉱石を輸入している国はどこか。それぞれ答えなさい。

石油（　　　　　　　　　　）　鉄鉱石（　　　　　　　　　　）

4 世界各国が設定している，沿岸から200海里以内で領海を含まない水域を何というか。答えなさい。

（　　　　　　　　　　）

5 主な工業地帯や工業地域が集中する，関東地方南部から九州地方北部にかけての地域を何というか。答えなさい。

（　　　　　　　　　　）

6 2019年現在，日本の最大の貿易相手国はどこか。答えなさい。

（　　　　　　　　　　）

Lesson 7 冬の寒さが厳しい地方

[日本の諸地域：北海道地方，東北地方]

このLessonのイントロ♪

　北海道地方や東北地方の日本海側は，冬は雪が降り，寒さの厳しい地方です。寒さに負けずに生活するために，どんな工夫をしているのでしょうか。また，さっぽろ雪まつりや東北三大まつりなど伝統的なまつりや文化もたくさんあります。詳しく見ていきましょう。

1 北海道のすがた

28 ♣ 地形と気候

　北海道地方は，大きな山脈・山地が並んでいます。日高山脈や北見山地があり，大雪山や有珠山などの火山もあります。

　石狩川流域には**石狩平野**，十勝川流域には**十勝平野**が広がります。東部には広大な**根釧台地**があります。

　北海道地方は**冷帯（亜寒帯）**で，冬の寒さが厳しく，夏も比較的涼しい気候です。また，**梅雨がなく**，台風の影響もあまり受けません。
（Lesson6の46ページを見ようよ）

冬に流氷が流れ着く。

オホーツク海
知床半島
北見山地
天塩山地
上川盆地
▲大雪山
石狩川
十勝平野
根釧台地
石狩平野
釧路川
▲有珠山
十勝川
日高山脈
択捉島

北方領土
日本固有の領土だが，
ロシアが占拠。

国後島
色丹島
歯舞群島

▲北海道地方の主な地形

♣ 歴史

29
　北海道は江戸時代までは**蝦夷地**と呼ばれ，先住民族である**アイヌ**の人々が住んでいました。自然とともに生き，狩猟採集を中心とする生活をしていました。
（狩りをしたり，木の実や魚をとったりする）

　明治時代に，**開拓使**という役所が札幌などに置かれ，**屯田兵**や移住者が北海道の開拓を進めました。そのときに，アイヌの人々は日本の文化・習慣を強要されて，独自の生活と文化を奪われました。その後，アイヌ文化を尊重する動きが高まり，1997年にアイヌ文化振興法が制定されました。2019年にはアイヌ民族を先住民族としたアイヌ施策推進法が制定されました。

♣ 観光

　北海道には，豊かな自然を見るために，日本国内からだけでなく，海外からもたくさんの観光客が訪れています。
- ☆**釧路湿原**…**ラムサール条約**に登録。動植物の宝庫。
（タンチョウヅルなど）
- ☆**知床**…**世界自然遺産**に登録。原生林を保存するために**ナショナル・トラスト運動**が行われている。
（住民や市・町などが土地を買い上げるなどして自然を保護する運動）
- ☆**流氷**…オホーツク海沿岸で，冬に流氷が流れ着く。

☑ ここをチェック

ラムサール条約
特に水鳥が暮らす貴重な湿地を守るために定められた条約。イランのラムサールという都市で結ばれた。

ポイント

- ●石狩川流域には**石狩平野**，十勝川流域には**十勝平野**。東部には**根釧台地**。
- ●北海道には，昔から**アイヌ**の人たちが暮らす。
- ●世界自然遺産の**知床**。**流氷**など，自然をいかした**観光業**がさかん。

2 北海道の産業

 農業

広い耕地をいかし，大型機械を使った畑作や稲作，酪農がさかんで，**農業生産額は日本一**です。

● 畑作

十勝平野などでさかんです。寒さに強いてんさいやじゃがいも，大豆などが栽培されています。^{さとうの原料}同じ土地で何種類かの農作物を何年かに一度のサイクルで作る**輪作**で，土地の栄養が落ちないようにしています。^{→右下の図を見よう}

● 酪農

乳牛を飼い，牛乳やチーズ，ヨーグルトなどの乳製品をつくることを**酪農**といいます。**根釧台地**でさかんですが，十勝平野でも酪農と畑作の混合農業が行われています。

● 稲作

石狩平野は泥炭地だったので，**客土**で土地を改良^{ほかの土地から質のよい土を運んでくること}し，稲作ができるようにしました。

▲北海道の田・畑・牧草地

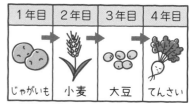
▲輪作の例

 水産業

北海道の漁獲量は日本一です。オホーツク海や北太平洋で行われる**北洋漁業**がさかんでしたが，各国の**排他的経済水域**設定により，衰えてしまいました。^{→Lesson 6の45ページを見よう}
現在は，**養殖漁業や栽培漁業**といった「**育てる漁業**」^{稚魚を放流し，成長してからとる}に力を入れています。

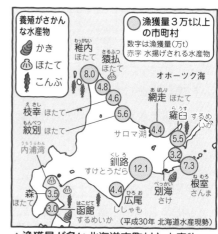
▲漁獲量が多い北海道市町村と水産物

 工業

南部に**北海道工業地域**が広がります。乳製品の生産や，魚などの加工をする**食料品工業**がさかんです。以前は石炭が産出したため，室蘭市などで鉄鋼業が発達しました。

● 十勝平野で**畑作**，根釧台地で**酪農**，石狩平野で**稲作**がさかん。

● **北洋漁業**が衰える。「育てる漁業」の養殖漁業や栽培漁業に力を入れる。

3 東北地方のすがた

地形

南北に**奥羽山脈**や出羽山地などが連なっています。北上川下流には仙台平野，最上川下流には庄内平野が広がっています。太平洋側の**三陸海岸**南部は，**リアス海岸**です。リアス海岸は津波の被害を受けやすく，2011年の東日本大震災でも大きな被害が出ました。

Lesson6の47ページを見ようや→

気候

奥羽山脈を境に，気候が分かれます。太平洋側は，夏に冷たい北東風の**やませ**が吹くことがあり，**冷害の原因**となります。日本海側

低温などによって，農作物が育たないこと

は，冬に対馬海流と北西の季節風の影響で**豪雪**となります。

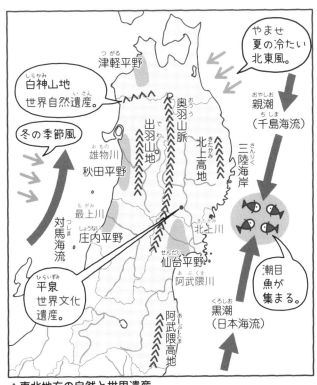

やませ
夏の冷たい
北東風。

白神山地
世界自然遺産。

冬の季節風

津軽平野

奥羽山脈

出羽山地

北上高地

親潮
（千島海流）

三陸海岸

雄物川

秋田平野

最上川

庄内平野

対馬海流

北上川

仙台平野

阿武隈川

平泉
世界文化
遺産。

黒潮
（日本海流）

阿武隈高地

潮目
魚が
集まる。

▲東北地方の自然と世界遺産

祭り

青森ねぶた祭・秋田竿燈まつり・仙台七夕まつりを合わせて東北三大祭りといいます。
青森県　秋田県　宮城県
山形花笠まつりを加えて，東北四大祭りとすることもあります。
山形県

世界遺産

青森県と秋田県にまたがる**白神山地**は，**ぶなの原生林**が広がっていて，**世界自然遺産**に登録されています。また，岩手県の平泉は**世界文化遺産**に登録されています。

「平泉－仏国土（浄土）を表す建築・庭園及び考古学的遺跡群」が登録。

ここをチェック

世界遺産
ユネスコによって登録される。世界的な価値を持つ建造物や自然が対象。自然遺産，文化遺産，その両方をかねそなえた複合遺産がある。

ポイント

●**奥羽山脈**や出羽山地が連なる。**三陸海岸**南部は**リアス海岸**。

●太平洋側は，夏に**やませ**が吹くと**冷害**。日本海側は冬に**豪雪**。

●**白神山地**は**世界自然遺産**，**平泉**は**世界文化遺産**に登録。

4 東北地方の産業

農業

米づくりと，くだもの栽培がさかんです。

稲作

日本の穀倉といわれます。冬は雪が多く農作業ができないので，**水田単作地帯**となっています。
（1年に1度だけ米をつくる）

秋田平野であきたこまち，仙台平野でひとめぼれなどといった**ブランド米**が生産されています。
（銘柄（めいがら）米ともいう）

くだもの栽培

青森県では，**津軽平野**を中心に**りんご**を，山形県では，山形盆地を中心に**さくらんぼ**を栽培しています。どちらも生産量日本一です。福島県では，ももの栽培がさかんです。
（2019年）

合計 778 万t	北海道 6.6%					近畿	中国・四国		
	東北 27.5	関東 15.8	中部 21.2			8.4	9.9	九州 10.6	
			北陸 14.1	その他 7.1					

(2018年)(2020年版「県勢」)

▲米の生産量の地方別内わけ

りんご (2018年) 計75.6万t					福島 3.4
青森 58.9%	長野 18.8	岩手 6.3	山形 5.5	その他	

さくらんぼ (2018年) 計1.8万t		
山形 78.5%	山梨 6.0	その他

もも (2018年) 計11.3万t		山形	和歌山	
山梨 34.8%	福島 21.4	長野 11.7	7.1 6.6	その他

(2020/21年版「日本国勢図会」)

▲東北地方で生産がさかんなくだものの生産量の内わけ

水産業

太平洋側の三陸海岸南部は**リアス海岸**となっています。湾内は**波がおだやかで，養殖漁業がさかん**です。

三陸沖には**潮目**があり，よい漁場となっています。
→Lesson 6の49ページを見よう

陸奥湾でほたて，松島湾でかき，三陸海岸でこんぶやわかめの養殖がさかんなんだって！

工業

かつては食料品工業が中心でした。近年は，高速道路沿いに工場がつくられ，**ICなどをつくる先端技術産業**が発達しました。そのため，東北自動車道は**シリコンロード**と呼ばれています。
（集積回路。コンピュータなどに使われる）

東北地方は，農作業ができない冬の間に，地元でとれる原材料で日用品がつくられてきました。それが現在も伝統産業として残っていて，**伝統的工芸品**に指定されているものもあります。

▲東北地方の主な伝統的工芸品

（津軽塗，秀衡塗，大館曲げわっぱ，南部鉄器，樺細工，岩谷堂たんす，山形鋳物，宮城伝統こけし，会津塗）

弘前，大館，盛岡，仙北，大崎，奥州，山形，白石，会津若松

- ●東北地方は日本の穀倉。**りんご**や**さくらんぼ**など，くだもの栽培がさかん。
- ●三陸海岸南部は**リアス海岸**で，**養殖漁業**がさかん。沖合の**潮目**はよい漁場。
- ●**IC工場**が高速道路沿いに進出。多くの**伝統的工芸品**がある。

授業動画は
こちらから　→→→ [33]

➡解説は別冊p.4へ

1 北海道の産業について説明した次の文の（　）にあてはまる語句を答えなさい。

　畑作は（　①　）平野でさかんです。土地の栄養が落ちないように，異なる農作物を決まった順番で栽培する（　②　）を行っています。根釧台地では，乳牛を飼い，乳製品をつくったり，牛乳の生産を行ったりする（　③　）がさかんです。稲作は，客土による土地の改良が行われた（　④　）平野や上川盆地でさかんです。

①（　　　　　　　　　　）　②（　　　　　　　　　　）
③（　　　　　　　　　　）　④（　　　　　　　　　　）

2 北海道の先住民族を何というか。答えなさい。　（　　　　　　　　　）

3 北海道地方と東北地方で，世界自然遺産に登録されている場所はどこか。それぞれ答えなさい。　北海道地方（　　　　　　　　　）
東北地方（　　　　　　　　　）

4 東北地方の水産業について説明した次の文の（　）にあてはまる語句を答えなさい。

　東北地方では水産業がさかんです。特に三陸沖は，寒流の（　①　）と暖流の黒潮（日本海流）が出合う（　②　）となっていて，よい漁場です。また，太平洋側の三陸海岸南部は（　③　）海岸となっています。湾内は波がおだやかで，こんぶやわかめなどの（　④　）漁業がさかんです。

①（　　　　　　　　　　）　②（　　　　　　　　　　）
③（　　　　　　　　　　）　④（　　　　　　　　　　）

5 岩手県の盛岡市や奥州市でつくられている鉄器は何か。答えなさい。

（　　　　　　　　　）

6 次のグラフはあるくだものの生産量の都道府県別割合を表している。このくだものは何か。答えなさい。　（　　　　　　　　　）

山形 78.5%	山梨 6.0	その他

(2018年)計1.8万t (2020/21年版「日本国勢図会」)

東京大都市圏と日本の屋根

〔日本の諸地域：関東地方，中部地方〕

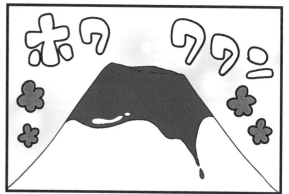

このLessonのイントロ♪

　関東地方には日本の首都・東京があり，周辺にも多くの人が住んでいて，東京から最新の流行が全国へ広がっていきます。中部地方は，北陸・中央高地・東海の3つの地域に分けられ，同じ地方の中で自然や産業に大きな違いがあります。これらの地域について詳しく学んでいきましょう。

① 関東地方のすがた

地形

関東地方には，日本一広い**関東平野**が広がります。火山灰が降り積もってできた**関東ローム**（層）という赤い土で広い範囲が覆われています。

中部地方との境には，越後山脈や関東山地が連なります。越後山脈からは**利根川**が流れ出て，太平洋にそそいでいます。
<small>流域面積日本一</small>

気候

ほとんどが<u>太平洋側の気候</u>となっています。
<small>→Lesson6の46ページを見よう</small>
冬に**からっ風**が吹いて，乾燥します。
<small>冷たく乾いた北西の季節風</small>

小笠原諸島は沖縄県とほぼ同じ緯度で，<u>亜熱帯</u>の気候となっており，豊かな自然が残り，**世界自然遺産**に登録されています。
<small>1年中暖かい</small>

東京都の中心部などでは，**ヒートアイランド現象**が見られます。

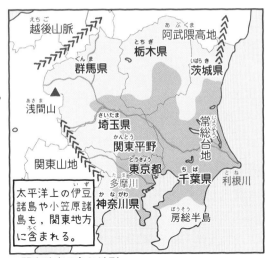

越後山脈 / 阿武隈高地 / 栃木県 / 群馬県 / 茨城県 / 浅間山 / 埼玉県 / 常総台地 / 関東平野 / 東京都 / 千葉県 / 関東山地 / 多摩川 / 利根川 / 神奈川県 / 房総半島

太平洋上の伊豆諸島や小笠原諸島も，関東地方に含まれる。

▲関東地方の主な地形

ここをチェック

ヒートアイランド現象
エアコンなどから出る熱によって，都市中心部の気温が周辺よりも高くなること。

- 日本一広い**関東平野**は，広い範囲が**関東ローム**（層）で覆われている。
- 小笠原諸島は**世界自然遺産**。東京都の中心部などで**ヒートアイランド現象**。

② 関東地方の産業

農業

千葉県や茨城県，埼玉県では，**大都市向けに野菜などを栽培する近郊農業**が行われています。
<small>消費地に近いので輸送費が安く，短時間で輸送できる</small>

群馬県では，浅間山のふもとの嬬恋村などで，**夏の涼しい気候をいかした高冷地農業**が行われ，キャベツやはくさいなどの**高原野菜**が栽培されています。
<small>栽培・収穫・出荷を遅らせる抑制栽培の1つ</small>

利根川の下流の地域（茨城県・千葉県）は**水郷**と呼ばれ，稲作がさかんです。
<small>稲作</small>

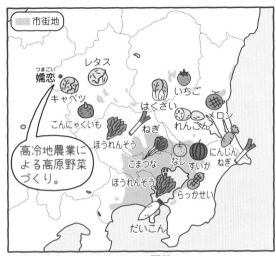

市街地

嬬恋 / レタス / キャベツ / こんにゃくいも / はくさい / いちご / メロン / れんこん / ねぎ / ほうれんそう / こまつな / なし / すいか / にんじん / ねぎ / ほうれんそう / らっかせい / だいこん

高冷地農業による高原野菜づくり。

▲関東地方でつくられている野菜

🎓工業・貿易

36

東京から横浜にかけての東京湾岸に京浜工業地帯が広がっています。機械工業がさかんなのが特色です。海沿いの地域では鉄鋼業や石油化学工業が発達しています。東京都の中心部では印刷業がさかんです。

千葉県の東京湾岸には京葉工業地域が広がっています。京浜工業地帯が延びる形で形成され、鉄鋼業や石油化学工業が発達しました。

埼玉県、群馬県、栃木県、茨城県に北関東工業地域が広がっています。電気機器や自動車などの機械工業がさかんです。

また千葉県には、貿易額日本一の成田国際空港があります。

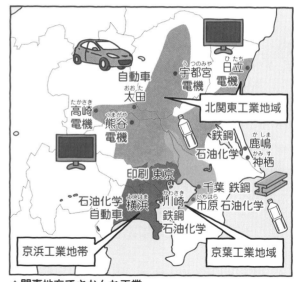

▲関東地方でさかんな工業

- 千葉県などで近郊農業、嬬恋村で高原野菜の栽培、利根川の水郷で稲作。
- 京浜工業地帯で機械工業。東京都で印刷業。京葉工業地域で鉄鋼業や石油化学工業。北関東工業地域で電気機器や自動車の生産。
- 成田国際空港は貿易額日本一。

❸ 東京大都市圏と首都・東京

🎓東京大都市圏

関東地方には、日本の人口の約3分の1が集中しています。5つの政令指定都市があり、東京を中心に東京大都市圏が形成されています。
横浜・川崎・相模原・さいたま・千葉

東京はどこも人が多すぎて嫌じゃ〜！

でも、交通が便利だしいろんな買い物もできていいこともあるよね

🎓首都・東京

東京は日本の首都で、国会議事堂や最高裁判所などがあります。政治・経済・文化の中心地であり、流行や情報の発信地ともなっています。

- 東京大都市圏が形成されている。日本の人口の約3分の1が集中。
- 東京は日本の首都。政治・経済・文化の中心地、流行や情報の発信地。

4 中部地方のすがた

地域区分

中部地方は3つの地域に分かれます。日本海側の**北陸地方**，内陸部の山がちな**中央高地**，太平洋側の**東海地方**です。

三重県は，近畿地方だが，中部地方の東海地方に含む場合もある。

▲中部地方の地域区分

地形と気候

中央高地に，高くて険しい**飛驒山脈**（北アルプス），**木曽山脈**（中央アルプス），**赤石山脈**（南アルプス）が連なります。3つ合わせて**日本アルプス**と呼ばれます。
「日本の屋根」とも

山梨県と静岡県の県境には，**日本一高い山の富士山**があります。福井県の若狭湾岸は，海岸線が複雑な**リアス海岸**です。
標高3776m

長野県から新潟県の越後平野に流れる**信濃川**は，日本一長い川です。
長野県では千曲（ちくま）川

濃尾平野を流れる木曽川・長良川・揖斐川は木曽三川と呼ばれます。

東海地方は太平洋側の気候，中央高地は中央高地の気候，北陸地方は日本海側の気候となっています。
内陸の気候

信濃川
日本一長い川。

日本アルプス（日本の屋根）
飛驒，木曽，赤石山脈。

長野県　越後平野
新潟県
越後山脈
石川県
富山県
長野盆地
飛驒山脈　松本盆地
福井県　岐阜県　山梨県
木曽山脈　甲府盆地

若狭湾
リアス海岸
が広がる。

濃尾平野
集落のまわりを堤防で囲んだ輪中が見られる

赤石山脈
愛知県　天竜川　静岡県

富士山
日本一高い山。

▲中部地方の主な地形

世界遺産

中部地方では，**白川郷・五箇山の合掌造り集落**が**世界文化遺産**に登録されています。
岐阜県の白川郷，富山県の五箇山地域に見られる集落　かやぶきの家が多く見られます。**富士山**は世界文化遺産に登録されています。
冬に豪雪となるため，屋根の傾きが急

ポイント
●**北陸地方・中央高地・東海地方**に分けられる。
●**飛驒山脈・木曽山脈・赤石山脈**は**日本アルプス**。**信濃川**は日本一長い川。

5 中部地方の産業

農業と水産業

●北陸地方
越後平野を中心に日本の米どころです。**1年に1回米だけをつくる水田単作地帯**で，コシ
新潟県

ヒカリが有名です。

●中央高地

八ヶ岳のふもとなどで，**高原野菜**
_{野辺山原など}
の栽培が行われています。**甲府盆地**
でぶどうやもも，**長野盆地や松本盆地**
でりんごの栽培がさかんです。

●東海地方

静岡県の**牧ノ原**で茶，海沿いで**み**
かんの栽培がさかんです。愛知県の
渥美半島では**電照菊**が栽培されてい
ます。

静岡県の**焼津港**は，まぐろやかつ
おが水揚げされる遠洋漁業の基地と
なっています。

▲中部地方でつくられる農作物と水揚げされる魚

🔩工業

●東海地方

愛知県を中心に，岐阜県や三重県にかけて
_{名古屋大都市圏を形成}
中京工業地帯が発達しています。**工業生産額は**
日本一です。**豊田市**の**自動車工業**を中心に，機
械工業がさかんです。豊田市には，自動車工
場だけでなく，自動車部品を生産する**関連工**
場も多くあり，**企業城下町**となっています。

静岡県には**東海工業地域**が発達しています。
浜松市で楽器やオートバイの生産，富士市で
製紙・パルプ工業がさかんです。

▲中部地方でさかんな工業

●中央高地・北陸地方

長野県諏訪市を中心にカメラや時計をつくる**精密機械工業**や，電子工業が発達しています。
福井県鯖江市のめがねフレームづくりなど**地場産業**がさかんです。

●北陸で稲作。八ヶ岳山ろくで**高原野菜**の栽培。甲府盆地でぶどう・もも。

●**牧ノ原**は日本一の茶の産地。渥美半島で**電照菊**。**焼津港**は遠洋漁業の基地。

●**中京工業地帯**が発達。**豊田市**は**自動車工業**がさかんで，**企業城下町**。

Lesson 8 の力だめし

授業動画はこちらから [40]

解説は別冊p.5へ

1 関東地方について説明した次の文の（　　）にあてはまる語句を答えなさい。

　日本一広い関東平野は，広い範囲が火山灰の降り積もってできた（　①　）という赤い土で覆われています。中部地方との境には越後山脈と関東山地が連なります。越後山脈を水源として，流域面積日本一の（　②　）川が，関東平野を流れて（　③　）洋に注いでいます。下流の茨城県と千葉県は水郷と呼ばれ，（　④　）作がさかんです。また，千葉県，茨城県，埼玉県では，大都市向けに野菜を栽培する（　⑤　）農業が行われています。群馬県では，浅間山のふもとの嬬恋村で高冷地農業が行われ，（　⑥　）野菜のキャベツやはくさいが栽培されています。

①（　　　　　　　　　） ②（　　　　　　　　　）
③（　　　　　　　　　） ④（　　　　　　　　　）
⑤（　　　　　　　　　） ⑥（　　　　　　　　　）

2 東京湾の西側に，東京から横浜にかけて広がっていて，海沿いでは鉄鋼業などがさかんな工業地帯（地域）は，次のア～ウのどれか。記号で答えなさい。
　ア．京葉工業地域　　イ．京浜工業地帯　　ウ．北関東工業地域

（　　　　　　　　）

3 長野県から新潟県の越後平野を流れて日本海に注いでいる川で，日本最長の川を何というか。答えなさい。

（　　　　　　　　）

4 中部地方の中央高地に連なる，飛驒山脈，木曽山脈，赤石山脈の3つの山脈を合わせて何というか。答えなさい。

（　　　　　　　　）

5 山梨県，静岡県，愛知県，それぞれの県でさかんに栽培されている農作物は，次のア～ウのどれか。記号で答えなさい。
　ア．メロン，電照菊　　イ．みかん，茶　　ウ．ぶどう，もも

　山梨県（　　　　　　） 静岡県（　　　　　　） 愛知県（　　　　　　）

Lesson 9

古都の保存と過疎化
[日本の諸地域：近畿地方，中国・四国地方]

このLessonのイントロ♪

　近畿地方は昔，都が置かれ，日本の中心として栄えていました。現在も大阪や神戸，京都などに人口が集中しています。中国・四国地方は，都と九州地方をつなぐ重要な地域でした。それぞれの地域について，詳しく学んでいきましょう。

1 近畿地方のすがた

 41

🧭 地形

近畿地方は北部に丹波高地，南部に**紀伊山地**が連なります。

滋賀県には日本一広い**琵琶湖**があります。**京阪神の水がめ**といわれ，飲料水や工業用水に利用されています。

若狭湾岸や志摩半島は，**海岸線が複雑なリアス海岸**となっています。
→Lesson6の47ページを見よう

🧭 気候

→それぞれLesson6の46ページを見よう

日本海側は，冬に北西の季節風の影響で雪が多くなります。南部の紀伊半島などは，太平洋側の気候です。**紀伊山地の南側は，日本でもっとも降水量の多い地域**です。

▲近畿地方の主な地形

🧭 大阪大都市圏

大阪市を中心として京都市や神戸市にかけては**大阪大都市圏**が広がっています。中心部に人口が集中しすぎたため，郊外に**ニュータウン**が建設されました。神戸市の沖合にある**ポートアイランド**は，マンションやショッピングモールが建設され，海上のニュータウンとなっています。

> ☑ ここをチェック
>
> **ニュータウン**
>
> 都市の郊外に，計画的につくられた町のこと。都市部に人口が集中しすぎたことによって起こる問題を，解決するためにつくられた。

建物や看板の色や大きさを，条例で定めていたりするのよ

🧭 古都・京都と奈良

近畿地方には，姫路城など，6か所の**世界文化遺産**があります。国宝や重要文化財も多く，全国の約5割が集中しています。特に京都と奈良は，かつて平安京や平城京が置かれ，現在でも歴史的な町並みが残ります。そこで，**歴史的景観を守る活動が進められています**。

> ☑ ここをチェック
>
> **近畿地方の世界文化遺産**
> ・姫路城
> ・古都京都の文化財
> ・古都奈良の文化財
> ・法隆寺地域の仏教建造物
> ・紀伊山地の霊場と参詣道
> ・百舌鳥・古市古墳群

 ポイント

> ●**琵琶湖**は**京阪神の水がめ**。若狭湾岸と志摩半島は**リアス海岸**となっている。
>
> ●**姫路城**など，6か所の**世界文化遺産**。古都である京都・奈良で景観を守る活動。

2 近畿地方の産業

授業動画は
こちらから ····· 42

農業・林業

大阪市や京都市，神戸市などの大都市周辺で，大都市向けに野菜や花などを生産する**近郊農業**が行われています。

→Lesson8の59ページを見よう

三重県や兵庫県，滋賀県では，高級ブランド牛が育てられています。

紀伊山地では林業がさかんです。**吉野すぎ**や**尾鷲ひのき**などが有名です。

和歌山県では，くだものの栽培がさかんなんだって！

大都市周辺で近郊農業。

近江牛

京野菜

神戸牛

いちご

松阪牛

レタス

かき

たまねぎ

みかん

みかん

みかん

うめ

▲近畿地方でつくられている農畜産物

工業

大阪府と兵庫県を中心に**阪神工業地帯**が広がります。せんい工業など軽工業を中心に発展し，現在は，内陸部で金属，機械工業，海沿いの地域で鉄鋼業や石油化学工業が発達しています。

阪神工業地帯の特徴は，**中小工場**が多いことです。

働いている人が299人以下の工場

多くは大工場の**下請け**ですが，高い技術力を持つ中小工場もあります。

京都府の西陣織や京焼・清水焼，滋賀県の信楽焼など**伝統産業**もさかんです。

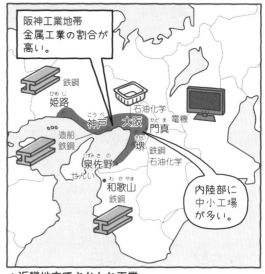

阪神工業地帯
金属工業の割合が高い。

鉄鋼

姫路

石油化学

電機

神戸

大阪

門真

造船
鉄鋼

堺

鉄鋼
石油化学

泉佐野

せんい

和歌山

鉄鋼

内陸部に
中小工場
が多い。

▲近畿地方でさかんな工業

商業

大阪は，江戸時代に「**天下の台所**」と呼ばれ，経済の中心地でした。現在も**卸売業がさかんで，問屋街がつくられています**。

もっとくわしく

卸売業とは，生産者から商品を買って，それをデパートなどの小売業者へ販売する産業です。問屋とも呼ばれます。

- 大都市向けの**近郊農業**がさかん。紀伊山地で**吉野すぎ**や**尾鷲ひのき**。
- **阪神工業地帯**は**中小工場**が多い。内陸部で金属，機械工業，海沿いで鉄鋼業・石油化学工業。
- 大阪は江戸時代に「**天下の台所**」。現在も**卸売業**がさかん。**問屋街**を形成。

3 中国・四国地方のすがた

🌿自然

●地形と地域区分

中国地方には，なだらかな**中国山地**が連なります。瀬戸内海をはさんで向かい合う四国地方には，険しい**四国山地**が連なります。

中国山地より北を**山陰**，瀬戸内海に面した地域を**瀬戸内**，四国山地より南を**南四国**といいます。

補足 中国地方の中で，中国山地より南側は山陽とも呼びます。

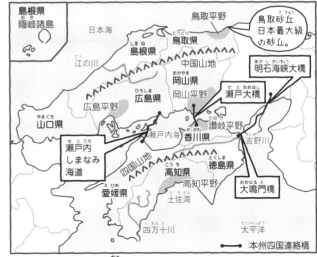

▲中国・四国地方の主な地形

●気候

山陰は，冬に**北西の季節風の影響で雪が多く降ります**。瀬戸内は，**年間を通じて降水量が少なく，暖かい気候**（瀬戸内の気候）です。これは，中国山地と四国山地に季節風がさえぎられるためです。（→Lesson6の46ページを見よう）南四国は年間を通じて温暖で，**夏に南東の季節風の影響で雨が多くなります**。

🏙都市と人口

中国・四国地方では，瀬戸内海沿い（瀬戸内）に人口が集中しています。特に**広島市**（世界文化遺産が2つある）は**地方中枢都市**となっています。山間部や離島では人口が大きく減少し，**過疎**の問題が深刻（→Lesson6の47ページを見よう）です。

その地方の政治や経済の中心となっている都市

🚆交通機関

中国地方には，**山陽新幹線**をはじめ，中国自動車道や山陽自動車道など交通網が発達しています。本州と四国は，**本州四国連絡橋**で結ばれ，自動車や鉄道による行き来ができるようになりました。そのいっぽうで，フェリーの利用者が減少しています。

●**山陰・瀬戸内・南四国**に分かれ，気温や降水量に地域差がある。
●**広島市**は**地方中枢都市**。山間部などで**過疎**。本州と四国は**本州四国連絡橋**で結ばれる。

本州四国連絡橋
本州と四国を結ぶ，3つのルートにかかる橋をまとめた名前。
瀬戸大橋，明石海峡大橋，大鳴門橋，瀬戸内しまなみ海道の橋がある。

4 中国・四国地方の産業

農業

高知県の**高知平野**では，**ビニールハウス**などを利用して，なすやピーマンなど野菜の**促成栽培**がさかんです。

補足 促成栽培とは，ビニールハウスや温室を利用して，農作物をほかの地域より早い時期に栽培し，出荷する方法です。

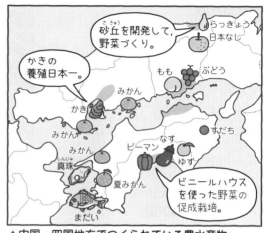

▲中国・四国地方でつくられている農水産物

水産業

瀬戸内海沿岸では**養殖漁業**がさかんです。広島県は，**かき**の生産量日本一です。愛媛県の宇和海では，真珠やまだいが養殖されています。

補足 養殖漁業とは，魚や貝をいけすなどの人工施設で育てて，大きくなってからとる漁業のことです。

工業

瀬戸内海沿岸では，**塩田**の跡地などを埋め立てて，**瀬戸内工業地域**がつくられました。

岡山県の**倉敷市水島**地区などに，**石油化学コンビナート**が建設されています。ここでは，関連する工場をパイプラインでつなぎ，効率よく生産を行っています。

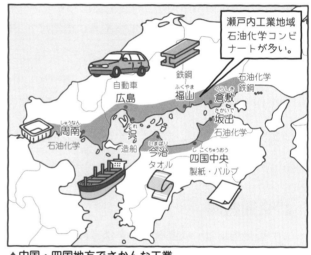

▲中国・四国地方でさかんな工業

- **高知平野**では，**ビニールハウス**などを利用して，野菜の**促成栽培**がさかん。
- 瀬戸内海沿岸で**養殖漁業**。広島県で**かき**の養殖。愛媛県の宇和海で**真珠**やまだいの養殖。
- 塩田跡地に**瀬戸内工業地域**。岡山県の**倉敷市水島**地区などに**石油化学コンビナート**。

Lesson 9 の力だめし

 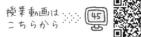

➡解説は別冊p.6へ

1 近畿地方について説明した次の文の（　　）にあてはまる語句を答えなさい。

　近畿地方の南部には，吉野すぎや尾鷲ひのきなどで有名な日本有数の林業地帯である（　①　）山地がそびえています。東部に位置する滋賀県は海に面していない内陸県ですが，「京阪神の水がめ」といわれる日本一広い（　②　）湖を有します。兵庫県と京都府の日本海側は，冬に（　③　）の季節風の影響で雪が多い地域です。紀伊半島の南部は（　④　）側の気候で，日本でもっとも降水量が多い地域になっています。近年，たびたび大きな水害が起こっています。

①（　　　　　　　　　　）　②（　　　　　　　　　　）
③（　　　　　　　　　　）　④（　　　　　　　　　　）

2 右の図を見て，次の各問いに答えなさい。

(1) 図中のA～Cの山地名と平野名を答えなさい。

A（　　　　　　　　　　）
B（　　　　　　　　　　）
C（　　　　　　　　　　）

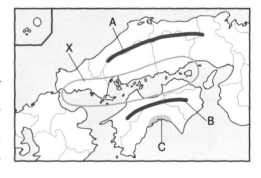

(2) 図中のCの平野でビニールハウスなどを利用して行われている，ピーマンやなすなどの野菜の栽培方法を何というか。次のア～ウから1つ選び，記号で答えなさい。

ア．抑制栽培　　イ．促成栽培　　ウ，露地栽培

（　　　　　　　）

(3) 広島のかきなど，瀬戸内海沿岸で特にさかんな漁業は何か。次のア～エから1つ選び，記号で答えなさい。

ア．沿岸漁業　　イ．沖合漁業　　ウ．養殖漁業　　エ．遠洋漁業

（　　　　　　　）

(4) 図中のXの瀬戸内海沿岸に広がる工業地域は何というか。答えなさい。

（　　　　　　　）

(5) (4)の工業地域は，瀬戸内海沿岸の何の跡地が利用してつくられたか。答えなさい。

（　　　　　　　）

Lesson 10

暖かい地方　地形図を読もう

〔日本の諸地域：九州地方，地形図〕

このLessonのイントロ♪

　Lesson6で，日本は火山の多い国であることを勉強しましたが，その中でも九州地方は特に多い地方です。南西諸島をはじめ，多くの島々があることも特色です。また，実際の地形図を見て，そこに何があるか，何に利用されているかを理解できるようにしましょう！

① 九州地方のすがた

授業動画は
こちらから ···· 46

九州地方は日本の南西部にあり，沖縄県も含みます。

地形

北部は，筑後川の流域に**筑紫平野**が広がり，中央部に高く険しい**九州山地**が連なります。南部は，火山灰が積もってできた**シラス台地**が広がります。雲仙岳や桜島，世界最大級の**カルデラ**をもつ**阿蘇山**など火山の多いことが九州地方の特徴です。

補足 カルデラは火山が噴火してできた地形です。火口部分が円形のくぼ地となっています。

▲九州地方の主な地形

気候

→Lesson6の46ページを見よう
九州地方は冬でも比較的暖かい気候です。これは，九州地方の近くを暖流の**黒潮（日本海流）**と**対馬海流**が流れているからです。

沖縄県を含む**南西諸島**は，日本の中でもっとも暖かい地域で，海には**さんご礁**が広がります。**台風**の被害を受けることが多いため，家の屋根がわらをしっくいでかためるなどの工夫をしています。また九州地方は，**梅雨**の影響で集中豪雨が起きることもあります。

暮らし

火山が多い九州地方は**温泉**も多く，たくさんの観光客が訪れます。また，大分県の八丁原などに**地熱発電所**を建設して，効率的なエネルギー開発を進め，九州地方各地に電力を送っています。

一方で，火山の噴火や集中豪雨による洪水・土砂崩れなどの自然災害も多い地方です。そのため，**ハザードマップ**をつくったり，防災訓練をしたりして，災害に備えています。

> ☑ここをチェック
>
> **地熱発電所**
>
> 火山の地下熱を利用して発電を行う。地球温暖化の原因となる二酸化炭素を出さないため，環境に影響の少ないエネルギーとして注目されている。

- ●**雲仙岳**や**桜島**，**阿蘇山**などの火山が多い。
- ●**黒潮**と**対馬海流**の影響で，冬でも比較的暖かい気候。
- ●南西諸島に**さんご礁**。台風の被害や梅雨の**集中豪雨**。
- ●**温泉**が多い。**地熱発電**に利用。

> 沖縄県はかつて琉球王国という独立国だったんだって。独自の文化がたくさん残っているんだよ

2 九州地方の産業

農業

筑紫平野は稲作がさかんで，**米の収穫後に，麦などをつくる二毛作**が行われています。

宮崎平野は，ビニールハウスを利用した促成栽培がさかんです。ピーマンやきゅうりなどがつくられています。

シラス台地は米づくりに向かないため，**さつまいも**などをつくる畑作が行われています。鹿児島県や宮崎県は，**豚や肉用にわとり，肉牛を飼育する畜産**がさかんです。

沖縄県では，暖かい気候をいかして，さとうきびやパイナップルが栽培されています。近年は，花の栽培もさかんです。

▲九州地方でつくられている農畜産物

工業など

明治時代，北九州市に八幡製鉄所が建設されたことで鉄鋼業が発達し，**北九州工業地帯**が形成されました。現在は**自動車工業**や機械工業が発達しています。また，**高速道路や空港が整備され，その周辺にIC工場が多く進出しました。**そのため，九州地方はシリコンアイランドと呼ばれます。

沖縄県は観光業がさかんで，第3次産業で働く人が中心となっています。

ICは小さくて軽いから，一度にたくさん運べるのよ。値段も高いから，輸送費のかかる飛行機を使っても利益が出るんですって！

▲九州地方でさかんな工業

●**筑紫平野**で稲作。**宮崎平野**で促成栽培。鹿児島県や宮崎県では**畜産**。

●**北九州工業地帯（地域）**が発展したが，近年は伸び悩む。**自動車工業**や機械工業が発達。

●高速道路や空港周辺に**IC工場**が多く進出。**シリコンアイランド**と呼ばれる。

3 地形図の読み取り

授業動画は
こちらから ·····>

🌐 地形図の種類

　地形図は，土地にどんな建物があるか，どんなことに利用されているかなどを縮小して示したものです。

　国土交通省の**国土地理院**が発行し，**2万5千分の1**や**5万分の1**の地形図などがあります。

矢印が向いているほうが北。

▲方位記号　　▲8方位

🌐 方位・等高線・地図記号

　方位は，主に4方位や8方位を使います。地図に方位記号がない場合は，**上が北**です。

　海面からの高さが等しい地点を結んだ線が**等高線**です。**土地の高さや傾斜を示します。等高線の間隔が広いと傾斜は緩やかで，等高線の間隔が狭いと傾斜は急**になっています。等高線は，2万5千分の1の地形図では**10mごと**，5万分の1の地形図では**20mごと**に引かれています。

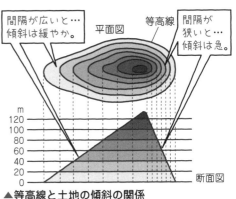

間隔が広いと…傾斜は緩やか。　間隔が狭いと…傾斜は急。　平面図　等高線　断面図

▲等高線と土地の傾斜の関係

　地図記号は建物や土地の使われ方を示すために用います。主な地図記号を覚えましょう。

記号	意味	記号	意味	記号	意味	記号	意味
◎	市役所・区役所	⊕	保健所	田	田	△	三角点
○	町・村役場	⌂	老人ホーム	畑	畑	□	水準点
ᕤ	官公署	卍	寺院	果樹園	果樹園	⋉	橋
文	小・中学校	日	神社	茶畑	茶畑		鉄道・駅
⊗	高等学校	☼	工場	くわ畑	くわ畑		郡・市の境界，東京都の区界
⊖	郵便局	☼	発電所	荒地	荒地		都・府県の境界
⚶	裁判所	田	図書館	広葉樹林	広葉樹林		市街地（家が集まっているところ）
◇	税務署	血	博物館・美術館	針葉樹林	針葉樹林		
Y	消防署	∏	自然災害伝承碑				
⊗	警察署	☼	灯台				
×	交番	🛆	風車				
⊞	病院	♨	温泉・鉱泉				

🌐 縮尺

　上でも説明したように，地形図は土地のすがたを縮小してまとめたものです。実際の距離を縮小した割合を**縮尺**といい，2万5千分の1や5万分の1などと表します。

●**実際の距離の求め方**

実際の距離＝地図上の長さ×縮尺の分母

●**地図上の長さの求め方**

地図上の長さ＝実際の距離×縮尺

例 2万5千分の1の縮尺の地図上で

4cmの実際の距離は…

4cm×25000＝100000cm

＝1000m＝1km

🔴 実際の地形図の読み取り

では実際に，下の5万分の1の地形図を読み取ってみましょう。等高線が20mごとに引かれていることから，5万分の1の地形図とわかります。

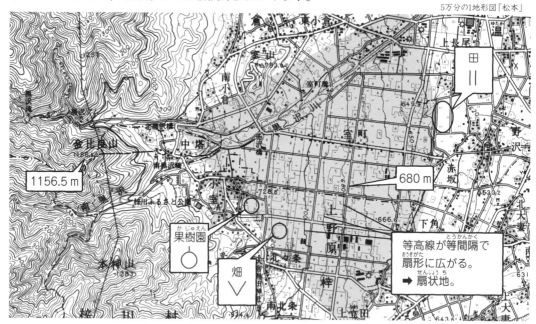

まず，土地の高さを調べてみましょう。等高線上に描かれている数字は，土地の高さです。室町のあたりは標高680m，金比良山の山頂は標高1156.5mなので，川は地図の左から右，つまり西から東に流れていることがわかります。地図中の　　　　　の範囲は等高線がほぼ同じ間隔で，扇形に広がっています。これは扇状地という地形です。

扇状地は川が砂や小石を運んでできた地形で，水はけがよくなっています。稲作には向かず，畑や果樹園として利用されます。扇状地より東のほうは田の記号が多いことに気づきましたか？ 扇状地から離れると，水が得られるということがわかりますね。

●地形図は**国土地理院**が発行。主に**2万5千分の1**や**5万分の1**を利用。

●**等高線の間隔が広い**と**傾斜は緩やか**で，**等高線の間隔が狭い**と**傾斜は急**。

●実際の距離は，**地図上の長さ×縮尺の分母**で求められる。

1 九州地方の農業について説明した次の文の（　　）にあてはまる語句を答えなさい。

九州地方北部の（　①　）平野では稲作がさかんです。また，米の収穫後に麦など
をつくる（　②　）が行われています。南部の火山灰が積もってできた（　③　）台地
では，さつまいもなどがつくられています。鹿児島県や宮崎県では，豚や肉用にわと
りを飼育する（　④　）がさかんです。宮崎平野では，ビニールハウスを利用してピー
マンなどの野菜の生育を早める（　⑤　）栽培が行われています。（　⑥　）県では，
暖かい気候をいかして，さとうきびやパイナップルがつくられています。

①（　　　　　　　　　　）　②（　　　　　　　　　　）
③（　　　　　　　　　　）　④（　　　　　　　　　　）
⑤（　　　　　　　　　　）　⑥（　　　　　　　　　　）

2 次の2万5千分の1の地形図を見て，あとの各問いに答えなさい。

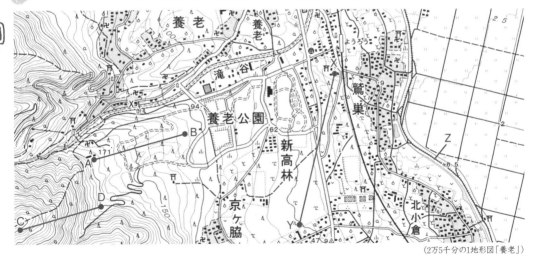

(2万5千分の1地形図「養老」)

(1) 地形図上のA—BとC—Dでは，どちらの傾斜が緩やかか。答えなさい。

（　　　　　　　　　　　）

(2) Zの川の東の土地は何に利用されているか。次のア～エから，記号で答えなさい。

ア．くわ畑　　イ．果樹園　　ウ．田（水田）　　エ．茶畑　　（　　　　　　　）

(3) X地点からY地点までの地図上の長さは4cmである。実際の直線距離は何kmに
なるか，答えなさい。

（　　　　　　　　　　　）

ヒント (3)は単位に気をつけて答えよう。

Lesson 11 ヒトのルーツはどこから？

このLessonのイントロ♪

　いよいよ歴史の勉強に入ります。人類は今からどれぐらい前に誕生したのでしょうか。また、文明はいつごろ、どのあたりで発生したのでしょうか。このLessonでは、人間のルーツをたどってみたいと思います。日本列島で暮らすようになった人たちが、どんな生活をしていたかも見ていきましょう。

1 西暦と元号（年号）

　歴史の学習で，あるできごとがいつ起こったかを示すときに西暦や元号（年号）を使います。

　西暦はヨーロッパで考え出された暦で，キリストが生まれたと考えた年を紀元1年（紀元元年）としたものです。紀元1年を境に，それ以前を「紀元前○年」，それ以後を「紀元（後）○年」といい，さらに，紀元（後）は，ふつうは略して，ただ「○年」といいます。また，100年を1つのかたまりと考えて，紀元1〜100年を1世紀，101〜200年を2世紀と数えます。

←	紀元前（B.C.）			紀元後（A.D.）		→
3世紀	2世紀	1世紀	1世紀	2世紀	3世紀
三〇〇年〜二〇一年	二〇〇年〜一〇一年	一〇〇年〜一年	一年〜一〇〇年	一〇一年〜二〇〇年	二〇一年〜三〇〇年

※紀元前を表すB.C.は，Before Christ（キリスト以前）を略したもの，紀元後を表すA.D.はAnno Domini（わが神の世）を略したもの。

　元号（年号）は，大化や応仁，平成や令和などのことです。ある年を基準に年数を数えます。昔はよく元号が変わっていましたが，明治時代からは**天皇一代で1つの元号**と決められています。

　歴史を**時代**で区切るとき，鎌倉時代や江戸時代など，政治の中心地によって分ける場合や，古代，中世，近世，近代，現代のように，社会のしくみの特徴で分ける場合があります。

なるほど〜。2000年は20世紀で，2001年は21世紀ということだね！

- **西暦**や**世紀**，**元号（年号）**で年を表す。
- **政治の中心地**や**社会のしくみ**による時代区分がある。

2 ヒトの出現

授業動画はこちらから [51]

人類の出現

　最古の人類といわれる**猿人**が，今から約700〜600万年前にアフリカで出現しました。サルとは違って，後ろ足で立って歩くようになりました。また，自由になった前足（手）で道具を使うようになって知能が発達したことがわかっています。

　その後，約200万年前に**原人**が出現し，約20万年前に**新人（ホモ・サピエンス）**が現れました。

補足 ジャワ原人やペキン（北京）原人は約100〜20万年前に生息し，新人であるクロマニヨン人は約5〜3万年前に活動したといわれています。

脳の容量は約500mlで，新人の約3分の1。

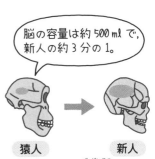

猿人　→　新人

▲猿人と新人の頭蓋骨

石器時代

　約200万年前に登場した原人は，火と言葉を使い始めました。そして，石を打ち割ってつくった**打製石器**や**骨角器**を使い，自然にある木の実や草，動物や魚をとって移動しながら生活していました。この時代を**旧石器時代**といいます。

　やがて，**農耕**や**牧畜**などが始まり，人々は集団で決まった場所に定住するようになります。石や砂で磨いてつくる**磨製石器**も使われるようになります。**土器**を使って食べ物を煮炊きしたり，保存したりするようになりました。この時代を**新石器時代**といいます。

ポイント

● 猿人が後ろ足で立って歩く（直立二足歩行）➡原人，やがて新人が登場。

● 旧石器時代に，原人は火を使い始め，打製石器や骨角器を使用した。

● 新石器時代に，新人は磨製石器を使用し，農耕・牧畜が始まり，土器をつくり始めた。

③ 文明の発達

授業動画は
こちらから

　農耕や牧畜がさかんになると，**作物の豊作を祈る祭り**が行われるようになります。主に祭りで使われた**青銅器**の製造技術が発達しました。また，食料の生産が増えると，蓄えた食料をめぐって争うようになります。食料を守るために武器を使って戦うようになり，主に武器として使われた鉄器の製造技術も発達しました。集団をまとめる強い力を持った人が**指導者**となり，土地と人を支配しました。こうして**国**がうまれ，世界各地の**大河の流域**で，古代文明が発達しました。

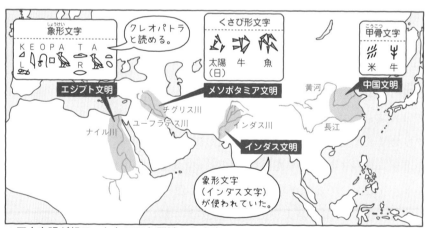

▲四大文明が起こったところと発達した文字

　主な文明には，**メソポタミア文明・エジプト文明・インダス文明・中国文明**があります。これらの文明は農耕に適していた大河の流域で発達しました。また，独自の文字も使われていました。

🐾メソポタミア文明

　紀元前3000年頃，**チグリス川**と**ユーフラテス川**の間に**メソポタミア文明**が発達しました。**くさび形文字**が使われ，月の満ち欠けに基づいた**太陰暦**がつくられました。紀元前18世紀頃にハンムラビ王がメソポタミアを統一し，<u>ハンムラビ法典</u>を制定しました。
　　　　　　　　　　　　　　　　　　厳しい復しゅうのきまりで有名

🐾エジプト文明

　エジプト文明では農耕が発達していました。これは毎年ナイル川のはんらんによって，栄養分の多い土が運ばれたためです。紀元前3000年頃にエジプトの国王によって統一され，国王は神の化身として国を治めました。王の権力の象徴である**ピラミッド**や，太陽の動きに基づいた**太陽暦**がつくられ，<u>**象形文字**</u>が使われていました。
　　　　　　　　　　　　　ヒエログリフという

▲ピラミッド

🐾インダス文明

　紀元前2500年頃，インダス川流域で**インダス文明**が起こりました。上下水道や大浴場などがある，計画的な都市づくりが行われました。<u>象形文字</u>や青銅器も利用されていました。
　　　　　　　　　　　インダス文字

🐾中国文明

　紀元前6000年頃から，中国では黄河流域でアワなどをつくる農耕が始まりました。同じころ長江流域でも稲作を伴う文化がうまれました。紀元前1600年頃，黄河流域で**殷**という国が起こり，亀の甲羅や牛の骨に**甲骨文字**を刻み，優れた**青銅器**がつくられました。その後，
　　　　　　　　　　　　　　漢字のもとになった　　　　　　　　　　　　　　　　　　商（しょう）

周が成立し，衰えてくると春秋・戦国時代という戦乱の時代となります。この時代に**孔子**などの思想家が誕生しました。
　　　　儒教（じゅきょう）のもととなる教えをつくった

▲万里の長城

　紀元前221年に秦の**始皇帝**が中国を統一します。秦は北方の遊牧民族の侵入を防ぐために，**万里の長城**を建設しました。その秦が短期間で滅亡すると，**漢**が成立し，
　　匈奴（きょうど）

シルクロードを通じてローマ帝国などと交易を行いました。
絹（きぬ）の道ともいう。中国の絹がこの道を通って運ばれた

●主な文明は，**メソポタミア文明・エジプト文明・インダス文明・中国文明**。

●メソポタミア文明では，**くさび形文字**が使われ，**太陰暦**がつくられた。

●エジプト文明では，**象形文字**が使われ，**太陽暦**がつくられた。**ピラミッド**の建設。

●殷で**甲骨文字**と**青銅器**。秦の**始皇帝**が中国を統一。**万里の長城**の建設。

④ 日本のあけぼの

授業動画は
こちらから …… 53

旧石器時代

　地球は約1万年前まで氷河時代で，日本列島は大陸と陸続きでした。そのため，**ナウマンゾウやマンモス**などの大形動物と，それらの狩猟のために人々が日本列島に渡ってきました。人々は，簡単な草ぶきの小屋や洞くつに住んでおり，**打製石器**を使用していました。

余も生きている
ナウマンゾウを
捕まえたかったぞ！

　かつて，日本には旧石器時代はないと考えられていましたが，1946年，考古学者の相沢忠洋さんが群馬県の岩宿で**黒曜石の打製石器**を発見しました（岩宿遺跡）。これが，日本に旧石器時代があったことの証明になりました。

殿も遠い未来に
化石で発見されて，
大騒ぎになるかもね

縄文時代

　約1万年前に氷河時代が終わり，氷が溶けて海面が上がり，現在の日本列島ができました。約1万2000年前から紀元前4世紀頃までを縄文時代といいます。人々は**竪穴住居**に住み，**磨製石器**や弓矢，**縄文土器**を使用し，魔よけなどのために**土偶**をつくりました。

縄目の文様
がある。

▲縄文土器

　食べ物の残りなどを捨てた**貝塚**からは，当時の人々の生活のようすを知ることができます。明治時代，モースによって東京都で**大森貝塚**が発見されました。青森県で**三内丸山遺跡**が見つかりました。
アメリカの学者
縄文時代の大きな集落の跡

弥生時代

　紀元前4世紀頃から紀元3世紀頃までを弥生時代といいます。**大陸から伝えられた稲作**が，九州北部から全国に広まっていきます。**石包丁**を使って稲穂を刈り取り，**高床倉庫**に保存しました。静岡県の**登呂遺跡**では，大規模な水田の跡が見つかっています。

土でできた
人形。

▲土偶

　稲作とともに金属器も大陸から伝わりました。**銅剣**や**銅鐸**などの**青銅器**は祭りの道具となり，**鉄器**は農具や武器や工具などになりました。また，**弥生土器**が使用されるようになりました。

飾りが
少なく，
かたい。

▲弥生土器

ポイント

- ●旧石器時代は**打製石器**を使用。群馬県で**岩宿遺跡**が見つかる。
- ●縄文時代は磨製石器・縄文土器・土偶を使用。**三内丸山遺跡**。
- ●弥生時代は稲作。弥生土器・青銅器・鉄器を使用。**登呂遺跡**。

Lesson11 の 力だめし

授業動画は
こちらから　　　54

解説は別冊p.7へ

1 次の①〜⑥の西暦は何世紀にあたるか。それぞれ答えなさい。

① 701年 （　　　　　）世紀　　② 1221年 （　　　　　）世紀

③ 1356年 （　　　　　）世紀　　④ 1600年 （　　　　　）世紀

⑤ 1998年 （　　　　　）世紀　　⑥ 2013年 （　　　　　）世紀

2 約20万年前に現れた，現在の私たちの直接の祖先にあたる人類は何か。答えなさい。
（　　　　　　　　　　　）

3 紀元前3000年頃，チグリス川とユーフラテス川の間に発達した文明は何か。答えなさい。
（　　　　　　　　　　　）

4 古代の中国について，次の各問いに答えなさい。

(1) 紀元前221年に中国を統一した人物はだれか。答えなさい。
（　　　　　　　　　　　）

(2) (1)の人物が北方の遊牧民族の侵入を防ぐために建設したものは何か。答えなさい。
（　　　　　　　　　　　）

5 原始時代の日本について，次の各問いに答えなさい。

(1) 日本に旧石器時代があったことが証明された，群馬県にある旧石器時代の遺跡は何か。答えなさい。
（　　　　　　　　　　　）

(2) 明治時代，モースによって発見された縄文時代の遺跡は何か。答えなさい。
（　　　　　　　　　　　）

(3) 弥生時代について説明した次の文の（　　）にあてはまる語句を答えなさい。

　弥生時代は，大陸から伝わった稲作が広まり，木製のくわなどで耕した湿地で，田げたをはいてもみをまき，（　①　）で稲穂を刈り取っていた。収穫した稲穂は（　②　）に蓄えた。金属器も伝わり，（　③　）は農具や武器などとして使われた。

①（　　　　　　　）　②（　　　　　　　）　③（　　　　　　　）

Lesson 12 古代の日本はどんな社会だったの？
［古墳時代〜飛鳥時代］

このLessonのイントロ♪

　弥生時代は「むら」と「むら」の戦いで，より大きな「むら」がうまれました。「むら」は「国」といわれる小国となります。そして，大和政権が多くの国を支配するようになり，飛鳥時代に天皇中心の国づくりが進められます。日本の古代社会が成り立っていくようすを学習しましょう。

1 「国」の誕生

 55

「むら」から「国」へ

　弥生時代に広まった稲作は，集落の人が協力して作業します。その集落が「**むら**」となりました。「むら」の中で力を持つ人が作業の指示をするようになり，指導者となります。農耕が発達して，作物の収穫量が増えると，作物や土地をめぐって「むら」同士の戦いが起きました。戦いに勝った「むら」が負けた「むら」を従え，小さな「国」となっていきます。指導者は**支配者**となり，その後，**豪族**や**王**と呼ばれるようになりました。

土地を耕して，稲をつくろう！
さて，どこからやろうか

わしが指示を出そう
ありがとうございます

となりのむらが攻めてきた！みんな戦うぞ！
お～！！

わしがこの『国』を支配する
はは～

　佐賀県の**吉野ヶ里遺跡**からは，物見やぐらや，集落の周りを囲う柵や濠などの跡が見つかっています。ここから，この時代に戦いがあったことがわかります。

古代日本の「国」と中国の関係

　中国の歴史書には，古代日本のようすが記されています。『**漢書**』**地理志**に，紀元前1世紀ごろの日本は**100余りの小さな国に分かれていた**，と記録されています。

　57年，**奴国**の王が**後漢**の皇帝(光武帝(こうぶてい))に貢ぎ物を贈り，**金印**を授かったと『**後漢書**』**東夷伝**に記録されています。江戸時代，福岡県の志賀島でこの金印が発見され，そこには「**漢委奴国王**(倭)」と刻まれています。

　また『**魏志**』**倭人伝**には，3世紀，**邪馬台国**の女王**卑弥呼**が魏の皇帝に使者を送り，「**親魏倭王**」の称号と銅鏡などを授かったと記録されています。

▲金印

☑ ここをチェック

邪馬台国と卑弥呼

　邪馬台国の卑弥呼は，まじないを行って，政治を進めていた。『魏志』倭人伝によると，30ぐらいの国をまとめていたとある。

ポイント

● 「**むら**」同士の戦いが起こり，やがて「国」が誕生。

● 57年に，**奴国**の王が後漢に貢ぎ物を贈り，**金印**を授かる。

● 3世紀に**邪馬台国**の女王**卑弥呼**が魏に使者を送り，「**親魏倭王**」の称号と銅鏡などを授かる。

2 古墳時代と古代国家の形成

🔹古墳時代

3世紀後半になると，各地の王や豪族が権力を示すために大きな墓をつくるようになりました。この墓を**古墳**といいます。古墳で代表的なのは，円墳や方墳ですが，日本では二つを合わせた巨大な**前方後円墳**がつくられました。

墓には銅鏡や武具などの副葬品がおさめられ，古墳の周りなどには埴輪が並べられました。**大仙古墳**は世界最大級の墓といわれます。

▲大仙古墳

人や馬，家などの形をした土製品　大山古墳，仁徳陵古墳ともいう。百舌鳥・古市古墳群として世界遺産

ワシが死んだあとも力を見せてやりたい…

そうだ。でかい墓をつくろう!

働け〜!

休むな〜!

ひい…大変じゃわい

あとを頼む…

王!!

王の死後も戦えるように剣を…

墓の周りをこれらで止めておきましょう

🔹大和政権の成立

3世紀後半，近畿地方で力を持つ豪族が協力して，**大和政権**をつくりました。大和政権の王を**大王**といいます。

「だいおう」とも読む。のちに天皇と呼ばれるようになる

埼玉県の稲荷山古墳から「**ワカタケル大王**」と刻まれた鉄剣が見つかり，熊本県の江田船山古墳からも同様に刻まれた鉄刀が見つかっています。このことから5世紀後半には，大和政権の勢力は九州地方から関東地方までの豪族を従えていたと考えられます。

大和政権の王（大王）の名前

🔹大陸との交流

5世紀には大陸との交流がさかんになり，中国や朝鮮半島から移り住む人（渡来人）が増え，**漢字や儒教などを日本に伝えました。**6世紀には百済から正式に仏教が伝えられました。

▲稲荷山古墳出土の鉄剣
（文化庁保管／さきたま史跡の博物館）

ポイント

● **古墳**がつくられる。もっとも多いのは**前方後円墳**。**大仙古墳**は世界最大級。

● 5世紀後半にかけて，**大和政権**が支配を広げる。王は**大王**と呼ばれる。

● **渡来人**によって，**漢字・儒教**などが日本に伝わった。

③ 飛鳥時代の始まり

授業動画は
こちらから　56

56

　6世紀後半，大和政権の中でも力を持つ豪族の争いが激しくなり，**蘇我氏**が権力を握るようになりました。初めての女性の天皇である推古天皇が即位すると，593年，おいの**聖徳太子**
（聖徳太子のおばにあたる）（厩戸皇子）
が**摂政**となりました。聖徳太子は，力を強めていた**蘇我馬子**と協力して，**天皇を中心とした**
幼い天皇や女性の天皇にかわって政治を進めるための役職
国づくりを進めました。

聖徳太子の政治

　聖徳太子が進めた政治では，次の3つが重要です。

☆十七条の憲法（604年）

> 一に曰く，和をもって貴しとなし，さからふことなきを宗とせよ。
>
> 二に曰く，あつく三宝を敬へ。三宝とは仏・法・僧なり。
>
> 三に曰く，詔をうけたまはりては必ずつつしめ。

役人の心構えを定めた。人の和を大事にすること，仏教を信じること，天皇の命令を守ることなどが書かれている。

☆冠位十二階（603年）

（上位→下位）

大徳（だいとく）　小徳（しょうとく）　大仁（だいにん）　小仁（しょうにん）　大礼（だいらい）　小礼（しょうらい）　大信（だいしん）　小信（しょうしん）　大義（だいぎ）　小義（しょうぎ）　大智（だいち）　小智（しょうち）

能力がある人や実績がある人を，積極的に役職につける制度。それまでは家系によるところが大きかった。朝廷での位は，冠の色で示した。

☆遣隋使の派遣（607年）

隋（中国）の政治制度や文化を取り入れるため，小野妹子らを遣隋使として隋に派遣。対等な立場で国交を行おうとした。

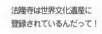
法隆寺は世界文化遺産に登録されているんだって！

飛鳥文化

　政治の中心が飛鳥地方にあった約120年間を飛鳥時代
奈良盆地の南部
といい，この時代の文化を**飛鳥文化**といいます。**隋やインド，ギリシャなどの影響を受けた日本で最初の仏教文化**です。

　聖徳太子は，**法隆寺**などの寺院を建てました。法隆寺は現存する**世界最古の木造建築**です。**釈迦三尊像**などの仏像や**玉虫厨子**などの工芸品が残されています。

▲法隆寺

©aflo

ポイント

● 593年，**聖徳太子**が推古天皇の**摂政**となる。蘇我氏と協力して政治を行う。

● 聖徳太子の政治は**十七条の憲法・冠位十二階・遣隋使の派遣**。

● **飛鳥文化**は，隋やインド，ギリシャなどの影響を受けた最初の**仏教文化**。

● **法隆寺**は世界最古の木造建築。**釈迦三尊像**や**玉虫厨子**が残されている。

4 大化の改新

 授業動画は
こちらから ·········· 57

57 聖徳太子の死後，蘇我氏は勢力をさらに強め，独裁的な政治を進めていました。そこで，蘇我氏の政治に不満を持っていた**中大兄皇子**と**中臣鎌足**らは，645年，**蘇我蝦夷・入鹿**親子を滅ぼして，政治改革を始めました。このとき，中国の唐の制度を取り入れて，初めて「大化」という元号（年号）を定めたとされるので，この改革は**大化の改新**と呼ばれています。

豪族などが支配していた土地と人民を公地・公民として国家が直接支配し，新しい政治のしくみをつくることを目ざしました。
国の土地・国の人民

朝鮮半島の統一

当時朝鮮半島では，**新羅**が朝鮮半島を統一しようと**唐**と手を組んで高句麗・百済を滅ぼしました。百済に助けを求められた日本は出兵しましたが，**白村江の戦い**に敗れ，以後は，西日本の防備を強めました。

渤海
唐
高句麗
668年滅亡
676年，新羅が半島を統一
新羅
伽耶地域（任那）
562年滅亡
日本も参加。
百済
660年滅亡
白村江の戦い
663年
大宰府
の国名は統一前の状態

▲新羅による朝鮮半島統一の動き

天智天皇の即位

白村江の戦いのあと，中大兄皇子は現在の滋賀県に大津宮をつくり，**天智天皇**として即位しました。唐を手本とした国づくりを目ざして日本初の**戸籍**を作成するなどの改革を進めました。

壬申の乱とその後

天智天皇が亡くなると，672年に，天皇の子である大友皇子と，天皇の弟である大海人皇子が天皇の位を争う**壬申の乱**が起こりました。勝った大海人皇子は**天武天皇**として即位し，天皇の地位を高めて豪族に対する支配を強めました。天武天皇が亡くなったあと，天皇の妻であった**持統天皇**が即位しました。

「律」は刑法のこと，「令」は国を治める基本となるきまりのことでありますぞ！

そして701年，唐の律令を手本とした**大宝律令**がつくられました。大宝律令によって，天皇を中心に全国を支配する中央集権国家のしくみが出来上がり，律令に基づく政治が進められるようになりました。
天皇が頂点。

ポイント

● **中大兄皇子**が**中臣鎌足**と**大化の改新**。**公地・公民**の制度を確立。
● **白村江の戦い**のあと，**天智天皇**が即位。**壬申の乱**のあと，**天武天皇**が即位。
● **701年**に**大宝律令**が制定され，律令国家の土台がつくられた。

Lesson 12 の 力だめし

授業動画は
こちらから ⋯⋯▷ 58

➡ 解説は別冊p.8へ

1 古代の日本について説明した次の文の（　　）にあてはまる語句を答えなさい。

58

　中国の歴史書である『漢書』地理志には，紀元前後の日本は100余りの小さな国に分かれていたと記されている。57年には，（　①　）国の王が中国に貢ぎ物を贈り，（　②　）を授けられたと歴史書の『後漢書』東夷伝に記されている。3世紀には，邪馬台国の女王（　③　）が中国に使者を送り，「親魏倭王」の称号を授けられたと（　④　）に記されている。

　　　　①（　　　　　　　　　　　）　②（　　　　　　　　　　　　　）
　　　　③（　　　　　　　　　　　）　④（　　　　　　　　　　　　　）

2 日本各地で見られる，円形と四角形を合わせた形の古墳を何というか。答えなさい。
　　　　　　　　　　　　　　　　　　　　　（　　　　　　　　　　　　　）

3 人や馬，家などの形が見つかっている，古墳の周りなどに置かれた土製品を何というか。答えなさい。
　　　　　　　　　　　　　　　　　　　　　（　　　　　　　　　　　　　）

4 古墳時代の大陸との交流について説明した次の文の（　　）にあてはまる語句を答えなさい。

　中国や朝鮮半島から日本へ移住してきた人を（　①　）という。（　①　）は，中国で発明された文字である（　②　）や儒教などを日本に伝えた。
　　　　　　　①（　　　　　　　　　　　）②（　　　　　　　　　　　　）

5 聖徳太子の政治について，次の各問いに答えなさい。

(1) 604年に制定された，役人の心構えを定めたものを何というか。答えなさい。
　　　　　　　　　　　　　　　　　　　　　（　　　　　　　　　　　　　）

(2) 聖徳太子が建てた，現存する世界最古の木造建築である寺は何か。答えなさい。
　　　　　　　　　　　　　　　　　　　　　（　　　　　　　　　　　　　）

6 中臣鎌足と協力して，蘇我蝦夷・入鹿親子を滅ぼし，大化の改新を進めた人物はだれか。答えなさい。
　　　　　　　　　　　　　　　　　　　　　（　　　　　　　　　　　　　）

律令政治ってどんなもの？

［奈良時代〜平安時代前期］

このLessonのイントロ♪

　聖徳太子が登場してから，天皇中心に政治を行う体制が確立していきます。天皇中心の律令国家でどのような政治が行われたのか，天皇にかわって政治の権力を握ったのはどんな人たちだったのか，学習していきましょう。

1 奈良時代

授業動画は こちらから 59 60

平城京に遷都

710年，元明天皇は**唐の都長安を手本として，奈良に都をつくりました**。これが**平城京**です。平城京は，道路が東西，南北に碁盤の目のように規則正しく並んでいました。北の中央には，大内裏が置かれ，皇居（天皇が住んでいるところ）や政府の役所がありました。

この後，794年に都が京都の平安京に移されるまでの時代を奈良時代といいます。

補足 遷都とは都を移すということです。

大宝律令による律令政治

Lesson12でも学んだように，**701年**，唐の律令を手本とした**大宝律令**がつくられました。大宝律令による律令政治のしくみは，中央と地方で分けられていました。（→右の図も参考にしよう）

- 中央…天皇と貴族が中心となって国家の運営を行いました。
- 地方…**国・郡・里**に分けられ，国ごとに**国司**が置かれました。郡と里には，**郡司・里長**が置かれました。九州北部には**大宰府**が置かれ，九州諸国をまとめ，外交や防衛にあたりました。

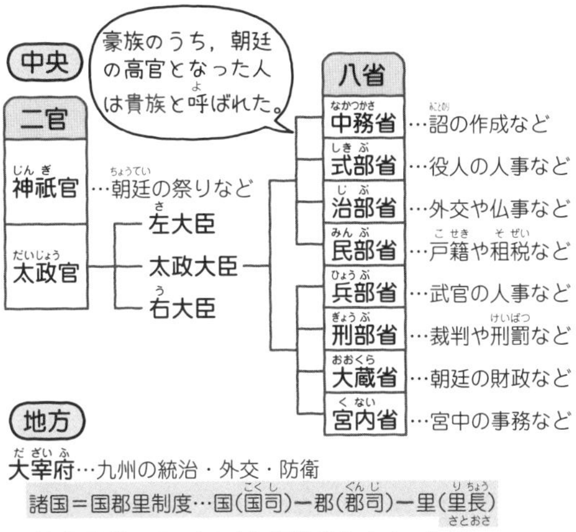
中央
豪族のうち，朝廷の高官となった人は貴族と呼ばれた。
二官
神祇官…朝廷の祭りなど
太政官
左大臣
太政大臣
右大臣
八省
中務省…詔の作成など
式部省…役人の人事など
治部省…外交や仏事など
民部省…戸籍や租税など
兵部省…武官の人事など
刑部省…裁判や刑罰など
大蔵省…朝廷の財政など
宮内省…宮中の事務など
地方
大宰府…九州の統治・外交・防衛
諸国＝国郡里制度…国（国司）ー郡（郡司）ー里（里長）

▲律令政治のしくみ（大宝律令にもとづく）

都の暮らし

都には市があり，各地から送られてきた産物が売られていました。商品の取引は，物々交換（モノとモノを直接交換すること）で行われたり，**和同開珎**という貨幣が利用されたりしていました。

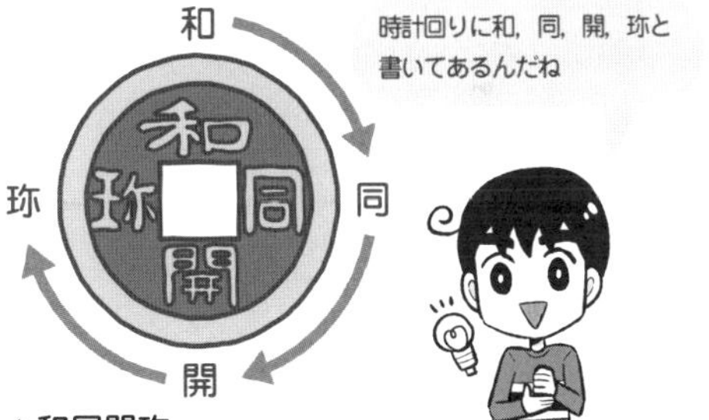
和
同
開
珎
時計回りに和，同，開，珎と書いてあるんだね

▲和同開珎

当時，紙は貴重なもので，役人は記録をとるのに，木簡と呼ばれる細長い木の板に墨で文字を書いていました。

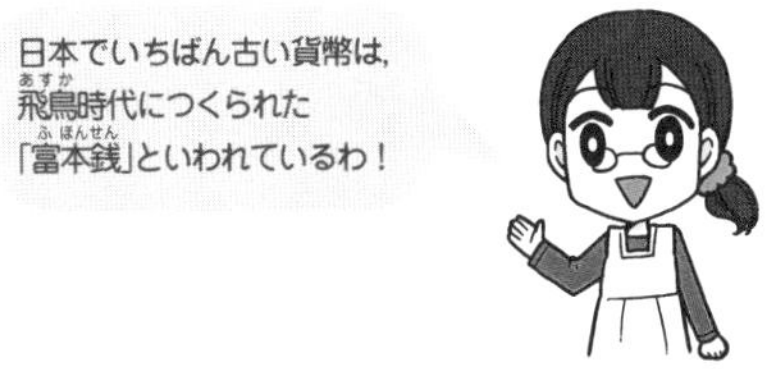
日本でいちばん古い貨幣は，飛鳥時代につくられた「富本銭」といわれているわ！

農民の暮らし

農民には6歳以上の男女に**口分田**を与えて，死ぬと国に返させる**班田収授法**が定められました。口分田を与えられた人たちには，**収穫量の約3％の稲を国に納めさせる租**という税が課せられました。

農民には，租のほかにも下のような調や庸という税が課せられました。これは成人男子に課せられるものでした。他にも，雑徭や兵役（**3年間の防人**など）の重い負担が課せられました。奈良時代の農民の貧しい生活を，山上憶良が「貧窮問答歌」でうたっています。

国司のもとで働く

「万葉集」におさめられている

農民に課せられた税

租	調	庸	兵役 防人や衛士など
収穫量の約3％の稲。	各地の特産物。（絹や魚など）	労役のかわりに布。	防人は九州北部の防衛をする。 防人

▲農民に課せられた義務

荘園の形成

鉄製農具が広まったことで稲の収穫量は増えました。しかし，人口が増えたことで口分田が足りなくなりました。そこで，朝廷は743年に**墾田永年私財法**を出し，**開墾した土地の永久私有**を認めました。

農民の中には苦しい生活に耐えられず，口分田から逃亡する者もいました。貴族や寺社は，逃亡した農民を使って土地を開墾させ，私有地を広げていきました。この私有地はのちに**荘園**と呼ばれるようになり，**公地・公民制が崩れるきっかけとなりました**。

→Lesson12の86ページを見よう

ポイント

●**710年**，元明天皇が**平城京**に都を移す。唐の都**長安**が手本。

●農民は，**租・調・庸**の税や，**雑徭**などの労役，兵役の義務を課せられていた。

●**墾田永年私財法**の制定（**743年**）➡私有地の増加➡公地・公民制が崩れる。

② 聖武天皇の時代

授業動画はこちらから

61 大仏建立

聖武天皇が即位した頃，朝廷では皇族や貴族が権力を争い，また，世の中は凶作や伝染病の広がりで不安な社会となっていました。そこで聖武天皇は，**仏教の力で国を守ろう**と考え，国ごとに国分寺・国分尼寺をつくり，奈良に総国分寺として**東大寺**を建設し，**大仏**をつくりました。大仏の建立には，人々に親われていた僧である**行基**の協力がありました。

農作物の出来がとても悪いこと

🔵中国との関係

　中国では，隋が滅亡したあとに唐が起こりました。遣隋使に引き続き，唐にも日本から使いが送られました。これを**遣唐使**といい，630年から894年まで続きました。**阿倍仲麻呂**は留学生として唐に渡り，唐の皇帝に仕え，日本に帰国せず一生を終えました。また，日本の招きにこたえて，唐から**鑑真**という高僧が来日しました。鑑真は正しい仏教の教えを広め，**唐招提寺**を開きました。

Lesson12の85ページを見ようね

ここをチェック

遣唐使を派遣した目的
①唐（中国）の優れた政治制度や文化などを学ぶため。
②唐とよい関係を築くため。
③朝鮮半島のようすを探るため。　など

🔵天平文化

　天平文化は唐の影響と，シルクロードを伝わってきた西方の影響を受けた**国際色豊かな仏教文化**です。
　代表的な建築物に，東大寺にある**正倉院**や唐招提寺があります。**校倉造**の正倉院には，聖武天皇の宝物などが保管されていました。
（壁面を三角形の木材で組む）

　日本でいちばん古い歌集である『**万葉集**』がつくられ，『**古事記**』や『**日本書紀**』といった歴史書もまとめられました。また，諸国の話をまとめた『**風土記**』という地理書がつくられました。
（万葉がなを使用）

▲正倉院　　　　　　　　（正倉院正倉）

余の宝物も
どこかに大切に
保管しておかねば！

ポイント

● **聖武天皇**は国ごとに**国分寺・国分尼寺**，都に**東大寺**と**大仏**を建立。
● **鑑真**が来日し，**唐招提寺**を建立。
● 天平文化は国際色豊かな仏教文化。**校倉造**の**正倉院**。『**万葉集**』や『**古事記**』，『**日本書紀**』がまとめられる。

③ 平安時代

授業動画は
こちらから　　62

🔵平安京に遷都

62

　桓武天皇は794年，京都に**平安京**をつくって**律令政治の立て直し**をはかりました。また桓武天皇は，**坂上田村麻呂**を**征夷大将軍**として東北地方へ派遣して**蝦夷**を降伏させ，東北地方に支配を広げました。
（当時，朝廷の支配に逆らっていた勢力）

♣ 新しい仏教と中国との関係

　唐から帰国した**最澄**と**空海**は新しい仏教を広めました。最澄は**比叡山**（滋賀県，京都府）に**延暦寺**を建てて**天台宗**を，空海は**高野山**（和歌山県）に**金剛峯（峰）寺**を建てて**真言宗**を開きました。

　唐が衰え始めたため，**894年**，**菅原道真**が朝廷に**遣唐使の停止**を進言しました。その後，唐が滅びると，中国では宋が起こりました。

♣ 摂関政治

　平安時代後半になると，中臣（藤原）鎌足の子孫である**藤原氏**が，他の貴族を退け娘を天皇の后にして皇子をうませ，その皇子を天皇にして朝廷での勢力を強めました。　→Lesson12の86ページを見よう　**天皇が幼いときは摂政として，成人すると関白として政治の実権を握る摂関政治**を行いました。摂関政治は11世紀前半，**藤原道長・頼通**父子のときに全盛期を迎えました。

　補足 摂政は天皇にかわって政治を行います。関白は天皇を助けて政治を行います。

♣ 新しい文化

　摂関政治が行われているころ，日本独自の**国風文化**が発達しました。

　貴族は**寝殿造**という日本風の屋敷に住んでいました。**大和絵**が発達し，日本の風物などが**絵巻物**に描かれました。

▲寝殿造（模型）　（国立歴史民俗博物館所蔵）

　また，**かな文字**が普及し，**紫式部**が『**源氏物語**』を，清少納言が『**枕草子**』を著すなど，かな文字は主に女性の間で使われました。

　紀貫之は『**土佐日記**』を著しました。ほかにも，『**古今和歌集**』を編集しました。

　極楽浄土へのあこがれから，**浄土信仰**が人々に広まりました。藤原頼通が京都の宇治に建てた**平等院鳳凰堂**や，岩手県の**中尊寺金色堂**が浄土信仰の建物として有名です。

▲平等院鳳凰堂　（平等院）

- ●794年，**桓武天皇**が**平安京**に都を移す。**坂上田村麻呂**が蝦夷を平定。
- ●天台宗の**最澄**は延暦寺を建て，**真言宗の空海**は金剛峯（峰）寺を建てた。
- ●**藤原道長・頼通**父子のときに摂関政治が全盛期を迎えた。
- ●**国風文化**が発達。紫式部の『**源氏物語**』，清少納言の『**枕草子**』。

Lesson 13 の 力だめし

授業動画は
こちらから　63

➡ 解説は別冊p.9へ

1 710年，元明天皇（げんめい）が奈良（なら）につくった都を何というか。答えなさい。

（　　　　　　　　　　）

63

2 奈良時代の農民の暮（く）らしについて説明した次の文の（　　）にあてはまる語句を答えなさい。

　6歳（さい）以上の男女に（　①　）を与え，死ぬと国に返させる（　②　）法が定められた。（　①　）を与えられた人たちには，収穫量（しゅうかくりょう）の約3％の稲（いね）を国に納めさせる（　③　）という税が課せられた。

　743年には（　④　）が定められ，開墾（かいこん）した土地の永久私有が認（みと）められた。

①（　　　　　　　　　）　②（　　　　　　　　　）

③（　　　　　　　　　）　④（　　　　　　　　　）

3 聖武天皇（しょうむ）の宝物（ほうもつ）が保管されていた東大寺（とうだいじ）にある建物は何か。答えなさい。

（　　　　　　　　　　）

4 都を平安京に移した桓武天皇は，東北地方の蝦夷を支配するために，だれを，何という官職に任じたか。答えなさい。

人物（　　　　　　　　　）　官職（　　　　　　　　　）

5 天皇が幼いときは摂政として，成人すると関白として政治を行った，藤原氏の政治を何というか。答えなさい。

（　　　　　　　　　　）

6 真言宗を開いた人物と天台宗を開いた人物はそれぞれだれか。答えなさい。

真言宗（　　　　　　　　　）　天台宗（　　　　　　　　　）

7 国風文化について説明した次の文の（　　）にあてはまる語句を答えなさい。

　（　①　）文字が普及し，随筆（ずいひつ）では清少納言が『（　②　）』を，物語では紫式部が『（　③　）』を著しました。浄土信仰が人々に広まり，藤原頼通は京都の宇治に（　④　）を建てました。

①（　　　　　　　　　）　②（　　　　　　　　　）

③（　　　　　　　　　）　④（　　　　　　　　　）

Lesson 14 平氏と源氏ってどんな人たち？

[平安時代後期〜鎌倉時代]

このLessonのイントロ♪

　ここからは，いよいよ武士が活躍します。みなさんは源氏や平氏という言葉を聞いたことはありませんか？　平清盛（平氏），それに続いて源頼朝（源氏）は激しい戦に勝ち，大きな力を持つようになります。このLessonでは，武士が台頭していく時代を学習しましょう！

① 武士の成長

授業動画は
こちらから・・・・・ 64

武士の登場

　10世紀ごろになると，国司が税を不正に取り立てたり，土地を奪ったりと，地方の政治が乱れてきます。勢力を維持・拡大するために武装した地方の豪族や有力な農民らと，中央の御所の警備などにあたっていた武官との交流の中から武士がおこりました。

　やがて武士は，棟梁を中心にまとまり，武士団をつくりました。

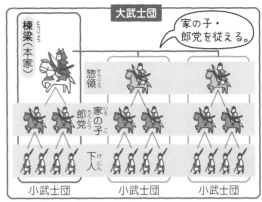

▲大武士団の構成

武士による反乱

　10世紀半ば，関東地方で平将門の乱，瀬戸内海で藤原純友の乱が起きます。これらの反乱をしずめた平氏や源氏などの武士は，勢力を伸ばしていきます。11世紀に東北地方で起こった前九年合戦と後三年合戦は，源 義家によってしずめられ，源氏は東日本で力をつけました。

> **✓ ここをチェック**
>
> **奥州藤原氏**
>
> 　1083年，東北地方で起こった後三年合戦で勝利した藤原清衡は，平泉を中心に大きな勢力を持つようになった。彼らの一族を奥州藤原氏という。
>
> 　平泉に建てられた中尊寺金色堂などは世界文化遺産に登録されている。

院政

　1086年，白河天皇が幼い皇子に天皇の位を譲って白河上皇となり，上皇として実権を握って政治を行う院政を始めました。この後，天皇と上皇の対立が深まっていきます。
　　　　　院（上皇の御所）で政治を行う

　1156年，崇徳上皇と後白河天皇の対立に武士を巻き込み，保元の乱となりました。この戦いは，平 清盛・源 義朝が天皇方につき，勝利します。さらに1159年，清盛と義朝が対立し，平治の乱が起こります。この乱で清盛が勝利し，平氏の時代となりました。

厳島神社は世界文化遺産に登録されているんだって！

平氏の時代

　1167年，清盛は武士として初めて太政大臣となります。清盛は藤原氏と同じように，娘を天皇の后にし，その子どもを天皇にするなど，貴族的な政治を行いました。
　　　　　　　　　　朝廷でもっともえらい役職
　　　　　藤原道長・頼通らが行った摂関政治

　また，清盛は大輪田泊（現在の神戸港）を整備し，宋（中国）との日宋貿易をすすめて利益を得ました。貿易の航海の安全を守る神として厳島神社が信仰されました。
　　　　　広島県

▲厳島神社

🎴 源平の争乱

政治を独占し，栄華をほこる平氏に対して，源氏中心の武士や貴族の間で平氏打倒の動きが強まります。

1180年，源 義朝の息子である 源 頼朝が伊豆で兵を挙げ，勢力を強めました。

1185年，源 義経を中心とした源氏は，壇ノ浦の戦いでついに平氏を滅ぼしました。

▲源平の争乱

● 1086年，白河上皇が院政を始める。保元の乱や平治の乱が起こる。
● 1167年，平清盛が太政大臣となる。宋（中国）との日宋貿易で利益を得る。
● 源氏が平氏打倒の兵を挙げ，1185年，壇ノ浦の戦いで平氏は滅亡する。

2 鎌倉幕府の政治

授業動画はこちらから

🎴 鎌倉幕府の成立

源頼朝は，自分に断りなく朝廷から官位を授かった源義経をとらえるという名目で，全国に守護と地頭を置きます。1189年，奥州藤原氏の本拠地・平泉に逃れていた義経を倒した頼朝は，1192年に朝廷から征夷大将軍に任命されました。頼朝は鎌倉で将軍として政治を行い，家臣である武士は御家人として将軍に従いました。

守護は国ごとに，地頭は荘園などに置く →95ページの「ここをチェック」を見よう

🎴 鎌倉幕府のしくみ

鎌倉幕府では，中央に侍所や政所，問注所などの役所が置かれました。そして，将軍と御家人は下の図のような御恩と奉公の関係で結ばれていました。このように土地を介して主従関係を結ぶ社会のしくみを封建制度といいます。封建制度は，鎌倉時代から江戸時代まで続くことになります。

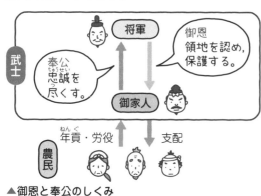

▲御恩と奉公のしくみ

▲鎌倉幕府のしくみ

執権政治

 　頼朝が亡くなった後，2代将軍の源 頼家は御家人と対立し，頼朝の妻の北条政子とその父である北条時政（初代執権となった人物）が政治の実権を握ります。3代将軍の源 実朝は暗殺され，源氏の将軍は3代で途絶えると，鎌倉幕府は，皇族などから形だけの将軍を迎え，代々執権となった北条氏が動かす執権政治となります。

補足 執権とは鎌倉幕府に置かれた役職で，本来は将軍を補佐して政治を行うものです。

承久の乱と最初の武家法

　源氏の将軍が絶えたのをきっかけに，後鳥羽上皇は政治の実権を朝廷に取り戻そうと考えました。そして1221年，2代執権北条義時を倒すため，承久の乱を起こします。幕府側では，北条政子が御家人たちを説得しひとつにまとめました。その結果，幕府側が戦いに勝利します。乱後，幕府は朝廷のある京都に六波羅探題を設置しました。これは朝廷を監視するなどの目的がありました。

1232年，3代執権北条泰時が御家人に対して裁判の基準を示すため，最初の武家法である御成敗式目を制定

貞永式目（じょうえいしきもく）ともいう

します。

> 御成敗式目（一部要約）
> 一，諸国の守護の仕事は，京都の御所や鎌倉を警備するよう御家人に命じたり，謀反や殺人などの犯罪人の取り締まりに限る。
> 一，けんかのもとになる悪口を言ってはならない。

ポイント
- 源頼朝が**守護・地頭**を設置。1192年，頼朝は**征夷大将軍**に任命される。
- 源氏の将軍が絶えたあと，**北条氏**による**執権政治**が行われる。
- 1221年，**後鳥羽上皇**が**承久の乱**を起こす。➡**六波羅探題**の設置。
- 1232年，**北条泰時**が最初の武家法となる**御成敗式目**を制定。

3 鎌倉時代の暮らしと文化

授業動画はこちらから

鎌倉時代の暮らし

　武士は，**惣領**を中心に農業を営んでいました。飾りけがなく実用的な住居である**館**を建て，一族の長（おや）周囲には敵からの攻撃に備えて，堀や土塁をめぐらせていました。

農業では鉄製農具や牛馬耕が広まり，新田開発が進みます。西日本では**二毛作**も行われるようになりました。しかし，農民は荘園領主と地頭からの年貢徴収に苦しんでいました。

人が多く集まる寺社の門前や交通の便利なところで，月に数回決まった日に**定期市**が開かれるようになりました。また，日宋貿易で輸入された宋銭が使用されるようになりました。

🔅鎌倉文化

武士の気風を反映した**素朴で力強い武家文化**が起こります。

源平の争乱で失われた**東大寺南大門**は再建され，**運慶・快慶**らがつくった**金剛力士像**が置かれました。「**蒙古襲来絵詞**」や「**一遍上人絵伝**」などの絵巻物も多くつくられます。軍記物の『**平家物語**』は，平氏の盛衰や源平の争乱のようすを描き，琵琶法師による弾き語りで伝えられました。和歌集では，後鳥羽上皇の命令で『**新古今和歌集**』が編集されました。随筆では，**鴨長明**が『**方丈記**』を，**吉田兼好**が『**徒然草**』を著しました。

🔅鎌倉仏教

仏教の新しい宗派が誕生し，広く人々に受け入れられるようになりました。

宗派	浄土宗	浄土真宗（一向宗）	時宗	日蓮宗（法華宗）	臨済宗	曹洞宗
開いた人	法然	親鸞	一遍	日蓮	栄西	道元
教え	念仏を唱え，極楽浄土へ生まれ変わる			題目で人も国も救われる	座禅により悟りを開く	
広がり	公家・武士	武士・農民	武士・庶民	武士・民衆	公家・武士	武士・農民

踊念仏で広めた

🔅元寇と鎌倉幕府の滅亡

元軍は激しい雨や風の影響もあって，退却したそうですじゃ

13世紀の初め，ユーラシア大陸に**モンゴル帝国**ができ，5代目の**フビライ＝ハン**は国号を**元**とします。元は高麗（朝鮮半島）の次に日本を従えようとしましたが，執権**北条時宗**が要求を拒否したため，**1274年に文永の役，1281年に弘安の役と，2度にわたり日本に襲来しました**。これを元寇といいます。

幕府は元寇のあと，御家人に十分な恩賞を与えられませんでした。幕府は元寇で財政が苦しくなった御家人の生活を助けるために，1297年，**永仁の徳政令**を出しましたが，経済が混乱し生活はさらに苦しくなりました。

幕府の政治に不満を持つ御家人の増加を受けて，**後醍醐天皇**が倒幕を計画します。**足利尊氏**や楠木正成の協力で，**1333年に鎌倉幕府は滅びました**。

●素朴で力強い鎌倉文化。**東大寺南大門**にある**運慶・快慶**ら作の**金剛力士像**。

●元寇（**文永の役・弘安の役**）により，財政苦に。**永仁の徳政令**を出す。

●**足利尊氏**が後醍醐天皇に味方し，1333年に鎌倉幕府は滅亡。

Lesson 14 の 力だめし

授業動画は
こちらから ····· 68

➡️ 解説は別冊p.9へ

1 次の年表を見て，あとの各問いに答えなさい。

68

年代	できごと
1167	（　①　）が太政大臣となる
1185	平氏が滅亡する。守護・地頭が設置される……………………A
1192	（　②　）が征夷大将軍となる
1221	後鳥羽上皇が（　③　）の乱をおこす
1232	最初の武家法が制定される…………………………………B
1274，1281	２度にわたり（　④　）の軍勢が九州北部に攻めてくる
1333	鎌倉幕府が滅亡する…………………………………………C

(1) 年表中の(　　)にあてはまる語句を答えなさい。

①（　　　　　　　　　）　②（　　　　　　　　　）

③（　　　　　　　　　）　④（　　　　　　　　　）

(2) 年表中のAの下線部の仕事について，正しく説明しているものはどれか。次のア〜ウから1つ選び，記号で答えなさい。

ア．荘園・公領の管理　　イ．訴訟や裁判の処理　　ウ．国内の御家人の統率

（　　　　　　　）

(3) 年表中のBの法律名を答えなさい。

（　　　　　　　　　）

(4) 年表中のCについて，足利尊氏や楠木正成らの協力を得て，倒幕を果たした天皇はだれか。次のア〜エから1人選び，記号で答えなさい。

ア．白河天皇　　イ．桓武天皇　　ウ．天武天皇　　エ．後醍醐天皇

（　　　　　　　）

2 鎌倉時代の文化について，次のA〜Dの人物ともっとも関係が深いものを，あとのア〜エからそれぞれ選び，記号で答えなさい。

A　鴨長明　（　　　　　）　　B　藤原定家　（　　　　　）

C　親鸞　（　　　　　）　　D　栄西　（　　　　　）

〔　ア．浄土真宗　　イ．『新古今和歌集』　　ウ．臨済宗　　エ．『方丈記』　〕

Lesson 15　鳴かぬなら　○○○○○○○　ホトトギス

[室町時代〜安土桃山時代]

このLessonのイントロ♪

　みなさんは戦国武将といったら，だれを思い浮かべますか？　織田信長・豊臣秀吉・徳川家康といった名前は聞いたことがあるのではないでしょうか？　このLessonでは，室町時代の始まりから，信長・秀吉・家康が活躍する時代までを学習していきます。

① 室町幕府の政治

⚡南北朝の争い

　1333年に鎌倉幕府を滅ぼした**後醍醐天皇**は，京都で，**建武の新政**として公家中心の政治を始めます。ところが，幕府を倒すのに活躍した武士への恩賞が少ないなど，不満が出てきました。**足利尊氏**は，この機会に武家政治を復活させようと挙兵します。後醍醐天皇は奈良県の**吉野（南朝）**に逃れ，建武の新政は2年余りでくずれてしまいました。尊氏は京都に新たな天皇を立て（**北朝**），2つの朝廷が対立しました。**南北朝**の争いは，この後約60年続きます。

⚫室町幕府の成立

　1338年，尊氏は北朝の天皇から**征夷大将軍**に任じられます。**京都に幕府を開き**，全国の武士をまとめるため，守護に強い権限を与えました。守護は，領国内の武士や土地を独自に支配するようになり，やがて領国全体を治める**守護大名**となっていきます。

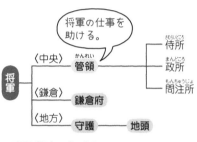

将軍の仕事を助ける。

将軍	〈中央〉	管領	─ 侍所 ─ 政所 ─ 問注所
	〈鎌倉〉	鎌倉府	
	〈地方〉	守護	─ 地頭

▲室町幕府のしくみ

　足利義満が3代将軍になると，有力な守護大名を倒して，室町幕府は全盛を迎えました。1392年に**南北朝は1つにまとまります**。

（補足）足利義満が京都の室町に御所を建て政治を行ったことから，この時代は室町時代と呼ばれます。

⚫中国・朝鮮半島とのつながり

　中国では元の滅亡後，**明**が建国されました。明は大陸沿岸を荒らす**倭寇**に悩まされていました。義満は倭寇の取り締まりとともに**日明貿易**を始めます。**倭寇と正式な貿易船を区別するため，勘合という合い札を使った**ので，**勘合貿易**ともいいます。

当時は日本人中心の海賊

遣明船（けんみんせん）

日本の貿易船が左半分，明が右半分を持っていて照合した。

本字壹號

▲勘合のしくみ

　朝鮮半島では，14世紀末に**李成桂**が**朝鮮国**を建て，日本と貿易を行います。沖縄では，15世紀はじめに尚氏が**琉球王国**を建国し，日本や中国，東南アジアなどとも交流し，**中継貿易**で繁栄しました。

琉球王国の遺跡は世界文化遺産に登録されているわよ！

ポイント

●**後醍醐天皇**が吉野に**南朝**，**足利尊氏**が京都に**北朝**➡**南北朝**の争い。

●**足利尊氏**が**室町幕府**を開く。**足利義満**の時代に**南北朝が統一**。

●**足利義満**は明と**日明貿易（勘合貿易）**を行う。

2 室町時代の暮らしと室町文化

産業の発達

農業では米と麦の**二毛作**がさらに広まり，水車やたい肥の利用で収穫量が増えました。商業では**定期市が月に6回**となり，貨幣経済が発達します。**土倉**や**酒屋**と呼ばれる高利貸しが生まれ，商工業者が**座**という同業組合をつくり営業を独占しました。商品の運送には**馬借**，運送業と倉庫業をかねた**問（問丸）**が活躍しました。

陸上での輸送で活躍
海上での輸送で活躍

☑ ここをチェック

土倉と酒屋
土倉とは質屋のこと。酒屋とは酒造業者だが，土倉の仕事をかねることも多かった。

農民の暮らし

農村では有力な農民を中心に**惣（惣村）**という自治組織をつくり，**寄合**で村のおきてなどをつくりました。

団結した農民は守護などに反抗するようになり，1428年には京都で徳政を求めて**正長の土一揆**が起こりました。1485年には国人と呼ばれる地侍と農民が**山城国一揆**を起こし，1488年加賀では浄土真宗（一向宗）の信者が**加賀の一向一揆**を起こしました。

借金の帳消し　こくじん

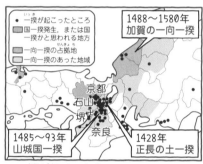

▲一揆が起こったところ

室町文化

3代将軍**足利義満**が北山に**金閣**を建て，公家と武家の文化が合わさった北山文化が栄えます。8代将軍**足利義政**は東山に**書院造**の**銀閣**を建て，簡素で気品のある**東山文化**が発展します。

寺院の部屋を武家の住居に取り入れた

▲金閣

▲銀閣

絵画では**雪舟**が**水墨画**を，芸能では**観阿弥・世阿弥**父子が**能楽（能）**を大成しました。文学では**連歌**が流行し，『**浦島太郎**』などの絵入り物語である**御伽草子**が読まれるようになりました。

ポイント

- ●正長の土一揆，山城国一揆，加賀の一向一揆が起こる。
- ●足利義満が金閣を建てる➡北山文化。足利義政が銀閣を建てる➡東山文化。

3 戦国時代

応仁の乱

8代将軍足利義政のとき，将軍の跡継ぎ争いや守護大名の細川氏と山名氏の対立などから，1467年，応仁の乱が起こります。東西に分かれた戦乱は京都を中心に約11年間続きました。これ以降，室町幕府の権威は弱まり，戦国時代となります。

戦国大名の台頭

戦国時代に入ると，実力のある者が自分より上の身分の者に打ち勝つ下剋上の風潮が広がります。守護大名を倒して領国の実権を握る者が現れたり，守護大名がさらに力を伸ばしたりして，戦国大名が各地に登場します。戦国大名の中には分国法という独自の法律を定めて，領国を支配する者もいました。
家法（かほう）ともいう

戦国大名は，城の周辺に武士や商工業者を住まわせて城下町をつくりました。大きな寺社の周りに門前町，交通の重要な場所に宿場町，貿易で栄えたところには港町が発達しました。博多や堺は，自治都市として成長しました。
福岡県　大阪府

- ●1467年に応仁の乱が起こる➡下剋上の世の中に➡戦国大名の登場。
- ●城下町，門前町，宿場町，港町が発達。博多や堺は自治都市として成長。

4 安土桃山時代

授業動画はこちらから

ヨーロッパとの出会い

15世紀後半，ヨーロッパの人々は，香辛料（こしょう）や絹織物などを手に入れるため，直接アジアへ行く航路を探していました。コロンブスやバスコ=ダ=ガマが活躍しました。
当時，オスマン帝国が貿易品に重い税を課していた

1492～93年
コロンブス
西インド諸島
に到達

1497～98年
バスコ=ダ=ガマ
インド航路発見

1519～22年
マゼランの船隊
世界一周

リスボン　バロス　ゴア　マカオ　日本　カリカット　フィリピン　マラッカ　モルッカ諸島　サンサルバドル島　太平洋　大西洋　ジャワ　インド洋　マダガスカル　喜望峰

▲コロンブス，バスコ=ダ=ガマ，マゼランの航路

1543年，ポルトガル人を乗せた中国船が種子島に流れ着き，日本に鉄砲が伝わりました。1549年には，フランシスコ=ザビエルが日本にキリスト教を伝えます。大名は貿易の利益のためキリスト教の宣教師を保護し，中には自ら改宗する者も現れました。彼らをキリシタン大名と呼びます。
鹿児島県
キリスト教の信者になる

南蛮人と呼ばれるポルトガル人やスペイン人との南蛮貿易もさかんに行われました。金・銀・銅や刀剣，漆器などが輸出され，絹織物や鉄砲，ガラス製品などが輸入されました。

♟織田信長の勢力拡大

戦国大名の中から，尾張（愛知県）の**織田信長**が力を伸ばしていきます。織田信長は1560年，今川義元を**桶狭間の戦い**で破ると，勢力を広げます。信長は足利義昭を15代将軍につけますが，1573年には**義昭を追放して室町幕府を滅ぼします**。1575年の長篠の戦いでは，**足軽鉄砲隊などを率いて，騎馬隊中心の武田勝頼軍を破りました**。そして1576年には，**安土城**を築いて天下統一の本拠地としました。

▲織田信長

安土城下では**楽市・楽座**を行って座の特権や関所を廃止し，商工業の発展をはかりました。また，延暦寺や一向一揆などの仏教勢力をおさえ，キリスト教を保護しました。しかし，1582年に家臣の明智光秀にそむかれ，**本能寺の変**で自害します。

♟豊臣秀吉の全国統一

豊臣秀吉は明智光秀を討ち，**大阪城**を本拠地としました。秀吉は朝廷から関白や太政大臣に任命され，1590年，全国を統一しました。

1582年以降，**年貢を確実に徴収するため太閤検地（検地）**を行いました。また，**一揆を防ぎ，農民を耕作に専念させるため刀狩令**を出し，武器を取り上げました。この結果，武士と農民の身分が区別され，**兵農分離**が進みました。

▲豊臣秀吉

秀吉は明（中国）を征服するため，1592年，朝鮮に兵を送ります（**文禄の役**）。いったん休戦した後の講和がうまくいかず，1597年に再び兵を送り（**慶長の役**），秀吉が病死して兵を引きあげるまで戦いは続きました。信長と秀吉が活躍した時代を，**安土桃山時代**といいます。

♟桃山文化

キリスト教の宣教師たちによって，天文学や航海術，活版印刷術といった新しい学問や技術（**南蛮文化**）が日本に伝えられました。南蛮文化の影響も受け，戦国大名や大商人の気風を反映した，**豪華で壮大な桃山文化**が栄えます。**大阪城**や**姫路城**といった勇壮な**天守閣を持つ城**がつくられました。城の室内には書院造が取り入れられ，ふすまや屏風には**狩野永徳**の「**唐獅子図屏風**」など，**障壁画**と呼ばれる豪華な絵が描かれました。

堺の商人だった**千利休**は，当時流行していた茶の湯を**茶道**（わび茶）として大成しました。**出雲の阿国**による**阿国歌舞伎**や，三味線の伴奏による浄瑠璃・小唄なども流行しました。

歌舞伎踊り

ポイント

●1543年鉄砲伝来。1549年**ザビエル**が**キリスト教**を伝える。

●**織田信長**は**桶狭間の戦い**や**長篠の戦い**で勝利。**楽市・楽座**を行う。

●**豊臣秀吉**が全国統一。**太閤検地・刀狩令**の実施。**桃山文化**が栄える。

Lesson 15 の力だめし

授業動画は
こちらから　72

解説は別冊p.10へ

1 次の年表を見て，あとの各問いに答えなさい。

年代	できごと
1333	後醍醐天皇が（　①　）の新政を始める
1338	（　②　）が征夷大将軍となる
1404	日明貿易が始まる・・・・・・・・・・・・・・・・・・・・・・・・・・・A
1467	将軍の跡継ぎをめぐって（　③　）の乱が起こる
1573	室町幕府が滅びる・・・・・・・・・・・・・・・・・・・・・・・・・・・B
1590	（　④　）が全国を統一する

(1) 年表中の(　)にあてはまる語句を答えなさい。

　①（　　　　　　　　　）　②（　　　　　　　　　）
　③（　　　　　　　　　）　④（　　　　　　　　　）

(2) 年表中のＡについて，日明貿易を始めた人物はだれか。また，日明貿易で使用された合い札（証明書）を何というか。それぞれ答えなさい。

　人物（　　　　　　　　　）　合い札（　　　　　　　　　）

(3) 年表中のＢについて，将軍を京都から追放して室町幕府を滅ぼしたのはだれか。答えなさい。（　　　　　　　　　）

(4) (1)の④の人物が，年貢を確実に徴収するために行った政策は何か。答えなさい。
（　　　　　　　　　）

2 戦国大名が，領国を支配するために定めたものは何か。答えなさい。
（　　　　　　　　　）

3 足利義政が銀閣を建てたころの文化を，次のア～エから，記号で答えなさい。
　ア．北山文化　　イ．東山文化　　ウ．国風文化　　エ．桃山文化
（　　　　　　　　　）

4 1543年にポルトガル人を乗せた中国船が流れ着き，日本に初めて鉄砲が伝わった場所は鹿児島県のどこか。答えなさい。（　　　　　　　　　）

Lesson 16 将軍のおひざもと　天下の台所
[江戸時代]

このLessonのイントロ♪

　戦国の世が終わり，江戸時代が始まります。幕府のあった江戸は，「将軍のおひざもと」と呼ばれました。大阪は商業がさかんで，「天下の台所」と呼ばれました。このLessonでは，江戸幕府の政治や産業の発展，民衆の暮らしなどに加えて，江戸や大阪を中心に発達した文化について学習しましょう！

1 江戸時代の始まり

73

江戸幕府の成立

豊臣秀吉の死後，江戸を本拠地としていた**徳川家康**の東軍と，豊臣氏の政権を守ろうとする**石田三成**ら西軍との間で，**1600年，関ヶ原の戦い**が起こります。この戦いに勝利した家康は，天下の実権を握って，**1603年**に**征夷大将軍**に任命され，**江戸に幕府を開きました。**以後約260年間を江戸時代といいます。

補足 家康は1614年の大阪冬の陣，翌年の大阪夏の陣で豊臣氏を滅ぼしました。

▲徳川家康

幕藩体制と江戸幕府のしくみ

江戸幕府は，**強大な力を持つ将軍と大名が主従関係を結んで，土地・人民を支配しました。**この体制を**幕藩体制**といいます。将軍直属の家臣に**旗本・御家人**がいて，1万石以上の領地を持つ武士を**大名**といいます。大名の領地と支配のしくみを**藩**といいます。

将軍のもとに置かれた**老中**が政治を行い，若年寄が補佐しました。

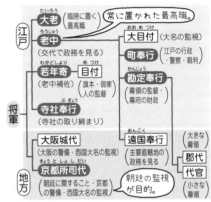
▲江戸幕府のしくみ

大名の取り締まり

大名は**親藩**と**譜代大名**，**外様大名**にわけられていました。幕府は，信用のおける**親藩・譜代大名**を重要なところに，**外様大名**を江戸から**離れたところ**に配置しました。

また，**武家諸法度**で大名を取り締まりました。3代将軍**徳川家光**の時には，**妻子を人質として江戸に住まわせ，1年ごとに江戸と領地を行き来させる参勤交代**を加え，これは大名にとって経済的負担ともなりました。

参勤交代は，江戸から遠い地に配置された外様大名には特に重い負担だったのですぞ

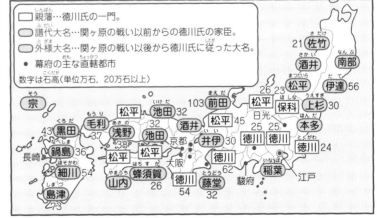
▲大名の種類と配置（1664年）

補足 幕府は朝廷の動きを見守るため，京都所司代を置きました。また，禁中並公家諸法度を定めて，朝廷が政治に関わることを禁止しました。

江戸時代の身分制度

武士は支配階級として名字・帯刀の特権があり，城を警備して，年貢米や俸禄米で生活していました。町人は主に商人と職人がいて，幕府や藩に営業税を納め，町ごとに自治が認められていました。

当時，人口の約85%は百姓で，幕府は年貢を確実に取るために御触書などを出して衣食住の制限をしました。また，五人組をつくり，年貢の納入や犯罪に連帯責任を負わせました。百姓・町人以外に，えた・ひにんなどの身分にされた人たちは，厳しい差別を受けながら，町の警備や芸能など，社会の役に立つ仕事をしていました。

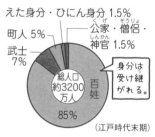

えた身分・ひにん身分 1.5%
町人 5%
公家・僧侶・神官 1.5%
武士 7%
百姓 85%
総人口 約3200万人
身分は受け継がれる。
（江戸時代末期）
▲江戸時代の身分別人口

ポイント

●1600年，関ヶ原の戦いで徳川家康が勝利➡1603年，江戸幕府を開く。
●親藩・譜代大名地は重要地に，外様大名は江戸から離れた地に配置。
●武家諸法度で大名を取り締まる➡徳川家光が参勤交代の制度を加える。

② 外国とのつながり

授業動画はこちらから

朱印船貿易

徳川家康は初め，友好的な外交を行い，貿易の利益を得ようとしました。海外に向かうための許可証である朱印状を与え，大阪の大商人や九州の大名などが朱印船を派遣し，東南アジアの国々と貿易を行いました。その結果，各地に日本町もつくられました。また，新しく来航したオランダやイギリスとの貿易も許可しました。

朱印状（しゅいんじょう）を持った船

鎖国体制の完成

その後，幕府はキリスト教の禁止を強めます。ヨーロッ
封建制度のさまたげになると考えたため
パ船の来航を平戸と長崎に，中国船の来航を長崎に限定します。1635年には日本人の海外渡航と帰国を禁止しました。

禁教が強化される中，1637年に九州で約4万の農民らが禁教と重税に反対し，天草四郎（益田時貞）を大将として島原・天草一揆を起こしましたが，幕府の大軍に鎮圧されました。その後，キリスト教信者の取り締まりは強化され，絵踏などが行われました。
踏まないとキリスト教信者と見なされ，罰せられた

▲絵踏
（国立国会図書館所蔵）

3代将軍徳川家光は，1639年，ポルトガル船の来航を禁止し，1641年，平戸のオランダ商館を長崎の出島に移して貿易相手国を限定しました。これにより，鎖国が完成しました。

🔹鎖国下の貿易

鎖国中の貿易は，長崎奉行の指導の下で，**オランダと中国だけが許可**されていました。利益は幕府が独占し，金・銀，陶磁器などが輸出され，絹織物や砂糖などが輸入されました。

朝鮮とは対馬藩が国交を回復し，将軍が代わるごとなどに**朝鮮通信使**が来日しました。薩摩藩は**琉球王国**を服従させ，琉球国王や将軍が代わるたびに，将軍に使節を送らせました。

蝦夷地では，**アイヌ**の人々が生活していました。松前藩はアイヌとの不平等な交易で大きな利益を得ていたため，1669年に**シャクシャイン**を指導者としてアイヌの人々が蜂起しました。しかし戦いに敗れ，その後さらに厳しい支配を受けることとなりました。

●**キリスト教の禁止**➡1637年，**島原・天草一揆**が起こる。
●ポルトガル船の来航禁止。オランダ商館の**出島**移転➡鎖国の完成。

③ 産業・都市の発展と元禄文化

🔹産業と交通の発達

農業では田畑を耕す**備中ぐわ**，もみを選別する**千石どおし**，脱穀用の**千歯こき**が発明され，作業能率が上がりました。**ほしか**などの肥料も使われました。

また，**五街道**が整備され，交通の要所に**関所**が置かれました。年貢米などたくさんの物を運ぶために水上交通も発達し，大阪と江戸の間は菱垣廻船・樽廻船が往来しました。

千歯こき
脱穀用に
使われた。

備中ぐわ
土を深く耕せる
ようになった。

🔹都市の繁栄と町人の成長

江戸・京都・大阪は**三都**と呼ばれました。**大阪**は幕府や諸藩の**蔵屋敷**が置かれ，商業が発達し「**天下の台所**」と呼ばれました。**江戸は政治の中心地で「将軍のおひざもと」と呼ばれ，京都は文化の中心として発達**しました。

商人は**株仲間**という同業組合をつくって，商業を独占しました。またこの頃，貨幣の交換や資金の貸し付けを行う**両替商**も現れました。

▲五街道と主な航路

🎵 元禄文化（17世紀末〜18世紀はじめ）

元禄文化は5代将軍徳川綱吉の頃に栄えた町人文化です。**大商人が活躍した大阪・京都（上方）を中心に発達しました。** 富を蓄えた町人の気風を反映し，**明るく活気のある文化**でした。

☆文芸

種類	作者	作品
浮世草子	井原西鶴	『日本永代蔵』『世間胸算用』
俳諧（俳句）	松尾芭蕉	『奥の細道』
人形浄瑠璃	近松門左衛門	『曽根崎心中』『国性(姓)爺合戦』

☆絵画

種類	作者	作品
装飾画	俵屋宗達	「風神雷神図屏風」
	尾形光琳	「燕子花図屏風」
浮世絵	菱川師宣	「見返り美人図」

▲見返り美人図
（東京国立博物館蔵／
TNM Image Archives）

☑ここをチェック

朱子学の奨励

徳川綱吉は身分の上下を重んじる朱子学を奨励した。朱子学は，封建制度に適した学問だった。

私とどっちが
キレイ？

ポイント
- **五街道**の整備。江戸は「**将軍のおひざもと**」，大阪は「**天下の台所**」。
- 元禄文化は**上方**が中心。町人の気風を反映した**明るく活気のある文化**。

4 幕府政治と社会の変化

授業動画はこちらから 75

🎵 綱吉と新井白石が行った政治

5代将軍**徳川綱吉**のとき，幕府の支出が増加し，財政が苦しくなったので，**貨幣の質を落として，発行量を増やしました**。（寺院の建設や富士山の噴火の被害などが原因）しかし物価が上昇して，結果的に人々を苦しめることになりました。また，極端な動物愛護令である**生類憐みの令**を出し，さらに人々の反感を買います。その後，6・7代将軍に重用された**新井白石**が，貨幣の質を戻して物価の安定をはかり，財政の立て直しを目ざしました。（金・銀が海外に流出しないように長崎貿易を制限した）

綱吉は，犬を大切にしすぎて「犬公方」と呼ばれたんだって！

🎵 吉宗の享保の改革

8代将軍**徳川吉宗**は，幕府の財政を立て直すため，**享保の改革**を行います。武士に質素・倹約を命じ，**能力のある人材を登用しました**。裁判の基準を定めた**公事方御定書**を制定し，庶民の意見を聞くために**目安箱**を設置しました。大名に米を納めさせ，代わりに参勤交代を短縮する**上米の制**を行いました。財政は一時的に立ち直りましたが米価は安定しませんでした。

吉宗は，キリスト教に関係しない書物の輸入も認めたのよ

💠社会の変化

　18世紀半ばになると農村にも貨幣経済が広がり，販売を目的とした商品作物が栽培されるようになりました。19世紀には商品の需要が増え，問屋商人や大地主は小作人などの労働者を作業場に集めて，道具を使った分業と協業による生産を行う工場制手工業（マニュファクチュア）を始めました。

　苦しい生活を送る農民は年貢の軽減や免除を求め，集団で村を捨てたり，百姓一揆を起こしました。米の値段が上がったことに苦しんだ都市の人々は，打ちこわしを行いました。
逃散（ちょうさん）という
集団で米屋などを襲（おそ）う

💠老中田沼の政治と寛政の改革

　18世紀後半に老中となった田沼意次は，商工業者の力で幕府財政の立て直しをはかります。株仲間の結成を奨励して収入を増やそうとしました。しかし，わいろが横行して批判が高まり，ききんによる凶作で一揆なども起こって，意次は老中を辞めさせられます。

　その後老中となった松平定信は，寛政の改革を始めます。都市に出ていた農民を村に返したり，凶作に備えて米を貯蔵させます。また，朱子学以外の学問を禁じて，武士の借金を帳消しにしました。政治批判の禁止，出版も制限する厳しい改革だったため，反感を買いました。
囲米（かこいまい）の制という

- ●徳川吉宗が享保の改革➡公事方御定書の制定・目安箱の設置・上米の制。
- ●田沼意次は株仲間の結成を奨励➡松平定信が寛政の改革を行う。

5 教育・学問の発達と化政文化

💠教育の広がりと新たな学問

　江戸の学問所で旗本や武士が朱子学を学び，諸藩は藩校で学問や武道を藩士に教えました。都市や農村の寺子屋では，町人や農民の子どもが「読み・書き・そろばん」を学びます。
昌平坂（しょうへいざか）学問所
儒学

▲寺子屋で学ぶ子どもたち

　18世紀末に本居宣長が『古事記伝』を著して国学を大成します。国学は，幕末の尊王攘夷運動に影響を与えました。杉田玄白や前野良沢らは『解体新書』を出版し，蘭学が発達しました。

💠化政文化（18世紀〜19世紀はじめ）

　19世紀初めは思想などの取り締まりが厳しく，江戸の町人を中心に権力者に対する皮肉やこっけいによる風刺が喜ばれる化政文化が栄えました。

✿文芸

種類	作者	作品
こっけい本	十返舎一九	『東海道中膝栗毛』
読本	滝沢馬琴	『南総里見八犬伝』
俳諧（俳句）	与謝蕪村	『新花摘』
	小林一茶	『おらが春』

✿絵画（浮世絵）

種類	作者	作品
風景画	葛飾北斎	「富嶽三十六景」
	歌川（安藤）広重	「東海道五十三次」
美人画	喜多川歌麿	「ポッピンを吹く女」
役者絵	東洲斎写楽	「三代目大谷鬼次の奴江戸兵衛」

● **本居宣長**は『**古事記伝**』で**国学**を大成。**杉田玄白**らは『**解体新書**』を出版。

● 江戸の町人を中心とした，皮肉やこっけいによる**化政文化**。

6 江戸幕府のゆきづまり

授業動画はこちらから

 ## 外国船出現と高まる幕府への批判

　1792年にロシアから**ラクスマン**が来航し，通商を求めて以降，多くの外国船が日本に接近します。1825年，幕府は**異国船（外国船）打払令**で，日本に近づく清とオランダ以外の外国船の撃退を命じます。この法令の結果，日本人漂流民を送り届けるために日本を訪れたアメリカ船モリソン号を砲撃する事件が起きます。渡辺崋山や高野長英らが幕府による外国船の打ち払いを批判しました。彼らは，1839年，処罰されました（**蛮社の獄**）。

　1830年代，冷害・洪水などから**天保のききん**となります。元大阪町奉行所の役人で学者の**大塩平八郎**は，ききんで苦しむ人々を救済しようと1837年大阪で**乱**を起こします。幕府の直轄都市大阪で幕府の元役人が乱を起こしたことは，大きな衝撃でした。

天保の改革

　社会不安の広がりと幕府の深刻な財政難に対して，老中の**水野忠邦**は**天保の改革**を行います（1841〜43年）。忠邦は，**株仲間を解散**させ，倹約令でぜいたく品を禁じました。（物価を引き下げることが目的）農村を立て直すため，江戸に出てきていた農民を村に帰らせ（人返し令），農作業に励ませました。また，1840年に起こったアヘン戦争で清がイギリスに敗れたのを知ると，幕府は1842年に**異国船打払令をやめ，外国船に薪・水・食料を与えて帰国させる**ようにし，軍事力を強化しました。江戸や大阪の周辺を幕府の直轄地にしようとしたところ，大名などからの反対にあい，天保の改革は幕府ばかりに都合がよく，人々には厳しい改革だったため，2年余りで失敗しました。

● **異国船打払令**で外国船砲撃。**天保のききん**。1837年，**大塩平八郎の乱**。

● 老中**水野忠邦**が**天保の改革**を行う➡**株仲間の解散**・倹約令。

Lesson 16 の 力だめし

授業動画は
こちらから

➡ 解説は別冊p.11へ

1 江戸幕府について説明した次の文の（ ）にあてはまる語句を答えなさい。

　1600年の（ ① ）の戦いで, 石田三成らを破った徳川家康は, 1603年に江戸に幕府を開きました。そして, 1614年の大阪冬の陣, 1615年の大阪夏の陣で, 豊臣氏を滅ぼしました。大名のうち, 徳川家一門の（ ② ）と（ ① ）の戦い以前から徳川氏に従っていた（ ③ ）大名は重要地に, 外様大名は江戸から離れたところに配置されました。将軍のもとには,（ ④ ）が常に置かれ, 政治の運営にあたりました。幕府は, 大名を取り締まるために（ ⑤ ）という法律を出しました。3代将軍徳川家光のとき, この法律に, 大名は妻子を人質として江戸に置き, 1年ごとに江戸と領地を行き来する（ ⑥ ）の制度が加わりました。

①（　　　　　　　）　②（　　　　　　　）
③（　　　　　　　）　④（　　　　　　　）
⑤（　　　　　　　）　⑥（　　　　　　　）

2 鎖国下で, わが国と長崎での貿易が許された2つの国は, 中国ともう1つどこか。答えなさい。　（　　　　　　　）

3 次の表は江戸時代の三大改革をまとめたものである。（ ）にあてはまる語句を, あとのア〜カから, それぞれ記号で選びなさい。

改革名	行った人物	主な政策
享保の改革	（ ① ）	公事方御定書の制定,（ ② ）の設置
寛政の改革	（ ③ ）	武士の借金の帳消し, 朱子学以外の学問の禁止
天保の改革	水野忠邦	（ ④ ）の解散, 江戸に出てきていた農民を村に帰す

ア. 田沼意次　　イ. 松平定信　　ウ. 徳川吉宗
エ. 目安箱　　　オ. 株仲間　　　カ. 蔵屋敷

①（　　　　　　　）②（　　　　　　　）③（　　　　　　　）④（　　　　　　　）

4 19世紀初めの頃, 江戸の町人を中心に栄えた文化を何というか。次のア〜エから, 記号で選びなさい。
　ア. 元禄文化　　イ. 天平文化　　ウ. 北山文化　　エ. 化政文化
（　　　　　　　）

明治維新で何が変わったの？

［江戸時代末期〜明治時代］

このLessonのイントロ♪

　近代化した欧米諸国は，とうとう日本に開国を迫ってきます。幕府の対応とその後の明治新政府の誕生まで，動乱の幕末期と明治維新を学習していきましょう。また，近代化して力をつけた日本は清（中国）やロシアと戦争をします。これらの戦争の経過と結果についても，見ていきましょう。

1 欧米の近代化と帝国主義

授業動画は
こちらから ⋯⋯ 78

市民革命

　16〜18世紀のヨーロッパでは，国王の**専制政治（絶対王政）**が行われていました。その絶対王政に不満を持った**市民階級が，自由と平等を求めて絶対王政を倒す市民革命**を起こしました。

　イギリスでは，**ピューリタン（清教徒）革命**により，絶対王政が倒されましたが，その後王政が復活していました。1688年議会が国王を追放する**名誉革命**が起こります。翌年，国民の自由と権利を守る「**権利章典**」が発布され，**立憲君主制と議会政治が確立**しました。フランスでは，1789年に**フランス革命**が始まりました。市民の代表者からなる議会は「**人権宣言**」を発表し，1792年には王政を廃止して**共和政**となりました。

（17世紀中ごろ，クロムウェルらが国王軍を破った市民革命）
（イギリス議会が定めた法律）

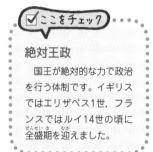

ここをチェック

絶対王政

　国王が絶対的な力で政治を行う体制です。イギリスではエリザベス1世，フランスではルイ14世の頃に全盛期を迎えました。

アメリカ独立戦争

　アメリカはイギリスの植民地でしたが，**ワシントン**の指導で1775年に**独立戦争**を始めました。1776年に「**独立宣言**」を発表し，戦争に勝利した1783年に独立を成しとげました。1787年にはアメリカ合衆国憲法が制定され，**三権分立制**や**連邦制**などが採用されました。

（のちに初代大統領となる）
（議会・大統領・最高裁判所）（州による自治を行い，その上に合衆国政府がある）

産業革命と欧米の発展

78

　18世紀後半，機械の発明・改良によって**工業生産力が高まり，社会や経済が大きく変化する産業革命**がイギリスで起こり，イギリスは「**世界の工場**」と呼ばれました。その後，産業革命は世界に広がり，工場などの生産手段を持つ**資本家**が，賃金を得て働く**労働者**を雇って，利益を目的に自由競争を行う資本主義となります。

ヨーロッパ諸国のアジア侵略

　産業革命が進んだ欧米諸国は，市場や原料を求めてアジアへ進出します。イギリスは清との貿易で赤字となっていたため，赤字対策として，**イギリスからインドに工業製品を，インドから清にアヘンを輸出します（三角貿易）**。清がアヘンを規制すると，**1840年，アヘン戦争**となりました。戦後，**南京条約**で香港がイギリス領となり，清は多額の賠償金を支払わされ，欧米諸国の侵略を受けることになりました。その中で，**洪秀全**を中心として，清朝を倒そうとする**太平天国の乱**が広がりました。

（太平天国は1864年に滅亡）

　インドではイギリスが**東インド会社**を設立して支配を進める中，1857年に支配への反感から**インド大反乱**が起こります。しかし鎮圧され，**インドはイギリスの植民地**となりました。

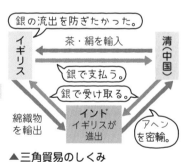

▲三角貿易のしくみ

●イギリスで**名誉革命・権利章典**，フランスで**フランス革命・人権宣言**。

●18世紀後半にイギリスで**産業革命**が起こり，**資本主義**社会へ。

●1840年，**アヘン戦争**が起こる。➡**南京条約**で香港はイギリス領になる。

2 日本の開国と江戸幕府の滅亡

授業動画は
こちらから

開国と不平等条約

日米修好通商条約
で開かれた5港

函館（両方の条約
で開港）

新潟

神奈川（横浜）

日米和親条約
で開かれた2港

兵庫
（神戸）

下田

長崎

（下田は，日米修好通商条約の締結で閉鎖）

▲日米和親条約と日米修好通商条約の開港地

1853年，アメリカ合衆国の使節ペリーが浦賀に来航して，日本に開国を要求します。翌年，ペリーは再び来航し，幕府は**日米和親条約**を結び，**200年以上に及ぶ鎖国は終わりました。**

開国後，アメリカは幕府に貿易を始める条約を結ぶことを要求しました。1858年，**大老井伊直弼**は朝廷の許可なく**日米修好通商条約**を結びました。

この条約は，**領事裁判権を認め，日本に関税自主権のない不平等条約**でした。
外国人をその国の領事が裁く権利　　輸入品の税金を決める権利

倒幕運動

開国後，**天皇を敬う尊王論**と**外国人を追い払う攘夷論**が結びつき**尊王攘夷運動**に発展しました。井伊直弼は幕府に反対した大名や武士などを取り締まり，**吉田松陰**らを処刑します（**安政の大獄**）。しかし井伊は，弾圧に反発した浪士らにより暗殺されます（**桜田門外の変**）。

長州藩は外国船砲撃後に4国の連合艦隊の報復を受け，**薩摩藩**は1862年の**生麦事件**を発
山口県　　　　　　　　　　　イギリス・フランス・アメリカ・オランダ　鹿児島県　薩摩藩士によるイギリス人殺傷事件

端とする**薩英戦争**に敗れました。**攘夷が不可能であると自覚した**長州の**木戸孝允**や薩摩の**西**
イギリス軍による鹿児島砲撃

郷隆盛，**大久保利通**は倒幕を目ざし，1866年，**坂本龍馬**の仲立ちで**薩長同盟**を結びます。

●1854年**日米和親条約**，1858年**日米修好通商条約**を締結◀**不平等条約**。

●**尊王攘夷運動**の発展➡1866年，**薩長同盟**を結ぶ➡倒幕へ。

3 明治維新

授業動画は
こちらから

明治新政府の誕生

15代将軍**徳川慶喜**は1867年朝廷に政権を返上する**大政奉還**を行い，朝廷は**王政復古の大**

号令を出しました。これで江戸幕府は滅亡し，鎌倉時代から続いた武家政治も終わりました。これに納得できない旧幕府側は反発し，1868年戊辰戦争が起こりますが，幕府にかわって

鳥羽（とば）・伏見（ふしみ）の戦いから，五稜郭（ごりょうかく）の戦いまで続く

できた新政府側が勝利します。

　1868年，元号（年号）は明治と改められ，江戸は東京と改称されて首都となりました。明治新政府の行った，日本を欧米諸国に対抗できる近代国家にするための改革と社会の動きを明治維新といい，以下のようなことを行いました。しっかり覚えましょう。

☆**五箇条の御誓文**…1868年に，新政府の政治方針を示す。
☆**五榜の掲示**…国民が守るべきルールを示す。1873年に廃止。
☆**版籍奉還**…封建体制をやめ，土地と人民を天皇に返上する。
☆**廃藩置県**…藩を廃止。府と県を新たに置く。**府知事・県令**を中央から送る。これにより，中央集権体制が確立される。
☆江戸時代の身分制度を廃止し，皇族以外はすべて平等である

差別は残った

　とした。皇族・華族・士族・平民と呼ばれるようになった。
　　　　　天皇一族　公家・大名　武士　百姓・町人など

廃藩置県で
藩がなくなって
県などになったんだ！

🔦三大改革

　政府は欧米列強に対抗するため，経済の発展で国力をつけ，軍隊を近代化させる「富国強兵」政策をとります。特に学制・兵制・税制の3つを重点的に整備しました。

☆**学制**（1872年）…6歳以上の子どもに小学校教育を受けさせる。
☆**兵制**…**徴兵令**（1873年）を出し，満20歳以上の男子に兵役の義務を課す。
☆**税制**…1873年から地租改正を行う。地価の3%を地租として現金で納めさせた。

　しかし，それぞれの政策に対して不満が高まり，一揆なども起こりました。

徴兵令反対一揆や地租改正反対一揆

🔦文明開化

　近代化政策で大都市を中心に欧米の文化が取り入れられ，人々の生活が大きく変わる文明開化が広がります。れんがづくりの建物やガス灯，洋服が見られるようになり，人力車や馬車も走るようになりました。

▲銀座通り（明治時代中ごろ）

●大政奉還➡王政復古の大号令➡江戸幕府の滅亡➡明治維新。
●三大改革…学制・兵制（徴兵令）・税制（地租改正）。文明開化が広がる。

4 殖産興業と外国とのつながり

岩倉使節団の派遣

政府は，幕末に外国と結んだ**不平等条約改正**の準備などのため，1871年岩倉具視を全権とする**岩倉使節団**を欧米に派遣しました。条約改正はできませんでしたが，欧米の進んだ文化などを視察し，日本の国力を高め，政治制度などを整備する必要性を感じました。

日本の近代化の遅れが原因

余も岩倉使節団について行って異国ののウマいものを食べたかったぞ〜

殖産興業と北海道の開拓

政府は近代工業の保護・育成に取り組みます。これを**殖産興業**といいます。群馬県に**官営模範工場**の**富岡製糸場**を建設しました。郵便制度も整えられ，1872年には**横浜・新橋間に鉄道**が開通しました。

政府が直接経営した工場。

また，政府は蝦夷地を北海道と改め，**開拓使**という役所を置いて**屯田兵**が開墾・道路建設などの開拓事業を進めました。**アイヌの人々は同化政策で民族独自の習慣を禁止**されました。

職をなくした武士や農民から集める

→レッスン16の109ページを見よう

周辺国との関係

政府は1872年，琉球王国に琉球藩を置き，1879年に琉球処分で**沖縄県**としました。

清とは1871年に対等な立場で**日清修好条規**を結びましたが，日本との国交を断った朝鮮に対して，武力で開国をせまる主張（**征韓論**）が高まります。**欧米から帰国した大久保利通らが内政の充実を優先させたため，西郷隆盛や板垣退助らは政府を去りました。**その後，1875年に**江華島事件**をきっかけに朝鮮を開国させ，不平等条約である**日朝修好条規**を結びました。

中国

征韓論を唱えていた

カンファド

朝鮮にとって不平等

1875年，ロシアと**樺太・千島交換条約**を結んで国境を確定しました。

樺太(サハリン)はロシア領，千島列島は日本領

 ポイント

● 不平等条約改正の下交渉のため，**岩倉使節団**を派遣。

● **殖産興業** ➡ **官営模範工場**（富岡製糸場）の建設・鉄道の開通・郵便制度。

● 清と**日清修好条規**。朝鮮と**日朝修好条規**。ロシアと**樺太・千島交換条約**。

5 自由民権運動と立憲国家の誕生

授業動画はこちらから 81

自由民権運動と士族の反乱

明治政府の重要な役職は，薩摩藩や長州藩などの出身者が独占し，**藩閥政治**と呼ばれました。**板垣退助**は藩閥政治を専制政治であるとして，1874年**民撰（選）議院設立の建白書**を政府に提出して，国会を開くことを求めました。1877年には，**西郷隆盛**を大将として，鹿児

島の士族らが**西南戦争**を起こします。政府軍による鎮圧の後，**藩閥政治への批判は言論が中心**となりました。そして，**憲法の制定・国会の開設・国民の政治参加を目ざす自由民権運動**が広まります。1881年，政府は**国会開設の勅諭**を出し，**10年後の国会開設を約束**しました。

◎政府を辞めた板垣退助と西郷隆盛の動き

内閣制度と大日本帝国憲法

国会開設の約束を取り付けた後，民権派の運動は政党結成へと進みます。**板垣退助**を党首とする**自由党**や，**大隈重信**を党首とする**立憲改進党**が結成されました。

いっぽう政府は，国会開設の前に憲法を制定しようとしました。**伊藤博文**はヨーロッパに留学して各国の憲法を学び，帰国後，**君主権の強いプロイセンの憲法を見本**に，憲法の**草案**をつくりました。さらに1885年**内閣制度**をつくり，伊藤は**初代内閣総理大臣に就任**しました。

1889年2月11日，天皇が国民に授ける形で**大日本帝国憲法が発布**されました。

帝国議会の開設

1890年**帝国議会**が開設されました。議会は**貴族院**と，議員が選挙で選ばれる**衆議院**の**二院制**でした。選挙権を持つのは，**直接国税を15円以上納める満25歳以上の男子**だけで，**全人口の1.1%しか有権者がいませんでした**が，日本はアジア初の近代的な**立憲制国家**となりました。

ポイント

- ●**板垣退助**は**民撰議院設立の建白書**を提出。**西郷隆盛**は**西南戦争**を起こす。
- ●**伊藤博文**は**初代内閣総理大臣**に就任。1889年，**大日本帝国憲法**の発布。
- ●**帝国議会**➡選挙権は**直接国税15円以上納める満25歳以上の男子**。

6 列強への仲間入り

授業動画はこちらから

不平等条約の改正

日本は，欧米と対等な立場になるため，近代化を進めました。外務大臣の**井上馨**は**鹿鳴館**

で舞踏会を開くなど欧化政策で不平等条約の改正を目ざしましたが，失敗しました。1886年にノルマントン号事件が起こり，日本人乗客が全員亡くなると，国民の間で条約改正を求める声が高まりました。日清戦争直前の1894年に，外務大臣の陸奥宗光がイギリスとの間で領事裁判権の撤廃を実現しました。1911年には，外務大臣の小村寿太郎がアメリカとの間で関税自主権の回復に成功し，ついに不平等条約の改正が実現しました。

©aflo

日清戦争

1894年朝鮮で甲午農民戦争が起きました。朝鮮が清に援軍を求めたのに対抗して，日本も朝鮮に出兵します。両国は鎮圧後も兵を引かず，日清戦争が始まりました。近代化した軍備を持つ日本は，戦争に勝利し，1895年下関条約が結ばれました。日本は清に対して，朝鮮の独立を認めること，遼東半島・台湾・澎湖諸島を日本に譲ること，賠償金を支払うことなどを認めさせます。

▲日清戦争直前の状況の風刺画

アジアで南下政策を行うロシアは，日本の大陸進出をおさえようと，ドイツ・フランスとともに遼東半島の返還を求める三国干渉を行います。これによって，日本国内でロシアに対する反感が高まりました。

▲下関条約の内容

日露戦争

欧米列強に侵略された清では，外国勢力を追い払おうと義和団事件が起こりますが，列強はこれを武力でおさえます。その中でロシアはさらに朝鮮へ進出しようとしたため，これに対抗しようと，1902年，日本とイギリスは日英同盟を結びました。いつ戦争が起こってもおかしくない中，幸徳秋水や内村鑑三は開戦に反対しますが，1904年，ついに日露戦争が始まります。日本軍は，奉天の戦いや日本海海戦で勝利しました。

1905年，アメリカの仲介で講和のためのポーツマス条約が結ばれました。ロシアは韓国における日本の優越権を認めること，遼東半島南部の租借権や南満州鉄道の権利を日本に譲ること，樺太の南半分を日本の領土とすることなどが定められました。ただし，賠償金を得られなかったため，講和に反対する動きも強まり，日比谷焼き打ち事件などが起こりました。

●陸奥宗光が領事裁判権の撤廃，小村寿太郎が関税自主権の回復に成功。
●日清戦争後の下関条約で，遼東半島を手に入れた後，三国干渉で返還。
●日露戦争後のポーツマス条約で賠償金を得られず，国内の不満が高まる。

➡ 解説は別冊p.12へ

1 欧米の近代化と帝国主義について，次の（　）にあてはまる語句を答えなさい。
● アメリカは独立後，（　①　）が初代大統領になりました。
● 1789年にフランスで革命が始まり，「（　②　）宣言」が発表されました。
● （　③　）革命はイギリスから始まり，イギリスは「世界の工場」と呼ばれました。
● （　④　）戦争後，イギリスは清と南京条約を結び，香港を獲得しました。

　　　　　① （　　　　　　　　　　）　② （　　　　　　　　　　）
　　　　　③ （　　　　　　　　　　）　④ （　　　　　　　　　　）

2 1853年，浦賀に来航して日本に開国を要求したアメリカの使節はだれか。
答えなさい。　　　　　　　　　　　　　　　　　（　　　　　　　　　　）

3 1858年に結ばれた日米修好通商条約は，日本にとって不平等な条約であった。不平等であった点を2つ答えなさい。
　　　　　（　　　　　　　　　　　　　）（　　　　　　　　　　　　　）

4 1867年に大政奉還を行い，朝廷に政権を返上した人物はだれか。答えなさい。
　　　　　　　　　　　　　　　　　　　（　　　　　　　　　　）

5 次の①〜④の文は，明治政府の政策を説明している。それぞれにあてはまるものを，あとのア〜オから，記号で選びなさい。
① 藩を廃止して府・県を置き，府知事・県令を派遣した。　　（　　　　）
② 満6歳以上の男女すべてに小学校教育を受けさせることにした。（　　　　）
③ 満20歳以上の男子に兵役の義務を課した。　　　　　　　　（　　　　）
④ 国家財政の安定のために，地価の3％を現金で納めさせた。　（　　　　）
ア．廃藩置県　　イ．版籍奉還　　ウ．地租改正　　エ．学制　　オ．徴兵令

6 帝国議会の衆議院議員の選挙権は，初めどのような人に認められていたか。答えなさい。　　（　　　　　　　　　　　　　　　　　　　）

7 日清戦争と日露戦争の講和条約をそれぞれ答えなさい。
　　日清戦争（　　　　　　　　　　）　日露戦争（　　　　　　　　　　）

Lesson 18 帝国主義に向かって…
［明治時代〜大正時代］

ごはんは
おいしいのう〜

ぱく
ぱく
ぱく

大正時代　米の値段がすごく
上がって米騒動という
大騒ぎになったのよ

シベリア出兵に備えて
米商人らが米を
買い占めたのが原因

ほ〜
それは大変じゃな〜

おかわりー!!

ひょい

…あれ兄上
それ私のごはん…

私の米返せーッ!!

キィーッ

米騒動ならぬ
姫騒動じゃ――!!!

このLessonのイントロ♪

　日清・日露戦争を乗り越えた日本は，欧米の植民地支配を受けていたアジア諸国を勇気づけました。しかし，日本はヨーロッパの国々と同様の帝国主義に向かっていきます。また，世界では列強の対立が深まり，第一次世界大戦となります。世界中を巻き込んだ戦争について学習していきましょう。

1 韓国と中国の動き

韓国の動き

朝鮮は，1897年に国名を**大韓帝国**（韓国）と改めました。

当時の日本は，ポーツマス条約で韓国における優越権を認められていました。日本は韓国
→Lesson17の120ページを見よう
に韓国統監府を置き，伊藤博文を初代韓国統監とします。政治の実権を握られた韓国は，独

立を求めて**義兵運動などの抵抗運動**を起こし，1909年には，独立運動家**安重根**が伊藤博文

を射殺しました。翌年，日本は韓国を植民地にして（**韓国併合**），朝鮮総督府を置きました。

中国の動き

清（中国）では，欧米列強の侵略から自国を守る抵抗運動が活発になります。以下の**三民

主義**を主張する**孫文**を中心に，近代国家をつくる革命運動が起こりました。

三民主義とは…

✿民族主義…「清朝を倒そう！」「漢民族の独立を果たそう！」

✿民権主義…「王制から共和制にしよう！」「民主政治を行おう！」

✿民生主義…「国民の生活を安定させよう！」

1911年軍隊の反乱から**辛亥革命**が始まります。翌年には，孫文を**臨時大総統**とする**中

華民国**が成立します。その後，孫文は**袁世凱**（ユワンシーカイ）に大総統の地位を譲りました。
アジア初の共和国　　　　　　　　　　　　大軍隊を持っていた。首都を北京へ移した

- ●日本は韓国に**韓国統監府**を置き，**伊藤博文**が初代韓国統監となる。
- ●**安重根**が伊藤博文を射殺。1910年**韓国併合**を行い，**朝鮮総督府**を置いた。
- ●1911年に**辛亥革命**が起こり，**中華民国**が成立。孫文が臨時大総統。

2 日本国内の動き

日本の産業革命

日本では，1880年代に紡績業や製糸業の工場がつくら

れ，1897年に綿糸の輸出量が輸入量を上回ります。生糸

の輸出も増え，せんい工業など**軽工業**を中心に**産業革命**が

始まりました。

また，**日清戦争の賠償金の一部**を使い，鉄鋼の自給を目

ざして，1901年に**八幡製鉄所**の操業を始めました。この
北九州に建設

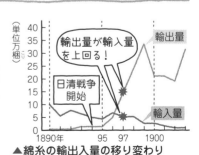

（単位万梱）
輸出量が輸入量
を上回る！
輸出量
日清戦争
開始
輸入量
1890年　95　97　1900
▲綿糸の輸出入量の移り変わり

ように日露戦争の前後から**重工業**を中心に産業革命が進みました。

資本主義の発展

政府は，官営模範工場を民間の一部の資本家に払い下げました。資本家たちは多くの企業を経営し，日本経済を支配する**財閥**となっていきます。このような流れの中で，資本主義は急速に発展していきました。

社会問題と労働運動・農民運動

栃木県の足尾銅山から流出した鉱毒で，渡良瀬川流域の農民らが被害を受ける**足尾銅山鉱毒事件**が起こりました。衆議院議員の田中正造は，生涯をかけて被災した人々の救済に力を注ぎました。

産業の発達に伴い，労働者は低い賃金で長時間働かされるようになりました。労働者は**労働組合**をつくって，会社を相手に労働条件の改善を求めて**労働争議**を起こしました。

生活の苦しい農民は，自分の土地を売って小作人となりました。しかし，高い小作料の値下げを求め地主と対立し，**小作争議**が起こりました。

☑ ここをチェック

足尾銅山鉱毒事件
「日本の公害問題の原点」といわれます。地元選出の衆議院議員であった田中正造は，議員を辞めて天皇に直接訴えましたが，聞き入れられませんでした。

教育・科学の発展

1886年に**学校令**が出され，小学・中学・大学の学校制度が整備されました。初め，**義務教育**は4年間でしたが，1907年に**6年間に延長**されました。

私立学校もつくられました。**福沢諭吉**が**慶応義塾**（現・慶應義塾大学）を，**新島襄**が**同志社英学校**（現・同志社大学）を，**大隈重信**が**東京専門学校**（現・早稲田大学）をつくりました。

また，破傷風の血清療法を発見した**北里柴三郎**や，黄熱病を研究した**野口英世**など，世界的に活躍する科学者も登場しました。

文学と芸術の発展

日本画では岡倉天心や横山大観，洋画では黒田清輝が活躍しました。音楽では，滝廉太郎が「荒城の月」などを作曲しました。

文学では，ロマン主義や自然主義などが生まれました。

⭐ロマン主義

人物	作品
島崎藤村	『若菜集』
与謝野晶子	『みだれ髪』
樋口一葉	『たけくらべ』

⭐自然主義

人物	作品
国木田独歩	『武蔵野』
島崎藤村	『破戒』
石川啄木	『一握の砂』

⭐その他

人物	作品
森鷗外	『舞姫』
夏目漱石	『坊っちゃん』
正岡子規	『病牀六尺』

●1880年代に**軽工業**，1900年代に入って**重工業**で産業革命が起こる。

●**財閥**の形成。**労働争議**や**小作争議**，**公害**問題などが起こる。

●義務教育が**6年間**になる。**北里柴三郎**や**野口英世**が科学の分野で活躍。

3 第一次世界大戦と日本

授業動画は
こちらから

 ## 列強の対立

アジア・アフリカに進出した欧米列強は，「ヨーロッパの火薬庫」と呼ばれたバルカン半島をめぐって対立します。

1882年，ドイツ・オーストリア・イタリアが**三国同盟**を結ぶと，1907年にイギリス・フランス・ロシアが**三国協商**を結びます。三国同盟と三国協商は対立を深めました。三国協商側の国々には，その後アメリカ合衆国や日本も加わり，**連合国**と呼ばれます。
のちにイタリアも三国同盟を破棄（はき）して加わった

▲三国同盟と三国協商（第一次世界大戦前）

第一次世界大戦の開戦

1914年，**サラエボ事件**をきっかけに**第一次世界大戦が始まりました**。これまでになかった
セルビア人の青年がオーストリアの皇太子夫妻を暗殺。バルカン半島のサラエボで発生
戦車や飛行機，毒ガスなどの新兵器が利用され，一般市民を巻き込む**総力戦**となっていきます。

日本の参戦

日本は**日英同盟**を理由に，連合国側で参戦しました。中国に兵を送り，ドイツの軍事基地のある青島（山東半島）を占領しました。

また，大戦で列強の関心が中国から離れている間に，1915年，中国に対して**二十一か条の要求を押し付けます**。中国政府はこの大部分を認めさせられ，激しい**排日運動**につながっていきます。

二十一か条の要求（一部要約）

一，中国政府は，山東省におけるドイツの権益を日本に譲る。

一，旅順や大連の租借期限，南満州鉄道の利権の期限を，さらに99か年ずつ延長する。

一，中国政府は，南満州・東部内モンゴルにおける鉱山採掘権を日本に与える。

●**三国同盟**と**三国協商**が対立。**バルカン半島**は「ヨーロッパの火薬庫」。

●**1914年サラエボ事件**が発生➡**第一次世界大戦**が開戦。

●日本は**日英同盟**を理由に連合国側で参戦。中国に**二十一か条の要求**を出す。

4 大戦の終結と国際連盟

授業動画は
こちらから

♣ ロシア革命

大戦中の1917年，ロシアでは民衆の生活苦が深刻となり，戦争を続ける政府に対して不満が爆発しました。「パン・平和・自由」を求め，「代表会議」である**ソビエト**が各地にできました。皇帝が退き，共和制の臨時政府が成立しましたが国は安定せず，**レーニン**指導のもと，社会主義の政府をつくる**ロシア革命**が起こりました。

兵士・労働者らで構成
十一月革命

♣ シベリア出兵

ロシア革命によって世界初の社会主義政府が成立した影響が，世界に広がることを恐れた列強は，1918年，干渉戦争を起こしました。日本も**シベリア出兵**を行います。革命政府は列強を押しのけ，1922年**ソビエト社会主義共和国連邦（ソ連）**が成立しました。

レーニンのあとに指導者となった**スターリン**は独裁体制をしき，**五か年計画**で工業の重工業化と農業の集団化をおし進めていきました。

♣ 第一次世界大戦の終結

ドイツの降伏で第一次世界大戦は終わり，1919年**パリ講和会議**が開かれました。会議では**ベルサイユ条約**が結ばれ，ドイツは領土の約13％と全植民地を失い，巨額の賠償金や軍備縮小を課せられました。

1920年アメリカ大統領**ウィルソン**の提案で，世界で初めての国際平和機構として**国際連盟**が設立されました。本部はスイスの**ジュネーブ**に置かれました。国際連盟は，世界平和の確立と維持を目ざしていましたが，さまざまな問題点を抱えていました。

> ✓ ここをチェック
>
> **国際連盟の問題点**
> ①提案国にも関わらず，大国のアメリカが議会の反対で参加しなかった。
> ②ドイツ・ソ連も当初加盟が認められなかった。
> ③総会の議決は全会一致だったためなかなか決定できず，武力制裁もできなかった。

- 1917年**ロシア革命**が起こる。世界初の**社会主義国家**が成立。
- **ソ連**は**五か年計画**により，工業の重工業化・農業の集団化をおし進める。
- 1919年**パリ講和会議**が開かれる。**ベルサイユ条約**の調印。**国際連盟**設立。

5 民族運動と民主主義の発達

♣ 民族運動

東・北ヨーロッパでは，どんな民族も他民族に支配されないという**民族自決主義**の考えか

ら，多くの**民族国家**が誕生しました。しかし，アジアやアフリカの多くの国々にはその考え
は適用されず，欧米諸国の植民地のままでした。

中国では，ドイツの権益を日本が継承することが決まり，反日・帝国主義の侵略反対運動
である**五・四運動**が起こります。朝鮮でも，日本からの独立を求める**三・一独立運動**が起こ
りました。インドでは，**ガンディー**の指導で完全自治を求める<u>反英運動</u>が進みました。

非暴力・不服従

補足 中国では中国国民党や中国共産党が結成され，帝国主義への反抗が続いた。中国国民党の**蔣介石**は，南京に
国民政府を建てた。

パリ講和会議	中国	朝鮮	インド
二十一か条の要求を取り消してください	ベルサイユ条約反対！	日本から独立するんだー！！	自治権をわれらに…

民主主義の発達

1919年**ドイツ**では**ワイマール憲法**が定められ，**国民主権，男女普通選挙，社会権**などが実
現しました。1928年，イギリスでも男女平等の普通選挙制が取り入れられました。

- ●中国で**五・四運動**，朝鮮で**三・一独立運動**が起こる。
- ●ドイツで**ワイマール憲法**が定められる➡国民主権，男女普通選挙，社会権など。

6 大正デモクラシーと政党政治

授業動画はこちらから

大正デモクラシー

1912年に成立した桂太郎内閣は，議会を無視する態度をとり
ます。尾崎行雄などの知識人らはこれを批判し，立憲政治を守る
運動を起こします。これを**第一次護憲運動**といいます。また政治
学者の吉野作造は，普通選挙と政党中心の議会政治の実現を求め，
民本主義を唱えました。大正時代に起こった**護憲運動や，民本主
義による民主主義・自由主義を求める動きを大正デモクラシー**と
呼びます。

☑ここをチェック

文化の大衆化

1925年にラジオ放送が
始まるなど，メディアが発
達し，文化の大衆化が進ん
だ。

米騒動と初の政党内閣

第一次世界大戦中，日本の輸出は大きく伸び，**大戦景気という好況**となりました。それに伴って，製糸業や金属・機械工業，造船業や海運業が発達しました。

大戦景気で物価が高くなる中，シベリア出兵を見越した商人による米の買い占めや売り惜しみで，米の値段が高騰しました。

1918年，富山県の漁村の主婦らが米の安売りを求める運動を起こし，新聞で報道されるとこの動きが全国に広まり，**米騒動**となります。この責任をとって，寺内正毅内閣は総辞職し，立憲政友会の**原敬**が初めて**本格的な政党内閣**を組織しました。

補足 原敬内閣では，陸軍・海軍・外務大臣以外の閣僚はすべて立憲政友会の党員でした。

> 軍需工業に関わる人の中には，成金と呼ばれる金持ちが現れたそうですじゃ

社会運動の広まり

大正デモクラシーの高まりや第一次世界大戦後の社会の変化で，社会運動がさかんになりました。1920年には日本最初の**メーデー**が行われ，**労働争議**が活発化し，農村では**小作争議**が続発しました。1922年被差別部落の人々が**全国水平社**を結成し，自らの力で部落差別からの解放運動をおし進めました。

1911年に**青鞜社**をつくった**平塚らいてう**らは1920年に新婦人協会を結成し，女性の政治活動の自由などを求め，女性解放運動を行いました。

政党政治の動き

原敬内閣・高橋是清内閣の後，再び非政党内閣に戻りました。しかし，1924年政党内閣を求める**第二次護憲運動**が起こり，憲政会総裁の**加藤高明**が首相となって，連立内閣を組織します。ここから約8年間，政党内閣が続きました。（憲政の常道）

1925年に**普通選挙法**が制定され，**満25歳以上のすべての男子**が選挙権を得ました。しかし，同時に**治安維持法**も制定され，天皇制に反対する動きや社会主義運動を取り締まりました。

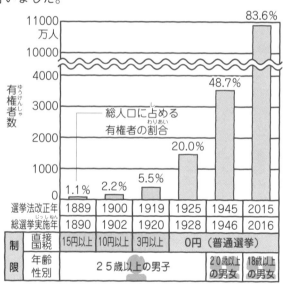

選挙法改正年	1889	1900	1919	1925	1945	2015
総選挙実施年	1890	1902	1920	1928	1946	2016
制限　直接国税	15円以上	10円以上	3円以上	0円（普通選挙）		
制限　年齢性別	25歳以上の男子				20歳以上の男女	18歳以上の男女

▲有権者数の移り変わり

ポイント

●尾崎行雄らの**第一次護憲運動**。吉野作造の**民本主義**➡**大正デモクラシー**。

●米騒動が起こり，**原敬**による日本初の**本格的な政党内閣**が組織された。

●普通選挙法で**満25歳以上のすべての男子**に選挙権。同時に**治安維持法**。

Lesson 18 の力だめし

授業動画は
こちらから [90]

解説は別冊p.13へ

① 韓国と中国について，次の2つの文の（　）にあてはまる語句を答えなさい。

● 1909年，伊藤博文が射殺され，翌年，日本は韓国を植民地とします。これを
（　①　）といいます。

● 1911年，中国では（　②　）革命が起こりました。1912年には，（　③　）を臨時大
総統とするアジア初の共和国の（　④　）が成立しました。

① （　　　　　　　　　　　　）　　② （　　　　　　　　　　　　）

③ （　　　　　　　　　　　　）　　④ （　　　　　　　　　　　　）

② 第一次世界大戦について，次の各問いに答えなさい。

[90]

(1) 開戦のきっかけとなった事件は何か。答えなさい。

（　　　　　　　　　　　　）

(2) 日本は第一次世界大戦に参戦し，中国に何を押し付けたか。答えなさい。

（　　　　　　　　　　　　）

(3) ドイツの降伏後，パリ講和会議で結ばれた条約は何か。答えなさい。

（　　　　　　　　　　　　）

③ ロシア革命を指導した人物はだれか。答えなさい。

（　　　　　　　　　　　　）

④ 1918年に起こった米騒動の後，日本初の本格的な政党内閣を組織した人物はだれ
か。答えなさい。　　　　　　　　　　　（　　　　　　　　　　　　）

⑤ 1919年，中国と朝鮮で起きた民族運動をそれぞれ答えなさい。

中国 （　　　　　　　　　　　）　朝鮮 （　　　　　　　　　　　）

⑥ 1925年の普通選挙法で定められた有権者はどのような人たちだったか。説明しな
さい。（　　　　　　　　　　　　　　　　　　　　　　　）

⑦ 1925年，普通選挙法と同時に制定された法律は何か。答えなさい。

（　　　　　　　　　　　　）

ヒント 社会主義運動を取り締まるための法律。

戦争から民主化へ

[昭和時代]

兄上なんてもう知らないっ

余も知らぬっ！

2人ともケンカは
よくないよ〜

兄妹の仲たがいは
戦のもと…

戦が始まれば民は飢え
年若い者まで狩りだされ…

どの時代も一緒ね
第二次世界大戦のときも
同じようなことが起きたのよ

戦は憎しみしか
生みませぬ…

戦争ダメ　絶対！

何だか大事になっておるのう…

このLessonのイントロ♪

　第一次世界大戦が終わったあとの世界はどうなったのでしょう。なぜ，日本は少しずつ行き詰まり，国際的に孤立し，戦争へ突き進んだのかを学習しましょう。また，戦時中の人々の暮らしはどのようなものだったのか，敗戦国となった日本ではどのように民主化が進められていったのかを見ていきましょう。

1 世界恐慌と各国の動き

授業動画は
こちらから 91

世界恐慌の始まり

第一次世界大戦後，アメリカは世界一の経済大国となりました。
大戦中に本国は戦場とならず，輸出の増加で多くの利益を得た
しかし，1929年にアメリカで株価が大暴落し，一気に不景気（恐慌）
となります。この不景気はアメリカだけでなく，世界各国に広がり
ました。これを**世界恐慌**といいます。

アメリカの恐慌が，
世界にまで広がったんだね

恐慌後の各国の動き

●イギリスやフランス

イギリスや**フランス**といった植民地を持つ国は，自
国と植民地の結び付きを強くして，外国の製品をしめ
出す政策を行います。これを**ブロック経済**といいます。
高い関税をかけた
ブロック経済は，国家間の対立の原因となりました。

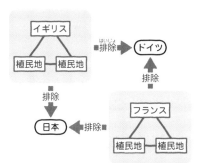

▲イギリス・フランスのブロック経済

●アメリカ合衆国

アメリカの**ローズベルト大統領**は，**ニューディール**
フランクリン＝ローズベルト
（新規まき直し）政策という国内政策を行いました。失業者を減らすため公共事業を増やして
雇用をつくったり，企業や銀行を援助したりして経済の回復を目ざしました。
テネシー川流域の総合開発など

●ソビエト連邦（ソ連）

ソ連では重工業化と農業の集団化が進められ，**五か年計画**と呼ばれる計画経済を行ってい
たため，世界恐慌の影響を受けませんでした。
Lesson18の126ページを見よう

●ドイツやイタリア

ドイツは第一次世界大戦の賠償金と失業者の増大で苦しむ中
で**ヒトラー**率いる**ナチス**が政権を握り，一党独裁となります。イ
タリアでは**ムッソリーニ**率いる**ファシスト党**が独裁政治を行い，
植民地拡大を進めます。ドイツやイタリアで行われた全体主義的
民主主義・自由主義を否定する
で軍国主義的な独裁政治を**ファシズム**といいます。

✓ここをチェック

ファシズムの出現
ドイツは敗戦国で植民地
を失い，イタリアは戦勝国
だったが植民地を得られな
かったことで，ブロック経
済を行うことができず，
ファシズムが力を持った。

●1929年，**世界恐慌**は**アメリカ**から広まった。
●イギリスやフランスで**ブロック経済**，アメリカで**ニューディール政策**。
●**ドイツ**と**イタリア**は**ファシズム**が台頭。

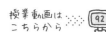

2 第一次世界大戦後の日本

労働争議や小作争議が
増加したんですって

日本の不景気

第一次世界大戦後，日本は不景気となります。1923年9月1日に起きた**関東大震災**の混乱が続く中，1927年，銀行の休業や企業の倒産が相次ぐ**金融恐慌**となりました。

1930年代に入ると，世界恐慌の影響で失業者が増加しました。これを**昭和恐慌**といいます。不景気で経営が苦しくなった企業は，**財閥**に支配されるようになります。財閥は政党や軍部と結び付き，政治への影響力を強めます。

企業や銀行を合併・吸収していった

軍部の強行

●満州事変

中国では，蒋介石が南京に国民政府を建て，日本から満州の利権を取り戻そうとしました。しかし，日本は国内の不景気を乗り越えるためにも，満州を譲る気はありませんでした。

満州は「日本の生命線」といわれる大きな収入源だった

1931年，**中国にいた日本軍が南満州鉄道で爆破事件を起こし，これを中国側のしたことだと**
関東軍　　　　　　　　　　　　　柳条湖事件
して攻撃を開始します。日本軍はそのまま満州を占領しました。これを**満州事変**といいます。つづいて，1932年に**満州国**を建国し，日本が政治・軍事・経済などの実権を握りました。

●国際連盟脱退

中国側は，満州国建国は日本の侵略行為だとして，国際連盟に訴えました。国際連盟はリットン調査団を現地に送り調査したうえで，満州国を承認せず日本軍の引き上げを勧告したため，1933年，**日本は国際連盟を脱退しました。**

◎満州事変〜国際連盟の脱退

●五・一五事件

1932年5月15日，**海軍の将校の一団が首相の犬養毅を殺害する五・一五事件**が起こりました。この事件のあと，軍の力の強い内閣がつくられるようになり，政党政治は終わりました。

●二・二六事件

1936年2月26日，**陸軍将校の一部が大臣らを殺傷し，首相官邸や国会議事堂に立てこもる二・二六事件**が起こりました。その後，軍部の力はますます強くなり，議会は無力化していきました。

軍の力がどんどん強くなっておるな…

- ●金融恐慌や昭和恐慌が続く➡**財閥**が政治へ影響力。
- ●満州事変によって批判をあび，日本は**国際連盟を脱退**。
- ●五・一五事件と二・二六事件で軍部の力が強くなった。

③ 中国との戦争

授業動画はこちらから
 93

93 ♣日中戦争

1937年，中国の北京郊外の盧溝橋で日中両軍が衝突しました。これを**盧溝橋事件**といいます。この事件をきっかけに，**日中戦争**が始まりました。日本軍は南京を占領し，中国各地で戦いが行われました。

中国では，蒋介石の国民政府と毛沢東の中国共産党が争っていました。しかし，日本の侵略を退けるために，国民政府と中国共産党は協力して，**抗日民族統一戦線**をつくり，戦うことを決めました。

☑ここをチェック

日中戦争のきっかけ

北京郊外の盧溝橋近くで，日本軍が夜間演習中に銃撃を受けたとして，盧溝橋事件が起こりました。これが日中全面戦争のきっかけです。

♣日本の戦時体制

アメリカやイギリスなどが中国を援助し，中国との戦争が長引く中，日本は**物資や国民を優先的に戦争へ回そう**と，1938年に**国家総動員法**を制定します。また政党も解散させられ，1940年に**大政翼賛会**にまとめられます。大政翼賛会は首相を総裁とし，すべての国民を統制する組織でした。

国民の生活は，戦争による物資不足で苦しいものでした。食料や衣類などは**配給制**や**切符制**となり，学問や報道も厳しい取り締まりを受けました。

- ●1937年，**盧溝橋事件**をきっかけに**日中戦争**が始まる。
- ●日本は**国家総動員法**の制定や，**大政翼賛会**の結成で戦時体制を強化した。

4 第二次世界大戦

94

　ファシズムが台頭したドイツとイタリアは結びつきを強め，さらにドイツはベルサイユ条約を破棄したため，ヨーロッパは戦争の危機にありました。また日本は国際的に孤立しながらも大陸への侵略を続け，日本と同じように国際連盟を脱退したドイツと関係を深くしていきました。

第二次世界大戦

　1937年，ドイツ・イタリア・日本は日独伊防共協定を結びます。これにより，**ファシズムが台頭したヨーロッパの2か国と日本がつながりました**。さらに1939年，ドイツはソ連と**独ソ不可侵条約**を結びます。これは東西に敵を持つことを避ける目的がありました。

　1939年，**ドイツのポーランド侵攻**に対し，イギリスとフランスがドイツに宣戦布告したことで，ヨーロッパ全土を巻き込む**第二次世界大戦**が始まりました。

●日独伊三国同盟

　日本は，1940年にドイツ・イタリアと軍事同盟を結びました。これを**日独伊三国同盟**といいます。また，1941年にはソ連と**日ソ中立条約**を結び，北方の安全を確保しました。

●太平洋戦争

　1941年，**日本はイギリス領のマレー半島に上陸するいっぽう，アメリカ軍基地のあるハワイの真珠湾を攻撃し**，**太平洋戦争**が始まりました。同時に，日本は東南アジアにも侵攻し，太平洋や東南アジアにおいて戦闘が行われます。

　開戦当初は優勢だった日本ですが，連合国側（アメリカ・イギリスなど）との軍事力の差は大きく，1942年6月，ミッドウェー海戦で敗北すると，戦争の主導権を握れなくなっていきます。

　1944年に入ると，都市部への**空襲**も激しくなりました。空襲を避けるため，都市部の小学生は地方の農村に疎開しました（**学童疎開**）。また兵士が不足したことで，学生も徴兵されました（**学徒出陣**）。女性や女学生らは，軍需工場などで働くこととなりました（**勤労動員**）。

🎵 ヨーロッパでの戦争の終わり

1943年に**イタリアが降伏**しました。1945年には，**ヤルタ会談**が開かれ，ドイツの戦後処理，ソ連が日本と戦うことなどが決定しました。同年5月には**ドイツも降伏**し，ヨーロッパでの長い戦争は終わりました。

多くの人が苦しむ戦争なんて嫌じゃ～！

🎵 日本の終戦

アメリカ軍は攻勢を強め，ついに**沖縄に上陸。1945年6月，沖縄を占領します。**同年7月，連合国側は**ポツダム宣言**を発表し，日本にも降伏を求めました。

<u>アメリカ・イギリス・中国の名で発表</u>

しかし，日本はそれを無視して戦争を続けたため，アメリカは**8月6日に広島に，8月9日に長崎に原子爆弾**を投下しました。これにより，多くの人の命が奪われました。

8月8日にはソ連が日ソ中立条約を破り，満州などに攻め込んできました。

8月14日，日本はポツダム宣言を受け入れて降伏することを決め，15日に天皇がラジオ放送で国民に向けて伝えました。

- ●1939年，**ドイツがポーランドに侵攻**し，**第二次世界大戦**が始まる。
- ●1940年に**日独伊三国同盟**が結ばれ，1941年に**日ソ中立条約**が結ばれる。
- ●1941年，日本はハワイの**真珠湾**などを攻撃し，**太平洋戦争**が始まる。
- ●1943年に**イタリアが降伏**。1945年5月に**ドイツが降伏**。
- ●1945年8月，**広島**と**長崎**に**原子爆弾**。日本は**ポツダム宣言**を受け入れた。

5 日本の占領と民主化政策

授業動画はこちらから 95

降伏した日本は，アメリカを中心とする連合国に占領されました。東京に**連合国軍最高司令官総司令部（GHQ）**が置かれ，占領を受けます。<u>**最高司令官マッカーサーの指令で，日本政府が日本の民主化を進めました。**</u>マッカーサーは次の様な改革を指令しました。

<u>これを間接統治（かんせつとうち）という</u>

☆**女性の解放**…選挙法改正による女性の参政権実現など。
☆**政治の民主化**…治安維持法の廃止など。
☆**教育の民主化**…軍国主義的な教育の禁止など。
☆**労働組合結成の奨励**…労働者の権利を守る。
☆**経済の民主化**…**財閥の解体**，**独占禁止法**の制定など。

☑ここをチェック

選挙法の改正

1945年12月の選挙法の改正により，選挙権は満20歳以上のすべての男女が持つこととなった。これにより女性の参政権が実現した。

また，神格化されていた天皇は，神の子孫ではないとする「天皇の人間宣言」を出しました。日本から軍国主義を取り除くため，軍隊は解散させられ，戦争指導者などは戦争犯罪人（戦犯）として**極東国際軍事裁判（東京裁判）**で処罰されました。

もっとくわしく

労働者の権利を守るため，労働組合法・労働関係調整法・労働基準法の労働三法が定められました。また教育の自由化・民主化を進めるため，教育基本法を制定し，義務教育は9年間となりました。
→Lesson27の187・188ページを見よう

🏵国民生活の変化

食料不足は深刻で，都市から農村に米などを**買い出し**に行く人や，**闇市**で生活必需品を手に入れる人もいました。校舎を失った学校では，校庭などで授業が行われていました（**青空教室**）。

🏵農地改革の実施

小作料を取り立てる地主をなくし，自作農を増やすことを目的に**農地改革**が行われました。これにより，小作人の大部分が自作農となりました。
地主から土地を買い上げ，小作人に安く売り渡す

🏵日本国憲法の制定

GHQは大日本帝国憲法の改正を指示します。政府は草案を提出しますが認められず，GHQが草案（原案）をつくり，政府がそれをもとに改正案を作成しました。改正案は議会で審議され，**日本国憲法は1946年11月3日に公布，1947年5月3日に施行されました。**
大日本帝国憲法とほとんど変わらない内容だった

補足 日本国憲法については，Lesson21の148ページを見よう。

● 連合国軍最高司令官総司令部（**GHQ**）による**間接統治**が行われる。
● 選挙法の改正で，満**20歳**以上のすべての男女に選挙権。
● **農地改革**により，小作人の大部分が自作農になる。
● **日本国憲法は1946年11月3日に公布，1947年5月3日に施行。**

Lesson 19 の力だめし

授業動画は
こちらから  96

➡️ 解説は別冊p.14へ

1 世界恐慌後の動きについて，次のA～Dの国と関係がもっとも深いものを，あとのア～エからそれぞれ選び，記号で答えなさい。

A　アメリカ　　　（　　　　　）　　　　B　イギリス　（　　　　　）
C　ソビエト連邦（ソ連）（　　　　　）　　D　イタリア　（　　　　　）

```
ア．ブロック経済　　イ．ファシズム
ウ．五か年計画　　　エ．ニューディール（新規まき直し）政策
```

2 1933年，日本は国際連盟を脱退します。脱退した理由を簡単に説明しなさい。
（　　　　　　　　　　　　　　　　　　　　　　　　　　　　　　）

3 1932年の五・一五事件で殺害された首相はだれか。答えなさい。
（　　　　　　　　　　　　　）

4 1937年，北京郊外で起きた事件で，日中戦争のきっかけとなった事件は何か。答えなさい。
（　　　　　　　　　　　　　）

5 太平洋戦争について説明した次の文の（　　）にあてはまる語句を答えなさい。

　1941年，日本はアメリカ軍基地のあるハワイの（　①　）湾などを攻撃し，太平洋戦争が始まりました。開戦当初は日本が優勢でしたが，じょじょに日本は戦争の主導権を握れなくなります。アメリカ軍は攻勢を強め，1945年6月，ついに（　②　）を占領します。同年8月6日に広島に，8月9日に長崎に（　③　）が投下されました。そして同年8月14日，日本は（　④　）宣言を受け入れて降伏しました。

①（　　　　　　　　　　）　②（　　　　　　　　　　）
③（　　　　　　　　　　）　④（　　　　　　　　　　）

6 戦後，東京に置かれた連合国軍最高司令官総司令部（GHQ）の最高司令官はだれか。答えなさい。
（　　　　　　　　　　　　　）

7 日本国憲法が公布された年月日と，施行された年月日をそれぞれ答えなさい。

公布（　　　　）年（　　　）月（　　　）日
施行（　　　　）年（　　　）月（　　　）日

戦後の復興，そして経済大国へ！
［昭和時代〜平成時代］

第二次世界大戦後
日本は経済的にも大きく発展して
世界トップクラスの経済大国となったの

洗濯機

白黒テレビ

冷蔵庫

1964年には
東京オリンピックも
開催されたのよ

ホワワーン

ヒロキ…あれ…

はわわ

ウフフ

…ドーナツ作ろうか

うむ！

このLessonのイントロ♪

　第二次世界大戦後の世界はどうなったのでしょうか。冷戦という危機を迎えた世界の国々は，どのようにしてこれを乗り越えていったのでしょうか。また，日本は敗戦から力強く復興し，経済大国となっていきます。戦後から現在までの世界の動きを詳しく見ていきましょう。

1 冷戦とその後の世界

国際連合の誕生

　第二次世界大戦後，二度とこのような戦争が起こらないように**国際連合（国連）**が発足します。国連には全加盟国が参加する**総会**や，中心機関の**安全保障理事会**などがあります。→Lesson29の198ページを見よう **武力制裁ができたり，アメリカ，イギリス，フランス，ロシア，中国の五大国に拒否権が与えられていたりする**点が国際連盟との大きな違いです。
常任理事国

冷戦の始まり

　第二次世界大戦後，アメリカとソ連の対立が深刻となっていきます。これはアメリカを中心とする**資本主義国（西側陣営）**と，ソ連を中心とする**社会主義国（東側陣営）**との対立に発展しました。**両陣営の対立は，実際の戦争にはならなかったので「冷たい戦争（冷戦）」と呼ばれました。**

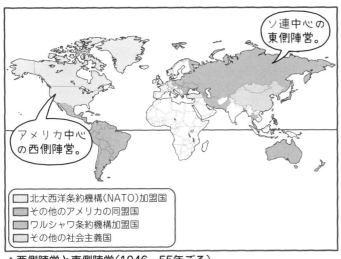

ソ連中心の
東側陣営。

アメリカ中心
の西側陣営。

北大西洋条約機構（NATO）加盟国
その他のアメリカの同盟国
ワルシャワ条約機構加盟国
その他の社会主義国

▲西側陣営と東側陣営（1946〜55年ごろ）

> **☑ ここをチェック**
>
> **北大西洋条約機構と
> ワルシャワ条約機構**
>
> 　北大西洋条約機構は略称をNATOといい，1949年にアメリカを中心に結ばれた。
>
> 　ワルシャワ条約機構は，ソ連を中心に1955年に結ばれた。

アジアとアフリカの動き

　1949年，中国共産党の毛沢東が**中華人民共和国**を建国し，社会主義国の一員となります。
　朝鮮半島では，南に**大韓民国（韓国）**，北に**朝鮮民主主義人民共和国（北朝鮮）**が成立します。資本主義国。アメリカが援助 社会主義国。ソ連が援助 1950年に両国の間で，**朝鮮戦争**が起こります。1965年，ベトナムの内戦にアメリカが介入したため，**ベトナム戦争**が激しくなりました。朝鮮戦争やベトナム戦争は，アメリカとソ連の直接対決の代わりに行われた戦争として，「**代理戦争**」とも呼ばれます。
　第二次世界大戦後，アジアやアフリカの国々の多くが独立を果たしました。1960年は，アフリカで17もの国が独立したことから，「アフリカの年」と呼ばれます。

> **☑ ここをチェック**
>
> **アジア・アフリカ会議**
>
> 　1955年，29か国のアジア・アフリカの国々が集まって開かれた。植民地支配反対，平和共存などを訴えた平和十原則を宣言した。

冷戦の終わり

　1985年，ソ連のゴルバチョフ書記長は，ペレストロイカと呼ばれる改革を始めました。ゴルバチョフ書記長はアメリカとの話し合いを進め，1989年，地中海のマルタ島でアメリカのブッシュ大統領と**マルタ会談**を開き，**冷戦の終結**を宣言しました。1991年に**ソ連は解体され，ロシア連邦など11の国に分かれました。**

　ドイツは，資本主義国占領地にあたる西ドイツと，社会主義国占領地にあたる東ドイツに分断されていましたが，1989年には冷戦の象徴的存在であった**ベルリンの壁が壊され，1990年，東西ドイツは統一されました。**

　補足　現在，広く世界の問題を話し合うために，サミット（主要国首脳会議）が毎年開かれています。

ポイント
- ●第二次世界大戦後，**国際連合（国連）**が発足➡**総会**や**安全保障理事会**。
- ●**資本主義国（西側陣営）**と**社会主義国（東側陣営）**の対立➡**冷たい戦争（冷戦）**。
- ●冷戦の終結。**ベルリンの壁**は壊され，**東西ドイツは統一**。**ソ連の解体**。

2 日本の復興

授業動画はこちらから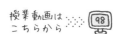

98 日本の主権回復

　戦後の日本は，食べものや衣服などが足りない状態でした。空襲で破壊されたところもあり，国民は苦しい生活を送っていました。また満州などから多くの人々が帰国し，人口が増加して国内がとても混乱していました。

　このような中，1950年に，冷戦を背景として朝鮮戦争が始まりました。アメリカは日本を西側陣営（資本主義国）の一員にしようと考えました。そして1951年，サンフランシスコで第二次世界大戦の講和会議を開き，**サンフランシスコ平和条約**を結びます。翌年の条約発効で，**日本は独立を回復しました。**

当時の日本の首相吉田茂と，48か国の代表との間で調印

◎日本の独立と日米安全保障条約

　平和条約調印と同じ日に，日本の安全と東アジアの平和維持のためとして**日米安全保障条約**も結ばれ，**アメリカ軍の基地を日本に置くことが認められました。**

🎵 戦後の政党政治

　戦後，日本では多くの政党ができました。その中で，1955年から，**自由民主党**が政権を握り，**日本社会党**が野党第一党となる**55年体制**が長く続きました。また，1960年に結ばれた新日米安全保障条約に対して反対の声が高まり，**安保闘争**に発展しました。

自民党。アメリカの冷戦政策を支持

社会党。アメリカの冷戦政策に反対

🎵 戦後の日本の外交

沖縄は日本に復帰したけど，多くのアメリカ軍基地は残されたままなんだって。現在も騒音や米軍兵士による犯罪，事故など，さまざまな問題が起こっているよ

　1956年に日本は，ソ連と国交を回復するため，**日ソ共同宣言**に調印しました。これにより，日本の国際連合への加盟も実現しました。

　1965年には**大韓民国**と**日韓基本条約**を結び，国交を正常化しました。さらに1972年，**中華人民共和国**と**日中共同声明**を発表し，国交を正常化しました。1978年には**日中平和友好条約**を結びました。

韓国

中国

　アメリカの統治を受けていた沖縄は，**1972年に日本に復帰しました。**

補足 日本は世界で唯一原子爆弾の被害を受けた国として，核兵器を「持たず，つくらず，持ち込ませず」の非核三原則をかかげています。

ポイント

● **サンフランシスコ平和条約**を結び，**日本は独立を回復。**同日，**日米安全保障条約**も調印。

● ソ連と**日ソ共同宣言**➡日本は**国際連合**へ加盟。韓国や中国と国交正常化。

● 1972年に**沖縄が日本に復帰**。**アメリカ軍基地**は残される。

3 世界有数の経済大国へ

授業動画はこちらから

🎵 特需景気と高度経済成長

　戦後，日本国民は苦しい生活を送っていました。しかし，アメリカ軍が朝鮮戦争で必要な物資を大量に日本に注文し，日本は好景気（**特需景気**）となりました。**特需景気をきっかけに日本経済は復興し，1973年の石油危機まで続く高度経済成長期**を迎えます。

★国民生活が大きく変わる！

1950年代後半：**電気洗濯機・電気冷蔵庫・白黒テレビ**が普及し始める➡**三種の神器**

1964年：**東京オリンピック**の開催。オリンピックに合わせ，**東海道新幹線**が開通

1960年代半ば：**カラーテレビ・クーラー・車（カー）の3C**が人気

💠石油危機（オイル・ショック）

日本では，経済成長とともに工業化も進みます。しかし，1973年に第四次中東戦争が起きると，石油の輸出国が石油の価格を上げ，世界的に経済が混乱しました（**石油危機**）。

OPEC（石油輸出国機構）

石油を輸入に頼っていた日本も大打撃を受け，**高度経済成長は終わりました**。日本では，この不況を乗り切るため，省エネルギー技術の開発などが行われました。

 工業化が進む中で，大気汚染や水質汚濁などの公害が社会問題となりました。特に水俣病・イタイイタイ病・四日市ぜんそく・新潟水俣病の四大公害病の被害は深刻でした。

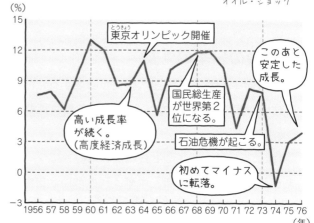

▲日本の経済成長率の移り変わり

💠経済大国・日本

1980年代に入ると，日本は世界有数の経済大国の地位を確実なものとしました。高い技術力でつくられた，自動車・鉄鋼・半導体などの工業製品の輸出が増加しました。

●朝鮮戦争による**特需景気**をきっかけに**経済が復興**➡**高度経済成長**へ。
●高度経済成長は**石油危機**で終了➡その後も安定成長➡**世界有数の経済大国**に。

❹ 近年の世界と日本の経済

授業動画はこちらから 101

101

1980年代後半，日本は株式と土地の値段が異常に高くなる**バブル景気（経済）**となります。しかし，1991年にバブルは崩壊し，平成不況となりました。

近年少しずつ回復してきた日本経済ですが，2008年にアメリカから始まった世界金融危機により，再び景気の低迷が続いています。

2011年3月11日の**東日本大震災**によって，日本と日本経済は大打撃を受けました。

●1980年代後半**バブル景気**となる➡1991年バブルは崩壊し，**平成不況**に。
●2008年，アメリカから始まった**世界金融危機**により，景気の低迷が続く。

Lesson 20 の 力だめし

授業動画は
こちらから　[102]

解説は別冊p.15へ

1 国際連合の，国際連盟と異なる点を1つあげ，簡単に答えなさい。

(　　　　　　　　　　　　　　　　　　　)

[102]

2 冷戦について，次の各問いに答えなさい。

(1) 資本主義国（西側陣営）の中心となった国はどこか。答えなさい。

(　　　　　　　　)

(2) 社会主義国（東側陣営）の中心となった国はどこか。答えなさい。

(　　　　　　　　)

(3) 1950年に起こった朝鮮戦争で(1)の国が援助した国はどこか。答えなさい。

(　　　　　　　　)

3 サンフランシスコ平和条約と同じ日に，アメリカ合衆国との間で結ばれた条約は
何か。答えなさい。　　　　　　　　　　(　　　　　　　　)

4 戦後の日本の外交について説明した次の文の（　　）にあてはまる語句を答えな
さい。

　1956年，日本は（　①　）と国交を回復しました。これにより，日本の国際連合へ
の加盟も実現しました。1965年には韓国と日韓基本条約を結びました。中国とは，
1972年に日中共同声明を発表し，1978年には（　②　）条約を結びました。

　また，アメリカの統治を受けていた（　③　）は，1972年に日本に復帰しました。
日本は，世界で唯一原子爆弾の被害を受けた国として，核兵器を「持たず，つくらず，
（　④　）」の非核三原則の立場をとっています。

①(　　　　　　　　)　　②(　　　　　　　　)

③(　　　　　　　　)　　④(　　　　　　　　)

5 日本の高度経済成長が終わるきっかけとなった，石油の価格上昇による世界的な
経済の混乱を何というか。答えなさい。　　(　　　　　　　　)

6 1980年代末に日本で起こった，株式と土地の値段が異常に高くなる現象を何とい
うか。答えなさい。　　　　　　　　　　(　　　　　　　　)

Lesson 21 幸せに暮らすために

[現代の生活と私たち，人権思想と憲法]

さあ　公民の勉強に入りましょう！

公民って…基本的人権とかだよね　難しいんだよな

ヤダな〜

基本的人権とは何じゃ？

基本的人権は人が生まれながらにして持っている当然の権利で

自由権・平等権・社会権があるのよ

社会権

自由権

平等権

よ〜し　勉強しなくてもいい自由の権利を使うぞー！

ぼくもー！

コラーッ！！

このLessonのイントロ♪

　ここからは公民分野です。みんなが安心して生活したり，学校に通って勉強したりできるのも，すべて権利が保障されているからです。ほかにも私たちが持つ権利にはどのようなものがあるのか，どうやって権利を手に入れたのか見ていきましょう。また現代社会が抱える課題や，文化などについても学習しましょう。

1 現代の生活と私たち

🖥現代社会ができるまで

Lesson20で説明しているように，日本は1950年代後半から始まる**高度経済成長**を経て，工業化が進み，世界有数の経済大国となりました。さまざまな電化製品が広まって，人々の生活は便利になりました。

いっぽう，工業化が急速に進んだことで**公害問題**が発生しました。都市部に人口が集中する**過密**の問題が起こったり，山間部や離島などでは，人口が大幅に減少する**過疎**の問題が起こったりしています。

→Lesson6の47ページを見よう

ほかにも，石油などの資源がなくなることが問題となっていて，「持続可能な社会」をつくることが求められているんだって！

📡情報社会の発達

私たちは**インターネット**などを通じて世界中の情報をすぐに手に入れることができます。たくさんの情報を生活・産業に役立てながら暮らしています。このような社会を**情報社会**といいます。

情報社会では，**情報モラル**をしっかり持つことが大事です。また，その情報が自分に必要なものなのか，正しいものなのかなどを判断する力（**メディアリテラシー**）をつけることなどが求められています。

情報化社会。IT社会
「他人の情報を勝手に流さない」など
情報リテラシー

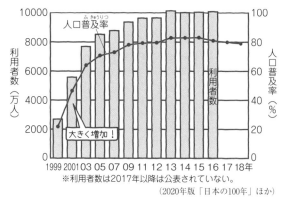

人口普及率
利用者数（万人）
人口普及率（％）
利用者数
大きく増加！
1999 2001 03 05 07 09 11 13 14 15 16 17 18年
※利用者数は2017年以降は公表されていない。
(2020年版「日本の100年」ほか)

▲インターネット利用者の移り変わり

🌏世界と日本のつながり

インターネットなどの情報をやり取りする**情報通信技術 (ICT)** の進歩や，交通機関の高速化で世界中の国々は国境を超えて，どんどん近いものになっています。これを**グローバル化**といいます。その結果，各国が協力してモノづくりを行う**国際分業**が進んでいます。外国に旅行に行ったり，外国で働いたりする人も増えています。その中で，互いの文化や考え方を尊重しながら共存する**多文化社会（多文化共生社会）**を築くことが重要になっています。

グローバリゼーション

👵少子高齢社会の到来

日本では近年，**出生率**が低くなって，子どもの数が減少しています。また，平均寿命がのびたことで高齢者の割合が高くなっています。このような社会を**少子高齢社会**といいます。

→Lesson6の47ページを見よう

今後，少子高齢社会はさらに進行すると考えられ

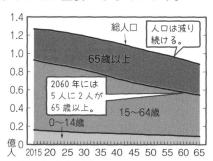

総人口
人口は減り続ける。
65歳以上
2060年には5人に2人が65歳以上。
15〜64歳
0〜14歳
億人
2015 20 25 30 35 40 45 50 55 60 65

▲将来人口の予測　(2020/21年版「日本国勢図会」)

ています。少子高齢社会が進むと，高齢者を支える働く世代の負担が大きくなったり，若い労働力が不足したりする問題が起こってきます。

　政府は，少子高齢社会の対策として，**育児・介護休業法**などの法律を制定したり，駅や建造物などの障がい者や高齢者にとって生活の障壁となるものを取り除く**バリアフリー化**を進めたりしています。

補足 第二次世界大戦後，家族の形も大きく変わりました。1組の夫婦だけ，親子だけで暮らす核家族が家族形態の中心となり，近年は，一人だけで暮らす単独世帯が急増しています。高齢者の一人暮らしも増えています。

- ●**情報通信技術**の進歩で**情報社会**を迎える。**メディアリテラシー**が必要。
- ●**国際分業**など，**グローバル化**が進む。**多文化社会**を築くことが重要。
- ●**少子高齢社会**の到来➡法律の制定やバリアフリー化。

② 私たちの文化と生活

🎎 私たちの文化

　科学や宗教，芸術などは私たちがうみ出した**文化**で，日々の生活と密接に結びついています。**科学**には，前のページで説明したような情報通信技術や医療技術などがあります。**宗教**には仏教やキリスト教，イスラム教などがあります。**芸術**には音楽や絵画などがあります。これらの文化は，私たちの暮らしを便利にしたり，心に潤いを与えてくれたりします。

日本には，桃の節句や端午の節句，七夕やお盆，七五三などの年中行事がありますぞ

　日本には伝統芸能や年中行事など，さまざまな**伝統文化**が残っています。日本固有のものや，外国から伝来し日本の文化と合わさったものがあります。伝統文化は**文化財保護法**などにより，大切に守られています。

- ●**科学**や**宗教**，**芸術**などの**文化**➡私たちの暮らしを便利に，心に潤いを与える。
- ●**伝統芸能**や**年中行事**などの**伝統文化**。**文化財保護法**などにより守られる。

③ 人権思想と日本国憲法

🌼人権思想の誕生と権力分立

　16〜18世紀のヨーロッパでは，国王などの権力者が行う**専制政治**により，国民は苦し
い生活を送っていました。その中で国王らへの不満が高まり，「人はうまれながらに人とし
→Lesson17の115ページを見よう
て生きる権利を持っている」という，**基本的人権**の考え方が唱えられるようになりました。
人権思想を唱えたのが『**市民政府二論**』を書いた**ロック**，『**社会契約論**』を書いた**ルソー**など
　　　　　　　統治論，統治二論ともいう　　イギリス　　　　　　　　　　　フランス
です。権力分立を唱えたのが『**法の精神**』を書いた**モンテスキュー**やロックなどです。
　　　　　　　　　　　　　　　　　　　　　　　　　フランス

◎思想家とその主張

| ロック　基本的人権 | ルソー　人民主権 | モンテスキュー　三権分立 |

個人の生命や自由は，
だれにも侵すことは
できないんだ！

国の権力は，
もともと国民のものだ！

権力の濫用を防ぐには，
国権を3つに分けて
権力の集中を防ぐべきだ！

🌼人権の獲得

　17世紀イギリスの名誉革命と翌年の「**権利章典**」の発布で，国王の専制政治からの自由
として，国民は**自由権**を獲得しました。これはその後の議会政治の確立につながりました。
→149ページを見よう　イギリス議会が定めた法律　　広く世間に知らせること
　18世紀になってアメリカでは，独立宣言で**基本的人権**と**国民主権**を宣言しました。また
　　　　　　　　　　　　　　　　　　　　149ページを見よう←　　→148ページを見よう
フランスでは，**人権宣言**で自由権に加えて，すべての人が平等な扱いを受ける**平等権**を宣言
しました。　　　　　　　　　　　　　　　　　　　　　　　→149ページを見よう
　20世紀になると，ドイツでは**ワイマール憲法**により，人間らしい生活を送る権利を国に
求める**生存権**などの，**社会権**を初めて保障しました。
　　　　　→150ページを見よう

🌼大日本帝国憲法の制定

　日本でも，明治時代に国会開設と憲法制定などを求める**自由民権運動**
が広がりました。**伊藤博文**が**プロイセン（ドイツ）の憲法**を参考に憲法の
草案をつくり，1889年2月11日，天皇が国民に授けるという形で大日
本帝国憲法が発布されました。
　この憲法で天皇は神聖で侵すことができない存在とされ，国の元首と
してとても強い権力を持ちました（**天皇主権**）。

2月11日は
建国記念の日に
なっているね！

補足 大日本帝国憲法についても，Lesson17の119ページを見よう。

日本国憲法の成立

1945年8月，**ポツダム宣言**を受け入れた日本は，**連合国軍最高司令官総司令部（GHQ）** のもとで民主化を進めることになりました。そして大日本帝国憲法の改正を求められます。

政府の作成した憲法の原案は，保守的な内容で民主化が不十分でした。そのためGHQが原案を提示しました。これをもとに日本政府が作成した憲法改正草案を帝国議会で審議し，1946年11月3日に**日本国憲法**が公布，半年後の1947年5月3日に施行されました。

（補足）戦後の日本の民主化については，Lesson19の135ページを見よう。

公布は発表すること，施行は実行することよ！

◎大日本帝国憲法と日本国憲法の違い

大日本帝国憲法	憲法	日本国憲法
天皇が定める欽定憲法	性格	国民が定める民定憲法
神聖不可侵	天皇の存在	日本国と日本国民統合の象徴
天皇	主権者	国民
法律の範囲内で権利を保障	国民の権利	永久不可侵の基本的人権を保障
兵役・納税・（教育）	国民の義務	納税・勤労・教育を受けさせる

日本国憲法の三大原則

日本国憲法は3つの基本的な考え方を柱としています。まず，国のあり方（政治のあり方）を決める最終的な権限が国民にある**国民主権**です。天皇は**象徴**となり，**国事行為**のみを行うことになりました。
（内閣の助言と承認にもとづく形式的・儀礼的な行為）

次は**基本的人権の尊重**です。「侵すことのできない永久の権利」として保障されています。

最後は**平和主義**です。憲法の前文と第9条で戦争の放棄・戦力の不保持・交戦権の否認などを明らかにしています。

> 日本国憲法第9条 『戦争の放棄』
> ①日本国民は，正義と秩序を基調とする国際平和を誠実に希求し，国権の発動たる**戦争**と，武力による威嚇又は武力の行使は，国際紛争を解決する手段としては，**永久にこれを放棄する。**
> ②前項の目的を達するため，陸海空軍その他の**戦力は，これを保持しない。**国の**交戦権は，これを認めない。**

（補足）天皇の国事行為には，内閣総理大臣・最高裁判所長官の任命，法律や条約の公布，国会の召集，衆議院の解散などがあります。

ポイント

● ロックが基本的人権，ルソーが人民主権，モンテスキューが三権分立。

● 大日本帝国憲法は天皇主権。プロイセン（ドイツ）の憲法を参考に草案を作成。

● 日本国憲法は国民主権。天皇は象徴で，国事行為を行う。

● 日本国憲法の三大原則➡国民主権・基本的人権の尊重・平和主義。

4 日本国憲法の権利と義務

授業動画は
こちらから

基本的人権と国民の義務

　基本的人権は人がうまれながらにして持っている当然の権利で，憲法11条に**永久の権利**であり，**不可侵の権利**と定められています。また12条で，国民はこの権利を**不断の努力**で保持しなければならないとされています。さらに，濫用せずに**公共の福祉のために用いる**ことも定められています。公共の福祉とは，大多数の人々の利益といった意味です。

　基本的人権には，**自由権・平等権・社会権**があります。また，基本的人権を守るための権利として**参政権・請求権**があります。

　憲法は，権利だけでなく国民が守るべき義務も定めています。国民の義務には，税金を納める**納税の義務**，能力に応じて働く**勤労の義務**，保護する子どもに**普通教育を受けさせる義務**があります。

自由権

106

　自由権は，「国などから不当な制約を受けずに自由に活動する権利」のことです。自由権には以下のようなものがあります。

☆**身体の自由**…精神的な苦痛や肉体的な苦痛を伴う労働を強要されない。法律による手続き以外で，処罰を受けない。など。

☆**精神の自由**…どんな考えを持つのも自由である（**思想・良心の自由**）。どんな宗教を信仰しても自由である（**信教の自由**）。ものごとを政府に検閲されることなく自由に表現できる（**表現の自由**）。など。

☆**経済活動の自由**…好きな職業を選んで，好きな場所に住める（**居住・移転・職業選択の自由**）。自分で財産を持ち，それを処分する権利を国などには侵されない（**財産権の不可侵**）。など。

平等権

　平等権は，「差別を受けることなくすべての人が同じ扱いを受ける権利」です。憲法14条に国民は法の下に平等であると不当に差別されないことを定めています。

　男女雇用機会均等法や**男女共同参画社会基本法**で，男女差別のない社会が目ざされています。

> 日本国憲法第14条 『平等権』
> 　全て国民は，**法の下に平等**であって，人種，信条，性別，社会的身分又は門地により，政治的，経済的又は社会的関係において，差別されない。

社会権

社会権は人間らしい生活の保障を国などに要求する権利です。生存権や教育を受ける権利，労働者の権利があります。**生存権**は「健康で文化的な最低限度の生活を営む権利」を保障するものです。**教育を受ける権利**を保障するために，義務教育は**無償**としています。
教育の機会均等などを教育基本法で定めている

労働者の権利には，**勤労の権利**と**労働基本権**があります。労働基本権とは，団結権・団体交渉権・団体行動権のことです。労働基本権を保障するために，**労働三法**が定められています。
争議権　　　　　　　　　　　　　　　　　　　　　　　　　　労働組合法・労働基準法・労働関係調整法

(補足) **労働基本権**については，Lesson27の187ページを見よう。

> 日本国憲法第25条 『生存権』
> ①すべて国民は，健康で文化的な最低限度の生活を営む権利を有する。

基本的人権を守るための権利

人権を守るために保障されているさまざまな権利があります。国民が直接，または間接的に政治に参加する権利を**参政権**といいます。参政権には以下のようなものがあります。

☆**選挙権**…知事や議員などの代表者を選ぶ権利。
☆**被選挙権**…選挙に立候補する権利。
☆最高裁判所裁判官の**国民審査**や憲法改正の**国民投票**などの権利。

権利が侵されたときに救済を求める**請求権**も定められています。請求権には**裁判を受ける権利**があり，だれでも裁判所で裁判を受けることができます。国などから損害を受けたときは**国家賠償請求権**で，犯罪を犯してないのにとらえられて，裁判で無罪判決を受けたときは**刑事補償請求権**で償いを求めることができます。
損害賠償請求権

私にも，お殿様に立候補する被選挙権があるのですね！

ひぇ～～～困るぞい！

新しい人権

社会生活が大きく変化したことで，憲法には示されていない権利も主張されるようになりました。工業化が進み公害が深刻化して，人間らしい生活を送るために必要な環境を求める**環境権**がうまれました。国や地方公共団体に情報の公開を求める**知る権利**や，個人の情報が知らぬ間に公開されない**プライバシーの権利**，自分の生き方を自分で決める**自己決定権**も主張されています。
環境基本法の制定など　　　　　　　　　　　　病院などで治療の方針を患者と医師が相談して決めるインフォームド＝コンセントなど

- ●基本的人権は**永久・不可侵の権利**。**公共の福祉**のために用いる。
- ●**自由権**➡身体の自由・精神の自由・経済活動の自由。
- ●**社会権**➡生存権・教育を受ける権利・勤労の権利・労働三権。
- ●**参政権**（選挙権や被選挙権など）・**請求権**で基本的人権を確保。
- ●**新しい人権**➡環境権・知る権利・プライバシーの権利・自己決定権など。

Lesson 21 の力だめし

授業動画は
こちらから ⋯⋯▶ 📺107

➡ 解説は別冊p16へ

1 情報社会の中で，その情報が自分にとって必要なものなのか，正しいものなのか などを判断する力を何というか。答えなさい。（　　　　　　　　　　）

2 「国の権力は，もともと国民のものである。」と人民主権を説(と)いた，18世紀のフランスの思想家はだれか。答えなさい。（　　　　　　　　　　）

3 2つの憲法を比較(ひかく)した次の表を見て，あとの各問いに答えなさい。

大日本帝国(ていこく)憲法	憲法	日本国憲法
天皇(てんのう)が定める（　①　）憲法	性格(せいかく)	（　②　）が定める民定憲法
神聖不可侵(しんせいふかしん)	天皇の存在	日本国と日本国民統合の（　③　）
天皇	主権者	（　②　）
（　④　）の範囲内(はんいない)で権利を保障	国民の権利	永久不可侵の基本的人権を保障

(1) 表中の①〜④にあてはまる語句を答えなさい。

①（　　　　　　　　）　②（　　　　　　　　）
③（　　　　　　　　）　④（　　　　　　　　）

(2) 日本国憲法の三大原則は，国民主権，基本的人権の尊重(そんちょう)と，あと1つは何か。答えなさい。（　　　　　　　　　　）

4 基本的人権について説明した次の文の（　）にあてはまる語句を，あとのア〜カから，それぞれ記号で選びなさい。

　基本的人権には，自由権・（　①　）権・社会権があります。また，基本的人権を守るための権利として，参政権・（　②　）権があります。さらに自由権は，法律による手続き以外で処罰(しょばつ)を受けないなどの（　③　）の自由，思想・良心の自由や学問の自由などの（　④　）の自由，居住・移転・職業選択(せんたく)の自由などの（　⑤　）の自由があります。参政権には，国民の代表者を選ぶ（　⑥　）権などがあります。

ア．選挙　　イ．請求　　ウ．平等　　エ．経済(けいざい)活動　　オ．身体　　カ．精神

①（　　　）　②（　　　）　③（　　　）
④（　　　）　⑤（　　　）　⑥（　　　）

幸せに暮らすために　**151**

Lesson 22 国民の代表者はどうやって選ぶ？

［民主政治のしくみ，選挙と政党］

このLessonのイントロ♪

　Lesson 21で勉強したように，日本国憲法では国のあり方を決める最終的な権限が国民にあるという国民主権が定められています。でも，すべての国民が政治に直接参加するのは難しいので，代表者を選んで間接的に参加しています。そのしくみについて，詳しく見ていきましょう。

1 民主政治の原理

民主政治

多くの人々が生活する社会の中では，意見や考え方の対立が起こります。対立が起こったときに，決まりをつくり，それを用いて対立を解決することを**政治**といいます。その中で，**みんなで話し合ってものごとを決める民主主義**の考え方にもとづいて行われる政治を，**民主政治**といいます。

すべての国民が話し合いに参加することを**直接民主制**といいます。しかし，現実に直接民主制をとるのは難しいので，多くの国は**間接民主制**をとっています。間接民主制とは，**国民の代表者が議会で話し合って政治を行う**しくみです。
議員 　国会
（議会制民主主義，代議制ともいう）

ここをチェック

リンカンのことば
アメリカ16代大統領のリンカンは，民主主義の原理を「人民の，人民による，人民のための政治」ということばで表現した。

民主政治の原理

民主政治を実現するためには，一人ひとりの**基本的人権を尊重**して，みんなが平等に扱われる政治が必要です。また間接民主制をとれば話し合いがまとまりやすくなりますが，意見が1つにならない場合は**多数決でものごとを決める**ことになります。しかし，その際は，**少数派の意見も尊重しなければいけません**。

● 民主主義の考え方にもとづく**民主政治➡直接民主制**と**間接民主制**。
● 民主政治➡**基本的人権の尊重**と**少数意見の尊重**を原則とした**多数決制**。

2 日本の選挙制度

授業動画はこちらから

参政権の歴史

参政権はもともとすべての国民が持っていたものではなく，明治時代は特定の人しか選挙権を持っていない**制限選挙**でした。最初は，**1年に直接国税を15円以上納める満25歳以上の男子**だけに選挙権がありました。大正時代に普通選挙法の成立によって，**満25歳以上のすべての男子**に選挙権が与えられましたが，このとき女子には選挙権が与えられませんでした。

1945年の選挙法の改正によって，**満20歳以上のすべての男女**に選挙権が与えられ，**普通選挙**が実現しました。2016年には満18歳以上に引き下げられました。選挙についての決まりは**公職選挙法**で定められています。
（一定年齢の全国民に選挙権を与える制度）

補足 選挙権の広がりについては，Lesson17〜19を見よう。

🎵選挙の原則

選挙には4つの原則があります。

✿普通選挙…一定年齢以上のすべての人が選挙権を持つ。
財産や納税額が多いか少ないか，男性か女性かなどによって差別しない。

✿直接選挙…有権者が直接，候補者に投票する。

✿平等選挙…投票者が平等に一人1票を持ち，投票権の価値に差をもたせない。

✿秘密選挙…すべての選挙は，投票者は無記名で（自分の名前を書かずに）投票する。

🎵選挙のしくみ

公職選挙法は選挙権や被選挙権，選挙の手続きなどについて定めています。**選挙権は満18歳以上のすべての日本国民が持ちます**。**被選挙権**は選挙で代表者に立候補できる権利で，**衆議院議員**と**地方議会議員**，**市（区）町村長は満25歳以上の国民**に，**参議院議員**と**都道府県知事**は**満30歳以上の国民**に与えられています。

選挙権はすべて満18歳以上。

	国会		地方公共団体			
	衆議院議員	参議院議員	都道府県		市（区）町村	
			知事	議員	市（区）町村長	議員
被選挙権	満25歳以上	満30歳以上	満25歳以上			

▲選挙に立候補できる年齢（被選挙権）

選挙についての監視などを行う**選挙管理委員会**が各都道府県や市（区）町村に置かれています。

🎵さまざまな選挙制度

選挙は，**選挙区ごとに代表者を選出する選挙区制**と，**政党に投票し，得票率に応じて各政党に議席を配分する比例代表制**に分かれています。選挙区制には，1つの選挙区から1人を選出する**小選挙区制**と，1つの選挙区から2人以上を選出する**大選挙区制**があります。

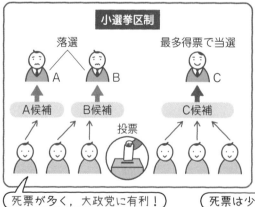

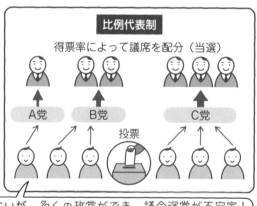

🎲 国会議員の選挙

　衆議院議員の選挙は，**全国を289に分けた小選挙区制**と**全国を11のブロックに分けた比例代表制**を組み合わせた**小選挙区比例代表並立制**を採用しています。

<small>289名を選出</small>　<small>176名を選出</small>

　参議院議員の選挙は，**都道府県を選挙区とした選挙区制**と，**全国を1区とした比例代表制**をとっています。選挙区制では，1回の選挙で1つまたは2つの都道府県を単位として1～6人を選びます。比例代表制では，非拘束名簿式が導入されています。

<small>鳥取県と島根県，徳島県と高知県は合区</small>

<small>参議院議員の選挙は3年ごとに半数を改選する</small>

<small>特定枠も導入</small>

✔ ここをチェック

非拘束名簿式

<small>ひこうそくめいぼ</small>

　名簿に順位がなく，得票数が多い順に当選するしくみ。投票する際に，政党名を書いても，候補者名を書いてもよい。参議院議員選挙の比例代表制で導入されている。

🎲 選挙をめぐる問題

　現在の選挙では，**投票率の低下**が問題となっています。若い人を中心に「自分が投票したところで何も政治は変わらない。」などと考える人が増えて，投票にいかずに**棄権**する人が多くなっています。また，**議員1人あたりの有権者数が選挙区ごとに異なる1票の格差**の問題も生じています。

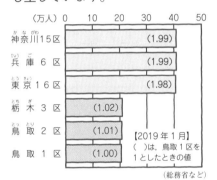

▲ 1票の格差（衆議院議員1人あたりの有権者数）※小選挙区

国会議員1人を，千葉4区では高知3区の2倍以上の有権者で選んでいることになるのよ

千葉や東京の方が，1票の持つ影響力が高知や長崎より小さいことになっちゃうんだね

ポイント

- ●選挙の4原則は**普通選挙・直接選挙・平等選挙・秘密選挙**。
- ●選挙の決まりは**公職選挙法**で定めている。**選挙区制と比例代表制**がある。
- ●衆議院議員選挙では**小選挙区比例代表並立制**を採用。
- ●**投票率の低下**や**1票の格差**が問題となっている。

❸ 政党と世論を動かすマスコミ

<small>せいとう　　せろん</small>

授業動画はこちらから

🎲 政党

　政治について共通の考えの人が集まり，議会で議席を多く占めて政権をとろうとする団体を**政党**といいます。国民の意見を政治に反映させ，支持を得るため選挙時に**公約**を掲げます。

政党政治には，1つの政党が国会で過半数の議席を得て政権を担う**単独政権**や，複数の政党が協力することで過半数の議席を得て政権を担う**連立政権（連立内閣）**があります。また，**内閣を組織し政権を担う政党**を**与党**，**与党でない政党**を**野党**といいます。野党は内閣や与党の政策を批判し，権力を抑制します。

政党の活動には資金が必要です。**政治資金規正法**でわいろなどの不正な行為を防いでいます。
不正なお金やもののやりとり

世論

多くの国民が重要な問題ととらえ，考えていることを**世論**といい，政治を動かす力になります。一人ひとりが政治に関心を持ち，意見を政治に反映させるように働きかけをすることも大切です。自分たちの組織の利益のために，寄付や運動を通して政策実現をはかる**利益集団（圧力団体・利益団体）**もいます。
経営者団体や労働団体がある

世論の形成にはマスメディアの影響も大きくなります。

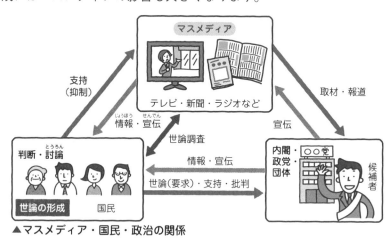

▲マスメディア・国民・政治の関係

マスメディア

私たちはテレビや新聞などの**マスメディア**から多くの情報を得ています。世論はマスメディアの影響を受けるため，もし，マスメディアが自分たちに都合のいい情報だけを報道すると，政治はマスメディアの都合のいいようにされてしまうかもしれません。そのため，マスメディアも**正確で偏りのない情報を国民に提供する責任**があります。国民も，すべての情報をただ受け入れるだけでなく，**メディアリテラシー**を持って判断しなければなりません。
→Lesson21の145ページを見よう

●政党政治の下では，**政党**は公約を発表して国民の支持を得る。

●内閣を組織し政権を担う政党を**与党**，与党でない政党を**野党**。

●**世論**は政治を動かす力となり，**マスメディア**には世論を形成する力がある。

Lesson 22 の力だめし

授業動画は
こちらから  111

➡ 解説は別冊p.17へ

1 民主政治について説明した次の文の（　）にあてはまる語句を答えなさい。

　みんなで話し合ってものごとを決める民主主義の考え方にもとづいて行われる政治を民主政治といい、すべての国民が話し合いに参加することを（　①　）民主制といいます。しかし、現実にそれを行うことは難しいので、国民の代表者が議会で話し合う（　②　）民主制（代議制）がとられている国がほとんどです。

①（　　　　　　　　　　　）　②（　　　　　　　　　　　）

2 日本の選挙の4つの原則は、普通選挙、直接選挙、平等選挙ともう1つは何か。
答えなさい。　　　　　　　　　　　　　　（　　　　　　　　　　　）

3 次の表は、日本の選挙で被選挙権と選挙権が与えられている年齢を示している。（　）にあてはまるものを、あとのア～エから、それぞれ記号で選びなさい。ただし、同じ記号を使ってもよいものとする。

	国会		地方公共団体			
	衆議院議員	参議院議員	都道府県		市（区）町村	
			知事	議員	市（区）町村長	議員
被選挙権	（　①　）	（　②　）	（　③　）			
選挙権	（　④　）					

ア．満18歳以上　　イ．満20歳以上　　ウ．満25歳以上　　エ．満30歳以上

①（　　　　　）　②（　　　　　）　③（　　　　　）　④（　　　　　）

4 得票率に応じて各政党に議席を配分する選挙制度を何というか。答えなさい。

（　　　　　　　　　　　）

5 内閣を組織し政権を担う政党を何というか。答えなさい。

（　　　　　　　　　　　）

6 テレビや新聞などのマスメディアを参考にして形成され、政治に大きな影響力を持つ、多くの国民が考えていることを何というか。答えなさい。

（　　　　　　　　　　　）

Lesson 23 国会は最高機関で立法機関

〔国会のしくみと仕事〕

今日は国会議事堂を見学しましょう！

申し込みをすれば 誰でも見学できるのよ

ほお 立派な建物じゃのう！

あの銅像は何じゃ？

日本の政治の発展に大きな貢献をした3人※の銅像よ

あれ 台座がひとつ空いてるね…？

4人目を選べなかったという説や

「政治に完成はない」ということを表している…という説があるわ

余が4人目じゃ！！

じゃーん

コラーッ！！

※伊藤博文，板垣退助，大隈重信

このLessonのイントロ♪

　法律をつくったり，国の予算を審議したり，内閣総理大臣を指名したりするのは，すべて国会の仕事です。国会は衆議院と参議院で構成されていて，議員の数や任期に違いがあり，その権限も異なっています。このLessonでは，国会のしくみや仕事などについて詳しく見ていきましょう。

1 国会のしくみ

国会の地位

民主政治は，国民が選んだ代表者（議員）が議会で国民の意思を反映させる**議会制民主主義（間接民主制）**にもとづいています。日本では，**国会**がその仕事を行っています。国会の地位として大きく次の2つが定められています。

> 日本国憲法第41条
> 『国会の地位と立法権』
> 国会は，**国権の最高機関**であって，国の**唯一の立法機関**である。

☆ 「**国権の最高機関**」…国会の議決は国民の意思とされるので，国会は国の最高意思決定機関であるということ。

☆ 「**唯一の立法機関**」…日本国内で法律を制定できるのは国会だけであるということ。

衆議院と参議院

国会は**衆議院**と**参議院**の**二院制**をとっています。1つの議案を2つの議院でそれぞれ審議しているので，慎重に検討することができます。衆議院と参議院では，議員定数や任期，被選挙権や選挙区などに違いがあります。

文字が赤くなっているところは要チェックよ！

衆　議　院		参　議　院	
465名 { 比例代表　176名 / 小選挙区　289名	議員数	248名 { 比例代表　100名 / 選挙区　148名	
4年（解散あり）	任期	6年（3年ごとに半数改選）	
満25歳以上	被選挙権	満30歳以上	
比例代表制…全国を11区 / 小選挙区制…全国を289区	選挙区	比例代表制…全国を1区 / 選挙区制…43都道府県と2合区	
解散により国民の意思をより強く正確に反映	性格	衆議院の「数の政治」の行き過ぎを抑える（理の政治）	

▲衆議院と参議院の違うところ

衆議院は解散があり，任期も短くなっているため，**国民の意思をより強く正確に反映する**と考えられています。参議院には，衆議院の「数の政治」の行き過ぎを抑える役割があります。そのため，解散がなく任期を長くすることで安定性を保っています。参議院は「良識の府」と呼ばれます。

ここをチェック

国会の召集
国会の召集は天皇の国事行為の1つである。召集の決定は内閣が行い，期日と場所を国会議員に伝える。

補足 「数の政治」とは，大政党が少数政党の意見をよく聞かずに，強行採決することなどをいいます。

🎓国会の種類

国会には，常会のほか特別会や臨時会などがあります。

✿**常会**…通常国会ともいいます。毎年1回1月中に召集され，150日間の会期で開かれます。主な議題は**次年度の予算の審議や議決**です。

✿**特別会**…特別国会ともいいます。衆議院が解散された際，総選挙が行われたあと**30日以内**に召集されます。主な議題は**次の内閣総理大臣の指名の議決**です。

✿**臨時会**…臨時国会ともいいます。内閣が必要と認めた場合，もしくは，どちらかの議院の総議員の4分の1以上の要求によって召集されます。

◎国会の種類

種類	召集	会期	主な議題
常会（通常国会）	毎年1回，1月中	150日	次年度の予算の審議・議決
特別会（特別国会）	衆議院の解散による総選挙後30日以内	両議院一致の議決で決定	内閣総理大臣の指名の議決
臨時会（臨時国会）	※上の本文を参照		臨時の議題の議決
緊急集会（参議院だけ）	衆議院解散中，国会の議決が必要な事態となった場合	議決後，すぐに閉会	緊急議題の議決

- ●国会は**国権の最高機関**であり，国の**唯一の立法機関**である。
- ●国会は**衆議院**と**参議院**の**二院制（両院制）**。衆議院には**解散**がある。
- ●国会の種類には，**常会・特別会・臨時会・**参議院の**緊急集会**がある。

2 国会の運営

 授業動画はこちらから

🎓国会の審議

国会議員や内閣によって提出された議案は，議案と関連が深い**委員会**にまわされます。委員会には**常任委員会**と，会期に応じて設置される**特別委員会**があります。審議の途中で専門家などの意見を聞く**公聴会**を開くこともあります。公聴会は予算を審議するときは必ず開かれます。委員会で審議した結果を**本会議**で報告し，議決したあと，もう1つの議院に送ります。

常設の委員会で予算などを審議

議決は両院の一致が原則になります。

すべての議員がどこかの委員会に所属しているんだって！

🧑‍🤝‍🧑 国会の会議の原則

会議での一般表決は出席議員の**多数決**で決まります。しかし，少数参加での決定では多数決の意味がありません。表決をとるためには一定数以上の議員の出席が必要となります。これを**定足数**といいます。本会議の定足数は総議員の3分の1以上で，委員会の定足数は委員の半数以上です。

補足 表決とは，本会議などで議案について賛成・反対の意思を示す行為です。

☑ ここをチェック

特別表決

憲法で定められている表決。各議院の総議員の3分の2以上の賛成が必要な場合と，出席議員の3分の2以上の賛成が必要な場合がある。

🧑‍🤝‍🧑 衆議院の優越

衆議院は参議院に比べて任期が短く，解散もあるので，より国民の意思を反映しやすいと考えられていると先ほど確認しました。そのため，衆議院の権限を参議院より重くしている場合がいくつかあります。これを**衆議院の優越**といいます。

二院制では，議決が衆議院と参議院で異なることがあります。議決が異なったときは**両院協議会**を開いて意見の調整をします。それでも一致しない場合に，衆議院が優越します。衆議院の優越には，以下のようなものがあります。

☆**法律案の議決**…参議院が衆議院と異なる議決をしたとき，衆議院で出席議員の**3分の2以上**の賛成があれば成立します。参議院が**60日以内**に議決しないときも同様です。

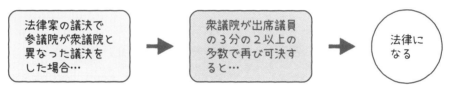

法律案の議決で参議院が衆議院と異なった議決をした場合… → 衆議院が出席議員の3分の2以上の多数で再び可決すると… → 法律になる

☆**予算の議決・条約の承認・内閣総理大臣の指名**…参議院が衆議院と異なる議決をしたとき，両院協議会でも意見の一致がはかれなかった場合は，衆議院の議決が国会の議決と見なされます。予算の議決・条約の承認の場合は参議院が**30日以内**に議決しないとき，内閣総理大臣の指名は参議院が**10日以内**に議決しないときも衆議院の議決が国会の議決となります。

🧑‍🤝‍🧑 衆議院だけの権限

衆議院には，予算を先に審議する権限（**予算の先議権**）や，内閣の信任・不信任について決議を行うことができる権限（**内閣信任・不信任の決議権**）などが認められています。

🧑‍🤝‍🧑 衆議院の解散

衆議院が**内閣不信任案を可決**した場合，内閣は10日以内に**総辞職**するか，衆議院を**解散**しなくてはなりません。衆議院が解散されると，新たな衆議院議員を選ぶ総選挙が**40日以内**に行われます。その後，特別会が**30日以内**に開かれ，そこでかつての内閣は総辞職し，新しい**内閣総理大臣の指名の議決**が行われます。

●議案は**常任委員会**や**特別委員会**で審議し，**本会議**で報告して議決をとる。
●**衆議院の優越**➡**法律案の議決，予算の議決，内閣総理大臣の指名**など。
●衆議院だけの権限➡**予算の先議権，内閣の信任・不信任の決議権。**

③ 国会の仕事

授業動画は
こちらから

👥 さまざまな国会の仕事

国会の仕事は憲法で定められていて，以下のようなものがあります。

☆**憲法改正の発議**…**衆議院・参議院でともに総議員の3分の2以上の賛成**が必要です。
　発議後は国民投票が行われる
☆**法律の制定**…内閣または国会議員が法律案を提出し，委員会で審議され，本会議で議決します。両院の議決が一致することが原則です。法律案が成立すると，天皇が公布します。
　ただし，衆議院の優越がある　　　　　　　　　　　　　　　　　　　　国事行為の1つ

☆**予算の議決**…次年度の予算を議決します。委員会で審議し，**公聴会**も必ず開かれます。

☆**その他の仕事**…**内閣総理大臣の指名，条約の承認，弾劾裁判所の設置**などがあります。

補足　弾劾裁判所とは，国会内に設置される，裁判官を罷免するかどうかを決定する裁判所です。
　　　　　　　　　　　　　　　　　　　　　やめさせるかどうか

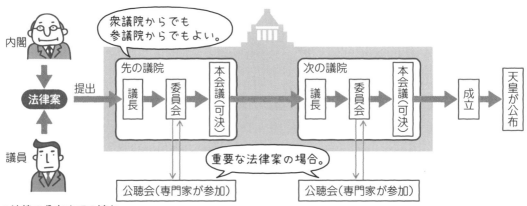

▲法律の公布までの流れ

👥 国政調査権

衆議院と参議院はどちらも**国政調査権**を持っています。内閣の行う政治について調査し，証人を国会に呼んだり，記録の提出を要求したりすることができます。
証人喚問（かんもん）

●国会の仕事…**憲法改正の発議，法律の制定，予算の議決，内閣総理大臣の指名，条約の承認，弾劾裁判所の設置**など。
●衆議院・参議院ともに**国政調査権**を持っている。

Lesson 23 の力だめし

授業動画は
こちらから → 115

解説は別冊p.18へ

1 日本国憲法第41条の条文である次の文の（　）にあてはまる語句を答えなさい。

国会は，（　①　）の最高機関であって，国の唯一の（　②　）機関である。

①（　　　　　　　　　　　）　②（　　　　　　　　　　　）

2 衆議院の解散後の総選挙の日から，30日以内に召集される国会は何か。次のア～エから，記号で選びなさい。

ア．常会　　イ．特別会　　ウ．臨時会　　エ．緊急集会　（　　　　　）

3 国会の本会議の定足数は，総議員のどれだけか。答えなさい。

（　　　　　　　　　　　）

4 次の図は，法律の公布までの流れを表している。図を見て，あとの各問いに答えなさい。

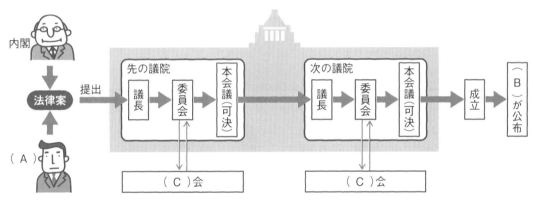

(1) 図中の（　A　），（　B　）にあてはまる語句を答えなさい。

A（　　　　　　　　　　　）　B（　　　　　　　　　　　）

(2) 図中の（　C　）会は，必要な場合に専門家の意見を聞くために開かれる。あてはまる語句を答えなさい。　（　　　　　　　　　　　）

5 衆議院だけに認められている権限を次のア～オから2つ選び，記号で答えなさい。

ア．憲法改正の発議　　イ．条約の承認　　ウ．内閣の信任・不信任の決議権

エ．予算の先議権　　オ．国政調査権

（　　　　　）（　　　　　）

6 裁判官をやめさせるかどうかを決定する裁判所で，国会内に設置されるものは何か。答えなさい。　（　　　　　　　　　　　）

行政の権限と司法の力
[行政と司法]

行政権を持っている内閣のトップが「内閣総理大臣」よ

外務大臣や財務大臣なども総理大臣が任命するの

…余も殿じゃから「そーりだいじん」みたいなものかのう？

わしらの時代とは仕組みがだいぶ違いますがね

よし！では のぞみは買い物大臣！

ヒロキは料理作り大臣！

姫は料理運び大臣じゃ！

さあ大臣たち 己の仕事につけい！

今日はかれーが食べたいぞっっ

殿！ 食事は勉学に励んでからですぞっっ

このLessonのイントロ♪

　みなさんは現在の日本の内閣総理大臣を知っていますか？ 総理大臣は, 普段はどんな仕事をしているのでしょうか。内閣のしくみや仕事について見ていきましょう。また, みなさんは将来, 裁判員として裁判に参加するかもしれないことを知っていますか？ 日本の裁判のしくみについても, 詳しく勉強していきましょう。

授業動画は こちらから ・・・ 116 117

1 内閣のしくみと仕事

♣内閣の地位としくみ

　日本国憲法第65条には,「行政権は, 内閣に属する。」とあります。**行政権**とは, 法律や予算にもとづき, 政策を実行していく権力のことです。**内閣**は**行政権の最高機関**として, ほかの行政機関を指導したり, 監督したりします。

　内閣は**内閣総理大臣（首相）**と, **国務大臣**で組織されています。**全員が文民**でなければなりません。
（軍人でない人, 自衛官でない人）

♣内閣総理大臣と国務大臣

　内閣のトップは**内閣総理大臣**です。国会議員の中から国会で指名され, 天皇が任命します。普通は, 国会でもっとも多くの議席を占める党の党首がなります。内閣総理大臣は, 内閣の会議である**閣議**を開きます。閣議に参加する**国務大臣**は内閣総理大臣の任命によって決定します。民間人もなることができますが, 過半数は国会議員でなくてはなりません。

♣議院内閣制のしくみ

　日本は, 内閣が国会の信任の上に成り立ち, 国会に対して連帯して責任を負うしくみを持つ**議院内閣制**をとっています。内閣は国会の信任にもとづいているので, **衆議院が内閣不信任案を可決したときは**, 内閣は総辞職するか, 衆議院を解散するかのどちらかを選ばなくてはいけません。

```
国会                  内閣
衆議院   内閣信任・不信任の決議   内閣総理
        衆議院解散の決定        大臣
        国会議員の中から指名    ↓任免
参議院   過半数は国会議員        国務大臣
↑選挙
国民    連帯して責任を持つ
```
▲議院内閣制のしくみ

(補足) 内閣総理大臣と国務大臣の過半数が国会議員からうまれることからも, 内閣は国会の信任の上に成立しているといえます。

♣内閣の主な仕事

　内閣には, 主に以下のような仕事があります。

☆**法律の執行**：法律を正しく適用して政治を進め, 行政機関をとりまとめる。

☆**予算の作成**：各省庁作成の予算を財務省がとりまとめ, 予算案として**国会に提出**する。
（閣議で決定）

☆**条約の締結**：外国と条約を結び, **国会で承認を得る**。その後, 批准書を交換して, 天皇が条約を公布する。
（確認書・同意書のようなもの）

☆**政令の制定**：憲法や法律で決められた範囲の中で, 法を制定する。

☆**天皇の国事行為**：天皇の国事行為に対して**助言と承認**を与え, 責任を負う。
→Lesson21の148ページを見よう

☆**その他**：**最高裁判所の長官の指名**やその他の裁判官の任命。**衆議院の解散の決定**。

👥 行政機関と行政の課題

国の行政は，国民生活についての政策を効率的・専門的に進めるために，**行政機関を中心**に仕事を行っています。国の安全保障，雇用の確保や景気の安定，産業・経済の振興，道路建設などの公共事業，医療などの社会保障，教育・文化の向上など，さまざまな仕事があります。また，**公正取引委員会**や**国家公安委員会**などの**行政委員会**が，一般の行政機関から独立して置かれています。

補足 公正取引委員会は，独占禁止法に違反していないかどうかを調査して，審判する機関です。国家公安委員会は，警察庁を指揮・監督する警察の最高機関です。

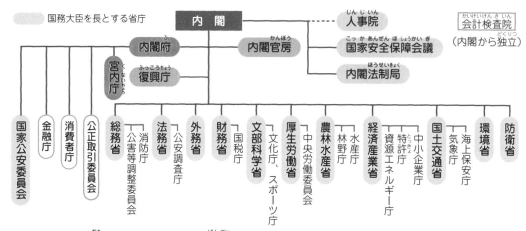

▲国の行政機関（主なもの・2020年6月現在）

国や地方公共団体で働く人は**公務員**です。公務員は，**国民全体への奉仕者**であると日本国憲法に定められています。公務員は，**国家公務員**と**地方公務員**に分かれます。

憲法を尊重して，さらに擁護する義務があり，公共の利益のために働く

公立学校の先生は地方公務員なんだって！

近年，行政の仕事が増えて，しくみも複雑になり，行政権の力が大きくなる**行政権の肥大化**が問題となっています。これが原因で，民間企業の活動がふるわなくなるなどの問題がうまれたため，行政の仕事を必要なものだけにしようとする**小さな政府**が目ざされています。また，国の仕事や財源を地方公共団体に移す**地方分権**や，許認可権の見直しをして，自由競争をうながす**規制緩和**などの，**行政改革**が行われています。

スリムな国家

ポイント
- ●**内閣**は**行政の最高機関**。**内閣総理大臣（首相）**と**国務大臣**で組織。**閣議**を開く。
- ●**議院内閣制**をとり，内閣は国会に対して**連帯して責任を負う**。
- ●政府は**規制緩和**などを進め，**小さな政府**を目ざす。

2 司法権と裁判所

118

司法権と裁判の種類

憲法によって保障されている権利が対立したり，侵されたりすることがあります。**その争いを法にもとづいて公正に解決する**のが**裁判（司法）**です。**司法権**は**裁判所**が持っています。

裁判には，**刑事裁判**と**民事裁判**，広い意味で民事裁判に属する**行政裁判**があります。

☆**刑事裁判**…犯罪を裁く裁判。**検察官**が犯罪を起こしたと思われる人物を被疑者として**起訴**
強盗や殺人など　　　　　　　　　　　　　　　　　　　　　　　　　　　　　　　　裁判の申し立てを行う
する。**裁判官**は被告人と検察官の主張を聞いたうえで，**有罪・無罪**の判決を下し，有罪の
　　　　　　　起訴された被疑者　　　　　　　　　　　　　　刑法などと照らし合わせる
場合は刑罰を言い渡す。

☆**民事裁判**…個人や企業が対立し，裁判所に申し立てをして始まる裁判。裁判官は**原告**と
　　　　　　　利害や権利などで対立する　　　　　　　　　　　　　　　　　　　　　　　訴えた人
被告の主張を聞き，判決を下す。両者の間で話し合って和解することもある。
訴えられた人　　　　民法などと照らし合わせる
☆**行政裁判**…国民が国や地方公共団体を被告として訴える裁判。
　　　　　　　国や地方公共団体によって，国民の権利が侵された場合など

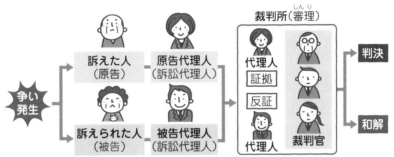

▲民事裁判の流れ

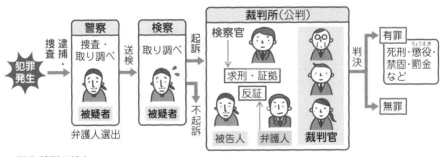

▲刑事裁判の流れ

刑事裁判での人権

警察が捜査・逮捕するときや裁判のとき，被疑者（被告人）の人権保障が定められています。

☆**令状主義**…逮捕・捜索には裁判所が交付した令状が必要。

☆**黙秘権の保障**…自分に不利益な供述は強要されない。

☆**拷問の禁止**…拷問や自白の強制による供述は証拠とされない。

☆**公開裁判の原則**…迅速で公正な公開裁判を受ける。

また，「**疑わしきは罰せず**」という原則のもとに，自白のみを証拠として被告人を有罪にはできず，明確な犯罪の証拠が必要となっています。これは，**えん罪**を防ぐためで，日本国憲法に定められています。

無実なのに罰してしまうこと

裁判所の種類と三審制

日本国憲法で「すべて司法権は，**最高裁判所**及び**下級裁判所**に属する。」と定められています。下級裁判所には，**高等裁判所・地方裁判所・家庭裁判所・簡易裁判所**があります。

軽い事件
家庭内の事件や少年事件

裁判所の判決に不満があるときは，上級の裁判所に上訴して，3回まで裁判を受けることができます。これを**三審制**といいます。第一審から第二審への上訴を**控訴**，第二審から第三審への上訴を**上告**といいます。

裁判のやり直しを要求
誤りを防ぐ，人権を守るなどの目的があるじょうこく

▲三審制

補足 最高裁判所は，司法権の最高機関かつ唯一の終審裁判所です。内閣が最高裁判所長官を指名し，天皇が任命します。

司法権の独立と裁判官

日本国憲法に「すべて裁判官は，その良心に従ひ独立してその職権を行ひ，この憲法及び法律にのみ拘束される。」とあります。これは，**裁判所や裁判官がほかの権力から圧力や干渉を受けない司法権の独立**を定めたものです。裁判官は体を壊した場合，**弾劾裁判**で罷免の判決が出た場合，**国民審査**で不信任となった場合を除いて，やめさせられることはありません。

裁判官の独立
公（おおやけ）の弾劾という
最高裁判所の裁判官に対する信任投票

裁判への国民の参加

近年，司法を国民にとって身近なものにする司法制度改革が進められました。その中の1つが**裁判員制度**です。くじで選ばれた**国民が刑事裁判に裁判員として参加し，裁判官といっしょに被告人の有罪・無罪，刑罰の内容などを決める**制度です。裁判に国民の感覚が反映されることで，国民の裁判への理解と信頼を深めることなどが目的です。

殺人などの重大事件の第一審を，ふつう裁判官3人と裁判員6人で審理するのよ！

ポイント

● **司法権**は**裁判所**が持つ。裁判には，**刑事裁判・民事裁判・行政裁判**がある。

● **裁判所**には，**最高裁判所**と**下級裁判所**がある。**三審制**をとっている。

● **司法権の独立**が定められている。国民が刑事裁判に参加する**裁判員制度**。

1 内閣について説明した次の文の（　）にあてはまる語句を答えなさい。

　内閣は（　①　）権の最高機関です。内閣は，その長である内閣総理大臣と国務大臣で組織され，全員が軍人ではない（　②　）でなければなりません。内閣総理大臣は国会議員の中から国会で指名され，（　③　）が任命します。国務大臣は内閣総理大臣に任命され，その（　④　）は国会議員でなければなりません。

①（　　　　　　　　　　）　②（　　　　　　　　　　）
③（　　　　　　　　　　）　④（　　　　　　　　　　）

2 内閣の仕事を次のア〜エから 2 つ選び，記号で答えなさい。
　ア．法律の制定　　イ．予算の作成　　ウ．条約の締結　　エ．国政の調査

（　　　　　）（　　　　　）

3 裁判所について説明した次の文の（　）にあてはまる語句を答えなさい。

　最高裁判所と下級裁判所だけが（　①　）権を持ちます。下級裁判所には，高等裁判所・地方裁判所・（　②　）裁判所・簡易裁判所があります。裁判所の判決に不満があるとき，上級の裁判所に上訴して，3 回までは裁判を受けることができます。これを三審制といいます。第一審から第二審への上訴を（　③　），第二審から第三審への上訴を（　④　）といいます。

①（　　　　　　　　　　）　②（　　　　　　　　　　）
③（　　　　　　　　　　）　④（　　　　　　　　　　）

4 刑事裁判において，被疑者を裁判所に起訴するのはだれか。次のア〜エから，記号で選びなさい。
　ア．警察官　　イ．検察官　　ウ．弁護人　　エ．裁判官　　（　　　　　）

5 被疑者が，自分に不利益な供述を強要されない権利を何というか。答えなさい。

（　　　　　　　　　　）

6 くじで選ばれた国民が，刑事裁判に裁判員として参加し，裁判官といっしょに被告人の有罪・無罪，刑罰の内容などを決める制度は何か。答えなさい。

（　　　　　　　　　　）

Lesson 25 国のしくみと地方のしくみ
［三権分立と地方自治］

三人の力関係ってバランスとれてるわ

三権分立みたい？

そうね！ 国会と内閣、裁判所がそれぞれ抑制し合ってバランスを保っているのに似てるわね

国会（立法）

内閣（行政）　裁判所（司法）

うんうん

ペコ

プコ

…あれ？分立してない？

姫が最強みたいだね…

このLessonのイントロ♪

　Lesson 23・24で学習した国会・内閣・裁判所は，それぞれが抑制し合って権力が集中しないようになっています。三権の分立と国民との関係を詳しく見ていきましょう。また，地方自治は私たちにとって大変身近なもので，「民主主義の学校」といわれます。地方自治のしくみやその仕事をしっかり理解しましょう。

授業動画は
こちらから ······ 121

1 権力の分立

121

三権分立

国家権力を**立法権**・**行政権**・**司法権**に分けてそれぞれを別の機関に担当させ，互いを抑制してバランスを保つのが**三権分立**です。**国家権力が1つに集中することを防ぎ，国民の権利と自由を守る**ために採用されています。

それぞれの国家権力は，**憲法と法律に従って権力を行使**するので，**法にもとづく政治**が行われます。

三権分立はモンテスキューが
『法の精神』の中で唱えた
ものだったわね！

法にもとづく政治

法にもとづく政治によって，国民は憲法とその他の法に守られます。国会は憲法に反する法律を制定することができません。行政機関の行動は法律にもとづくものです。裁判所は法にもとづいて判決を下します。

日本の権力分立（三権分立）のしくみ

Lesson 23・24で学習したように，**立法権は国会，行政権は内閣，司法権は裁判所**が持ちます。

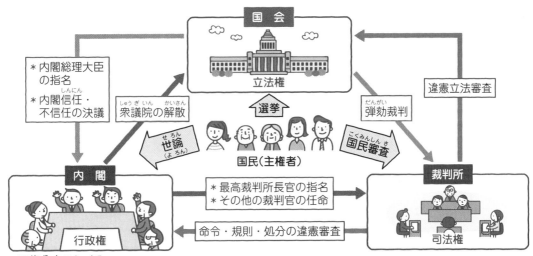

▲三権分立のしくみ

違憲立法審査権（**違憲審査権**・**法令審査権**）は裁判所が持つ，**国会がつくった法律や行政の行為が憲法に違反していないかを判断する権限**です。この権限はすべての裁判所が持っていますが，**最終的な判断を下すのは最高裁判所で，「憲法の番人」**と呼ばれます。

国民は，三権に対して監視の役割を持ちます。国会に対して**選挙**，内閣に対して**世論**，裁判所に対して**国民審査**という方法で監視をするしくみとなっています。

2 地方自治のしくみと仕事

 授業動画は
こちらから

地方自治の目的

　私たちの住んでいる地域の政治は，都道府県や市（区）町村などの**地方公共団体（地方自治体）**が行っています。地域の状況に合わせた政治を行い，できるだけ住民の考えや希望を大切にすることが目的です。住民一人ひとりが地域の課題をどのように解決していくかを考え，その意思にもとづいて地方公共団体が政治を行っています。**地方自治は「民主主義の学校」**といわれます。

 ✓ここをチェック

民主主義の学校

　国民にとって，もっとも政治に参加しやすい機会が地方自治である。地方自治は民主政治の原点と考えられるため，民主主義の学校といわれる。

地方自治のしくみ

　地方公共団体は主な機関として，**執行機関**と**議決機関（地方議会）**に分かれます。
知事など

補足 執行機関には，知事や市（区）町村長，副知事や副市（区）町村長のほかに，教育委員会や選挙管理委員会，監査委員などの行政委員会や委員が置かれています。
お金の出し入れをチェックする

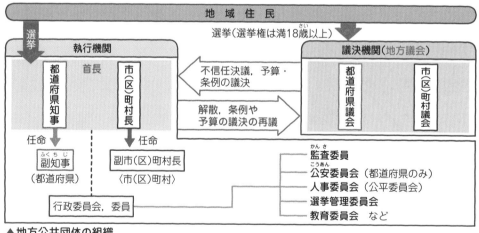

▲地方公共団体の組織

　執行機関は地域の行政を分担して行います。地方議会で承認された条例や予算をもとに仕事を進めます。執行機関のトップは**首長**で，**都道府県知事**や**市（区）町村長**のことです。首長は**予算案**や**条例案**を地方議会に提出したり，地方公務員の指揮・監督を行ったりします。

　議決機関の**地方議会**は，都道府県議会や市（区）町村議会のことです。その地域のみに適用される条例の制定・改正・廃止や予算の議決，決算の承認，行政の監視などを行います。
法律の範囲内で定められる

🔸首長と地方議会の対等な関係

　首長と地方議会の議員は**住民の直接選挙**で選ばれ，対等な立場で互いを抑制してバランスを保ちます。議会が首長に対して**不信任議決**をしたときは，**首長は10日以内に議会を解散しなければ，首長の仕事を失います**。首長は，条例の制定・改廃，予算の承認の議決に対して不満がある場合，議会に**再議の要求**を出すことができます。
　審議をやり直して，もう一度議決すること

	選挙権	被選挙権	任期
議員	満18歳以上 直接選挙	満25歳以上	4年
首長	満18歳以上 直接選挙	市（区）町村長 満25歳以上 都道府県知事 満30歳以上	4年

知事が満30歳以上であることに注意！

▲地方選挙

補足 ほかにも首長には**専決処分**の権利が認められています。
　議会がいつまでも重要な議案を議決しないときに，首長が議決を待たずに行政を行える

🔸地方公共団体の仕事

　地方公共団体は**住民の生活に深く結びついた仕事**や，**国から依頼される仕事**を行っています。道路・河川などの整備・管理，水道，バス事業などの経営，学校などの整備・管理，警察と消防などの仕事があり，高齢者の介護サービスやゴミの収集なども行います。国から依頼される仕事には，国政選挙の事務などがあります。

お巡りさんや消防士さんは地方公共団体の公務員だから，地方公務員なんだね！

ポイント

● 地方公共団体➡**執行機関**（知事や**市〈区〉町村長**などの**首長**）と**議決機関**（**地方議会**）。
● 地方議会は首長に**不信任議決**。首長は地方議会に条例の制定・改廃，予算の承認の議決に対して**再議の要求**。

3 地方財政と直接請求権

授業動画はこちらから 123

123

🔸地方財政

　地方財政は地方公共団体の収入と支出のことで，収入を**歳入**，支出を**歳出**といいます。歳入には以下のようなものがあります。

✿**地方税**…歳入の中心。地域住民から集める税金で，**都道府県税と市（区）町村税**。

✿**地方債**…借金の一つ。

✿**地方交付税交付金**…**地方公共団体間の格差をなくす**ために国が支出。

✿**国庫支出金**…**国が使いみちを指定して支出。**

税金を払う　　　2018年度　国の歳出

国からの補助や交付

地方公共団体の歳入	地方税 40.2%	地方債 10.4	その他 18.4	地方交付税交付金 16.3	国庫支出金 14.7

地方公共団体の歳出	民生費 26.2%	教育費 17.2	公債費 12.6	土木費 12.1	その他 31.9

（令和2年版地方財政白書）

▲地方財政の歳入と歳出

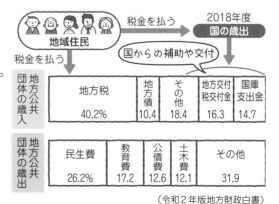

歳出には，社会福祉に使う民生費や学校などに使う教育費などがあります。

🔹地方自治の問題点

　地方税などの**自主財源**が少なく，**財政の苦しい地方公共団体が多くあります。**地方交付税交付金や地方債といった**依存財源**に頼るしかなく，立て直しが求められています。

　これまで地方公共団体は本来は国の仕事であるものを国の下請けのような形で行うことが多くありました。そこで**国と地方の対等な関係を目ざす地方分権一括法**が定められました。

地方公共団体の自主性を認めて，国の仕事の多くを地方公共団体の仕事とした

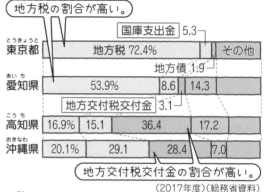

地方税の割合が高い。

| 東京都 | 地方税 72.4% | | 国庫支出金 5.3 | その他 |

地方債 1.9

| 愛知県 | 53.9% | 8.6 | 14.3 |

地方交付税交付金 3.1

| 高知県 | 16.9% | 15.1 | 36.4 | 17.2 |
| 沖縄県 | 20.1% | 29.1 | 28.4 | 7.0 |

地方交付税交付金の割合が高い。

(2017年度)(総務省資料)

▲主な都県の財政収入の内訳

🔹住民の政治参加

　地方自治では，住民自身が地域の政治を監視し，直接参加して考えを示せるように**直接請求権**や**住民投票の権利**が保障されています。直接請求権は，**地域住民が一定数の署名を集めて，条例の制定・改廃などを請求できる権利**です。下の表でしっかり確認してください。

直接請求		必要な署名数	請求先	請求後の流れ
条例の制定・改廃の請求		有権者の50分の1以上	首長	首長が地方議会に付議 ➡ 結果を公表する
監査請求			監査委員	請求事項を監査 ➡ 結果を公表し，報告する
解職請求（リコール）	首長・議員	※有権者の3分の1以上	選挙管理委員会	住民投票 ➡ 過半数の同意があれば職を失う
	その他の役職員		首長	首長が地方議会に付議 ➡ 3分の2以上出席 ➡ 4分の3以上の同意で職を失う
解散請求			選挙管理委員会	住民投票 ➡ 過半数の同意があれば解散

※監査とは財政に不正がないかをチェックすること。
※有権者が40万人以上の場合は必要署名数が異なる。

▲直接請求の種類

　地域の重要な問題に関して，住民の意思確認のために，住民投票条例にもとづく**住民投票**を行う地方公共団体が増えています。また，**地方公共団体の仕事を，市民の立場で監視するオンブズマン制度**もあります。

国が特定の地方公共団体だけに適用される法律を制定する場合に行われる住民投票もある

住民が行政に対する苦情をオンブズマンに伝え，オンブズマンは原因を調査したり，行政を監視したりする

ポイント

●地方財政の**歳入**には**地方税**や**地方債**，**地方交付税交付金**や**国庫支出金**がある。

●住民の政治参加には，**直接請求権**や**住民投票**，**オンブズマン制度**がある。

Lesson 25 の力だめし

→ 解説は別冊p.19へ

1 三権分立について示した次の図を見て，あとの各問いに答えなさい。

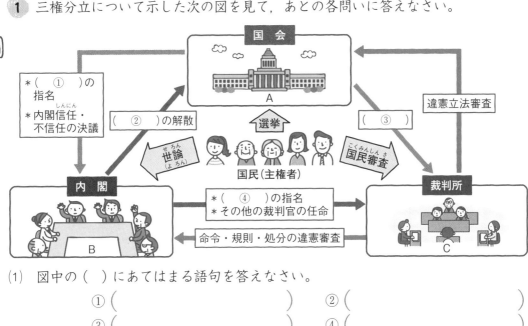

(1) 図中の（　）にあてはまる語句を答えなさい。

①（　　　　　　　　　）　②（　　　　　　　　　）

③（　　　　　　　　　）　④（　　　　　　　　　）

(2) 図中のBは三権のうちのどれか。答えなさい。　（　　　　　　　　　）

2 地方自治は「（　　　　）の学校」といわれる。（　　　）にあてはまる語句を答えなさい。

（　　　　　　　　　）

3 地方公共団体が法律の範囲内で定めて，その地方公共団体のみに適用される法は何か。答えなさい。

（　　　　　　　　　）

4 都道府県知事や市（区）町村長のような，地方公共団体の執行機関の長を何というか。答えなさい。

（　　　　　　　　　）

5 国が地方公共団体どうしの格差をなくすために，地方公共団体に支出するお金は何か。次のア〜ウから，記号で選びなさい。

ア．地方債　　イ．地方交付税交付金　　ウ．国庫支出金　　（　　　　　　　）

6 住民が地方公共団体の首長の解職請求をするために必要な署名の数は，有権者のどれだけか。次のア〜ウから，記号で選びなさい。

ア．50分の1以上　　イ．3分の1以上　　ウ．2分の1以上　　（　　　　　　　）

もものの値段はどうやって決まる？

［家計と市場経済］

今年はレタスが高いねー
天気が悪くて不作だったから…

150円

不作だとどうして値段が
高くなるの？

みんなが欲しい量に対して
商品の量が少ないと
商品の値段が上がってしまうの

米が不作のときは
値が上がって
民衆が困るわけですね

どうしたら
いいでしょう？

兄上

ふふふ…
余にいい考えがあるぞ

なんと！
殿には策がおありの
ようですなっ

米がなければ
お菓子を食べれば
よいではないか！

ズコッ

このLessonのイントロ♪

　ここからは経済の分野を学んでいきます。みなさんはものの値段（価格）がどうやって決まるか，知っていますか？　材料にかかるお金，ものをつくる人の給料，売る人のもうけなどが含まれているんです。また消費者が買いたいと思う量や，生産者が売りたいと思う量によっても変わってきます。詳しく見ていきましょう。

1 経済の流れと消費者の権利

授業動画は
こちらから

生産・消費と経済

「○○が欲しい。」「●●が食べたい。」といった，私たちの思いをかなえるために，さまざまなものが**生産**され，それを必要としている人のところに運ばれ（**流通**），**消費**されます。このような生産・流通・消費のしくみを**経済**といいます。

生産は**つくること**，消費は**買うこと**だと思ってください。
（経済活動）

生産・消費されるもの

生産・消費されるものを**商品**といい，形のあるもの（**財**）と，形のないもの（**サービス**）の2種類に分けることができます。

☆**財（もの）**…食べもの・衣服・家など，形のあるもの。

☆**サービス**…旅行・医療・運送など，形のないもの。

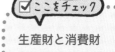

> ☑ここをチェック
>
> **生産財と消費財**
>
> 　商品をつくるときに材料となるものを生産財，私たちが生活の中で日常的に使うものを消費財という。冷蔵庫やテレビなどの長く使えるものを，特に耐久消費財という。

経済活動の中心

経済活動の中心となるのは**家計・企業・政府**の3つです。これらを**経済主体**といいます。

☆家計…**消費の中心**。企業に労働力を提供して賃金を受け取り，企業からは商品を買う。政府に税金を納めるかわりに，社会保障などの公共サービスを受ける。
　→Lesson28の194ページを見よう

☆企業…**生産の中心**で，財やサービスを提供する。家計に賃金，政府に税金を支払い，つくった商品や公共事業の代金を受け取る。

☆政府…財政を通じて経済活動を行う。税金を集めたり，公共財・サービスを提供する。

経済の流れ（循環）

商品の生産・流通・消費が，お金を仲立ちにして繰り返されることを**経済の循環**といいます。国内で行われている経済の循環を**国民経済**といいます。国民経済では，家計・企業・政府の間を商品とお金が循環します。
（財（もの）とサービス）

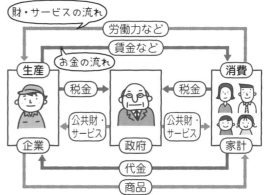

▲経済の流れ（循環）

👥家計

126

　1つの家庭における収入と支出のことを**家計**といい，消費活動の中心となります。家計の収入を所得といい，会社などで働いて得る**勤労所得**（労働収入），お店や工場の経営などで得る**事業所得**（個人業主所得），家賃や株式などから得る**財産所得**（財産収入）があります。支出には，食料費や交通・通信費などの**消費支出**（商品を消費するために支払うお金），税金や社会保険の掛け金などの**非消費支出**（義務的に支払うお金）があります。所得から支出を引いた残りが**貯蓄**（株式や銀行預金や生命保険などの支払い）です。

👥消費者の権利

　商品に関しては企業のほうが詳しいため，消費者は弱い立場になりがちです。そのため消費者には，安全を求める権利（安全である権利），知らされる権利（知る権利），選ぶ権利，意見を反映させる権利（意見が反映される権利）の4つの権利があります。また，消費者が広告などに振り回されることなく自分の意思で判断して商品を買うことができる**消費者主権**を守らなくてはいけません。

👥消費者を守る制度と法

　消費者を守るための制度や法律には，以下のようなものがあります。

☆**クーリング・オフ制度**…決められた期間内ならば，無条件で契約を取り消すことができる。（訪問販売や電話勧誘販売に限る）

☆**消費者基本法**…消費者保護基本法を改正。**国民生活センター**や**消費生活センター**を置く。

☆**製造物責任法（PL法）**（せいぞうぶつせきにんほう ピーエルほう）…消費者が商品の欠陥によってケガなどをしたとき，企業に過失（ミス）がなくても商品をつくった企業が被害の救済などをする。

☆**消費者庁**…悪質商法や消費生活のトラブルについて，相談に応じる。

ポイント

- ●商品には**財（もの）**と**サービス**がある。経済主体は**家計・企業・政府**。
- ●家計の収入は**勤労所得・事業所得・財産所得**，支出は**消費支出**が中心。
- ●消費者を守る**クーリング・オフ制度・消費者基本法・製造物責任法（PL法）**。

2 流通のしくみと貨幣

授業動画はこちらから　

👥流通のしくみと商業

　商品をつくった**生産者**から，それを買った**消費者**に商品が届くまでの流れを**流通**といいます。生産者から消費者に向けて商品が流れ，消費者から生産者に向けてお金が流れていきます。この流れを**経済の循環**といいます。

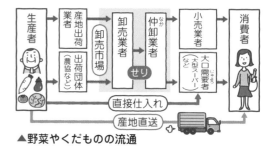
▲野菜やくだものの流通

　流通の中で活躍するのが**卸売業**（おろしうりぎょう）や**小売業の商業**（そうこぎょう），倉庫業や運送業で働く人たちです。
（生産者から買った商品を，小売業へ売る仕事）（スーパーなど，消費者に商品を直接販売する仕事）

📖貨幣の役割

貨幣とはお金のことです。**日本銀行が発行**している**日本銀行券（紙幣）**と政府が発行している**金属貨幣（硬貨）**の2種類があります。

貨幣の役割には，次の3つがあります。

☆**交換の手段**…商品と引き換える。

☆**価値の尺度**…商品の値打ちをはかる。

☆**価値の保存**…値打ちを貯える。
貯蔵の手段　　銀行預金など

交換の手段　価値の尺度　価値の保存
ペンください
はい，100円です
1,000,000円

📖通貨

通貨は流通貨幣の略称で，実際に流通している貨幣のことです。通貨には，**現金通貨**（紙幣や硬貨のこと）と，銀行などに預けている**預金通貨**があります。
現金
預金

近年，**電子マネー**や**クレジットカード**も支払いの手段として使われています。

ポイント

●生産者と消費者の間の商品と貨幣の流れが**経済の循環**。**卸売業**や**小売業**などの**商業**，倉庫業，運送業の流通業者が活躍。

●**貨幣**には**日本銀行券**と**金属貨幣**，**通貨**には**現金通貨**と**預金通貨**がある。

③ 市場価格と物価の変動

授業動画はこちらから 128

📖市場と市場経済

多くの財・サービスが商品として自由に売り買いされている経済のしくみを**市場経済**といいます。**市場**とは，**売る人と買う人が価格をもとに，商品を売り買いする場**です。

📖価格の決まりかた

価格は**生産者が市場で売りたい量（供給量）**と**消費者が市場で買いたい量（需要量）**によって決まります。この価格を**市場価格**といいます。**供給量が需要量より多いときは，価格は下がります。需要量が供給量より多いときは，価格は上がります。**

このようにして，需要量と供給量のバランスがとれたとき，生産者と消費者が希望する値段で取り引きを行うことができます。この

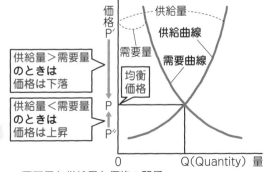

価格 供給量
P′ 供給曲線
需要量
供給量＞需要量 需要曲線
のときは
価格は下落 均衡
価格
P
供給量＜需要量
のときは
価格は上昇
P″
0 Q(Quantity) 量

▲需要量と供給量と価格の関係

ときの価格を**均衡価格**といいます。

需要と供給（市場メカニズム）で決定しない価格もあります。

☆**公共料金**…電気・ガス・水道の料金，バスの運賃など。国や地方公共団体が決定・認可する。

☆**独占価格**…少数の企業によって決定される価格。企業に有利な高い価格になるため，**独占禁止法**を制定して，消費者が不利益とならないように，**公正取引委員会**が監視する。
管理価格，寡占（かせん）価格ともいう

価格の内訳

商品の価格は，つくるのにかかった**生産費**や，卸売・小売などの流通にかかった費用，生産や流通に関わった企業のもうけである**利潤**（もうけ）を加えて，決定します。

▲商品の価格

小売価格
卸売価格
生産者価格
生産にかかったお金
利潤（もうけ）
卸売にかかったお金
利潤（もうけ）
小売にかかったお金
利潤（もうけ）

生産者　卸売業者　小売業者

物価と景気変動

さまざまなものの値段やサービスの料金をまとめて平均化したものを**物価**といいます。物価はふつう基準となる年を決めて，その年の物価を100とし，ほかの年の物価を指数（**物価指数**）で表します。

物価が上がり続ける状態を**インフレーション（インフレ）**といい，**物価が下がり続ける状態**を**デフレーション（デフレ）**といいます。通常，好景気のときはインフレとなり，不景気のときはデフレとなります。デフレが続くとデフレスパイラルという状態になる恐れがあります。
貨幣価値は下がる
貨幣価値は上がる

①商品が売れなくて困っている店が，もうけをなくしてまで，商品の値段を下げる。

②もうけがなくなるので，店員の給料を減らすしかなくなる。

③店員の生活は苦しくなって，消費をおさえるので，経済活動がさらに不活発になる。

▲デフレスパイラルの例

●**市場価格**は**需要量**と**供給量**で決まる。**需要量＞供給量**のときは価格が上昇，**需要量＜供給量**のときは価格が下落。

●価格は，**生産費＋流通経費＋利潤**で決まる。

●物価が上がり続ける➡**インフレーション**，下がり続ける➡**デフレーション**。

Lesson 26 の力だめし

授業動画はこちらから ▶ 129

➡ 解説は別冊p.20へ

1 3つの経済主体について説明した次の文の（ ）にあてはまる語句を答えなさい。

　3つの経済主体とは，消費の中心である（ ① ），生産の中心である企業，財政を通じて経済活動を行う（ ② ）です。（ ① ）や企業は，（ ② ）に（ ③ ）を納めます。（ ② ）は，（ ① ）に警察などの公共サービスを提供します。

① (　　　　　　　　　)　　② (　　　　　　　　　)

③ (　　　　　　　　　)

2 生産者から消費者に商品が届くまでの流れを何というか。答えなさい。

(　　　　　　　　　)

3 日本銀行が発行する千円札，五千円札などの紙幣を，正式には何というか。答えなさい。

(　　　　　　　　　)

4 日本の通貨で，紙幣や硬貨を現金通貨というのに対して，銀行などに預けている通貨を何というか。答えなさい。

(　　　　　　　　　)

5 商品の価格について説明した次の文の（ ）には，「需要」と「供給」のいずれかがあてはまる。あてはまる語句をそれぞれ答えなさい。

　価格は生産者が市場で売りたい（ ① ）量と消費者が市場で買いたい（ ② ）量によって決まります。（ ③ ）量が（ ④ ）量を上回っているときには価格は上昇し，逆の場合には価格は下落します。

① (　　　　　　　　　)　　② (　　　　　　　　　)

③ (　　　　　　　　　)　　④ (　　　　　　　　　)

6 私たちの生活に密着した電気・水道の料金，バスの運賃などのように，国や地方公共団体が決定したり，認可したりする価格（料金）を何というか。答えなさい。

(　　　　　　　　　)

7 好景気のときに物価が上がり続けて，貨幣の価値が下がる状態を何というか。答えなさい。

(　　　　　　　　　)

株式の発行と銀行の役割

[企業と金融]

このLessonのイントロ♪

　このLessonでは，生産の中心である企業について，学習していきましょう。みなさんは株式会社ということばを聞いたことはありますか？　どのようなしくみになっているのか，見ていきましょう。また，企業にお金を貸し付けたり，私たちの貯金を預かったりする銀行の働きについても，詳しく学びましょう。

1 企業による生産

授業動画は
こちらから〰〰 130 131

130 資本主義経済と企業の生産

　多くの国は**資本主義経済**となっています。資本主義経済では，個人や企業が資本をもとにして，利潤（もうけ）を手にしようと経済活動を行っています。個人の持つ財産は保護され（**私有財産制**），企業はライバルと競争し合って発展します（**自由競争**）。

　私たちが買う商品は，主に企業が生産しています。**商品を生産するには，土地・資本財・労働力などの生産要素が必要です。**

◎3つの生産要素

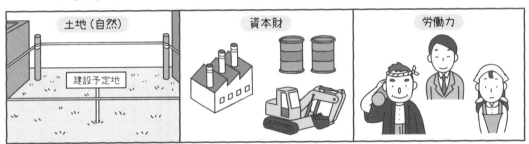

土地（自然）　　建設予定地
資本財
労働力

　企業は**利潤の一部を使って生産を拡大し，より多くの利潤を得よう**とします。これを**拡大再生産**といいます。また，企業は生産量を増やしたり，質の良い商品をつくったりするために，技術革新を行います。これによって，資本主義経済がさらに発展していきます。

生産を拡大する（拡大再生産）

資本 4000万円　投資　生産手段　原材料 1600万円　設備・機械・建物 1200万円　労働力 1200万円　生産　製品 4800万円　販売　売上 4800万円　資本の回収 4000万円　利潤 800万円　一部が配当金に　株主

生産をくり返す

▲拡大再生産の形

企業の種類

　企業は公企業と私企業に分けられます。**公企業は，国や地方公共団体によって営まれ，公共の利益を目ざします。**

　私企業は，民間の人たちによって営まれ，利潤を得ることを目ざします。

☆公企業：水道局，公営バスなど。

☆私企業：法人企業…**株式会社**や合同会社や農業協同組合など。

　　　　　個人企業…農家，個人経営の商店など。

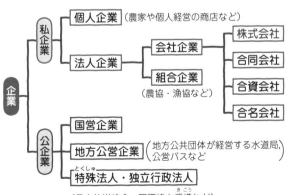

企業
　私企業
　　個人企業（農家や個人経営の商店など）
　　法人企業
　　　会社企業
　　　　株式会社
　　　　合同会社
　　　　合資会社
　　　　合名会社
　　　組合企業（農協・漁協など）
　公企業
　　国営企業
　　地方公営企業（地方公共団体が経営する水道局，公営バスなど）
　　特殊法人・独立行政法人（日本放送協会，国際協力機構など）

▲さまざまな企業

🔖 株式会社のしくみ

131

　企業は，自由競争の中で利潤を上げながら生き残っていくため，資本などにかけるお金がたくさん必要です。そこで，少額を単位とする株式を発行して多くの出資者を集める**株式会社**が誕生しました。株式を買った人は**株主**となり，会社の利潤の一部を配当として受け取れます。会社経営にも参加することができて，**株主総会**で会社の経営方針や**取締役**の決定について意見できます。

　株式は**証券取引所**で売ったり買ったりすることが可能です。会社が倒産したとき，株主は，出資した範囲内で損失を負担しますが，それ以上の責任は負わない**有限責任**があります。

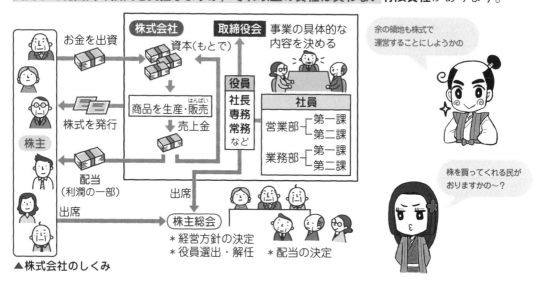

▲株式会社のしくみ

- ●**資本主義経済**…**私有財産制・自由競争**。生産要素…**土地・資本財・労働力**。
- ●**企業**には公共の利益を目ざす**公企業**と，利潤を得ることを目ざす**私企業**がある。
- ●**株式会社**は**株式**を発行して，出資者（**株主**）を集める。株主は**配当**（配当金）を受け取る。

2 独占と中小企業

🔖 生産の集中

　自由競争では，強い企業が弱い企業を買い取ったり，吸収したりしてより大きな企業となります。商品の生産が特定の企業に集中することを，**生産の集中（企業の集中）**といいます。なかでも，ある商品の生産などが1つの企業によって支配されることを**独占**といいます。また，市場が限られた少数の企業によって，ある商品の生産などが支配される**寡占**も，独占に含みます。独占にはカルテルなどの形があります。

☆**カルテル**…販売価格や販売地域などについて企業どうしで協定を結んで，価格を高くしたり生産量を抑えたりする。

　企業どうしの競争がなくなると，特定の企業が価格を一方的に決めるようになり，消費者には不利益となります。そのため，**独占禁止法**が制定されて，企業が自由競争をする環境が守られています。独占禁止法が正しく運用されているかどうかは，**公正取引委員会**が監視します。

中小企業

　日本の企業は大部分が中小企業です。働いている人の多くも中小企業で働いています。中小企業は，**大企業の下請け**となっているところが多く，**景気や大企業の経営の影響**を大きく受けます。
（大企業から注文を受けて生産する）

　最近は，オリジナルのアイデアや技術をいかした小規模な**ベンチャー企業**もうまれ，日本経済を活性化させることが期待されています。

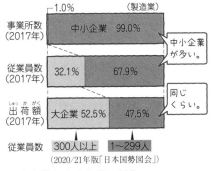
▲大企業と中小企業の割合

（製造業）

事業所数(2017年)	中小企業 99.0%	←1.0% 中小企業が多い。
従業員数(2017年)	32.1%	67.9% 同じくらい。
出荷額(2017年)	大企業 52.5%	47.5%

従業員数　300人以上　1～299人
（2020/21年版「日本国勢図会」）

補足 中小企業は，大企業と比べて施設などが整っていないところが多く，生産性が低くなっています。また，給料が安いことも問題です。

企業が果たすべきこと

　企業には，消費者に対して安全な商品を届けることや情報を提供すること，従業員の雇用を守ることや子育て支援など，**社会的責任（CSR）**を果たさなければなりません。地域や地球の環境保全などに努める**ボランティア活動**や，文化活動を支援する**メセナ活動**など，消費者だけでなく，地域社会に向けた貢献も大切です。
（フィランソロピー（社会貢献活動）　美術館や博物館の建設。コンサートの開催など）

●**生産の集中**から，**独占（寡占）**が起こる。**独占禁止法**が制定され，**公正取引委員会**が監視する。
●日本の企業の大部分は**中小企業**。多くは**大企業の下請け**➡景気の影響大。

③ 金融のしくみと日本銀行

授業動画はこちらから [132]   [133]

金融のしくみ

　お金の余っている企業・個人が，銀行などの金融機関を仲立ちとして，資金を必要とする企業・個人にお金を貸すことを金融といいます。**銀行**などの**金融機関**は預かったお金を動かし，資金不足の人に貸すことで経済を活性化しています。銀行には次のはたらきがあります。

✿**預金業務**…個人や企業から現金を預かり，利子を支払います。

✿**貸し出し業務**…現金を融資し，定期的に元金(借り入れ額)と利子を受け取ります。貸し出し先は企業が多くなっています。

✿**為替業務**…現金ではなく銀行の口座の間で送金したり振込んだりします。銀行では，公共料金などを口座から自動で引き落とせます。貿易の際にも有効です。

▲金融のはたらき

💠日本銀行のはたらき

日本銀行は，日本の**中央銀行**です。個人や一般の企業とはやり取りせず，政府や一般の銀行とだけお金のやり取りをします。日本銀行のはたらきは，大きく次の3つです。

✿**発券銀行**…日本の紙幣(日本銀行券)を発行するただ1つの銀行。

✿**銀行の銀行**…一般の銀行などから預金を受け入れ，貸し付けを行う。

✿**政府の銀行**…政府の歳出・歳入などに関連して，資金を出し入れする。

日本銀行は，経済を安定させるために**金融政策**を行います。その1つが**公開市場操作 (オペレーション)** です。日本銀行と一般の銀行との間で国債などを売買して，市場の通貨量を調節します。

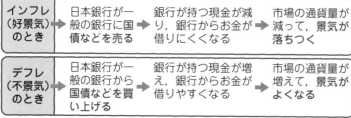

インフレ(好景気)のとき	日本銀行が一般の銀行に国債などを売る	銀行が持つ現金が減り，銀行からお金が借りにくくなる	市場の通貨量が減って，景気が落ちつく
デフレ(不景気)のとき	日本銀行が一般の銀行から国債などを買い上げる	銀行が持つ現金が増え，銀行からお金が借りやすくなる	市場の通貨量が増えて，景気がよくなる

▲公開市場操作の例

☑**ここをチェック**

管理通貨制度

日本銀行(各国の中央銀行)が，市場に出回る通貨の量を調節する制度。景気に応じて，その量を増やしたり，減らしたりする。

💠為替相場

日本と外国では，通貨の単位やその値うちが違います。そのため貿易をするとき，例えば，日本の100円がアメリカでは何ドルになるかを決めなくてはなりません。

ある国と他の国の通貨の交換比率を**為替相場 (為替レート)** といいます。為替相場は，毎日変わっています。
変動相場制という

為替相場はふつう，アメリカの通貨「ドル」との交換比率で示されるのよ

外国の通貨に対して円の価値が高くなることを**円高**といい，逆に円の価値が低くなることを**円安**といいます。円高・円安は貿易に大きく影響を与えます。

☆**円高**…輸入品は安く買え，輸出品は高く売ることになるため，**輸入に有利で輸出に不利**。

☆**円安**…輸入品が高くなり，輸出品は安く売れるため，**輸入に不利で輸出に有利**。

- ●銀行のはたらき➡**預金業務・貸し出し業務・為替業務**など。
- ●**日本銀行**➡**発券銀行・銀行の銀行・政府の銀行**。**金融政策**を行う。
- ●円の価値が高くなる**円高**は**輸入に有利**，価値が下がる**円安**は**輸出に有利**。

4 労働者の権利と労働環境

授業動画はこちらから 134

働く人の権利

働くことは生活に必要なお金を稼ぐだけでなく，その仕事にやりがいを感じて，社会に貢献するという目的もあります。**職業選択の自由**が保障され，自分の能力に応じて就きたい仕事を選ぶことができます。働く意思があるのに仕事がない**失業者**に対しては，**ハローワーク**（公共職業安定所）などの就職先案内や職業訓練などもあります。

労働者は普通，雇い主の経営者に比べて弱い立場にあります。 労働者の権利を守るため，団結して経営者側と雇用条件などの交渉ができるように，**労働基本権（労働三権）** が憲法で保障されています。

◎労働基本権（労働三権）

労働者の権利を保障するために，制定された法律で重要なものが**労働組合法・労働関係調整法・労働基準法**です。これらをまとめて**労働三法**といいます。

法律名	目 的	内 容
労働基準法	労働者が人間らしい生活を送れることを目ざす	1日8時間労働制，休日・休暇など，労働条件の最低基準を定める
労働関係調整法	労働争議が起きないことなどを目ざす	労働組合の組織・権限，労働委員会の組織・権限などを定める
労働組合法	労働者の地位の向上などを目ざす	労働委員会による争議の解決法（斡旋・調停・仲裁）を定める

▲労働三法

♣労働環境の移り変わり

以前の日本では，**終身雇用制**と，**年功序列賃金制**が当たり前でした。

（就職した企業で定年まで働く制度　働いた年数とともに賃金が上がる制度）

その後，不況が続き，事業を立て直すため**リストラ**を行う企業が出てきました。人件費を減らすため**パートタイマー**や**派遣労働者・契約労働者**などの**非正規労働者**を増やし，正社員を減らす企業も増えています。

（リストラクチャリングの略。従業員を減らすなど）

失業者が増えるいっぽうで，一人ひとりの仕事の負担が増え，**過労死**などの**労働災害**も問題となっています。このため，仕事と私生活のバランスをとる**ワークライフバランス**の実現が必要とされています。

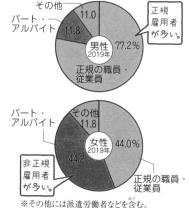

▲男性・女性の雇用形態割合

※その他には派遣労働者などを含む。

(2020/21年版「日本国勢図会」)

♣女性の労働問題

働く女性が増えていますが，出産や子育てに時間がとられ，非正規雇用で働く人が多くなっています。

女性の雇用環境を整えるための法律が制定されています。1985年に**男女雇用機会均等法**で，就職や昇進の機会を男女ともに平等に与えることが定められました。

また1999年には，性別に関係なく能力を発揮できる社会を目ざすため，**男女共同参画社会基本法**が制定されました。

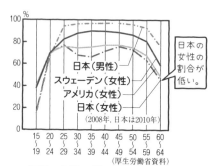

▲各国の女性の働いている割合（日本との比較）

●**労働基本権（労働三権）**➡**団結権・団体交渉権・団体行動権（争議権）**。

●**労働三法**➡**労働基準法・労働組合法・労働関係調整法**。

●**男女雇用機会均等法**と**男女共同参画社会基本法**で男女平等社会を目ざす。

Lesson 27 の力だめし

授業動画は
こちらから

➡ 解説は別冊p.21へ

1 私有財産制と企業の自由競争を特徴とする経済は何か。答えなさい。

（　　　　　　　　　　　　　）

2 株主で組織する会議で，会社の経営方針などを決定する機関は何か。答えなさい。

（　　　　　　　　　　　　　）

3 日本銀行の金融政策について説明した次の文の（　）には，それぞれ「売り」か「買い」のいずれかがあてはまる。あてはまる語句を答えなさい。

　インフレ（好景気）のときは，日本銀行は国債などを（　①　），一般の銀行が持っている現金を減らし，市場に出回る通貨の量を減らします。デフレ（不景気）のときは，逆に国債などを（　②　），一般の銀行が持っている現金を増やし，市場に出回る通貨の量を増やします。このように市場の通貨量を調節することを公開市場操作といいます。

①（　　　　　　　　　　　）　②（　　　　　　　　　　）

4 日本の輸出に有利なのは「円高」のときか，それとも「円安」のときか。答えなさい。

（　　　　　　　　　　　　　）

ヒント 円の価値が低くなると，輸出品は相手国で安い値段で売られるので買ってもらいやすい，と考えよう。

5 労働者の権利について説明した次の文の（　）にあてはまる語句を答えなさい。

　憲法で保障されている労働基本権（労働三権）とは，労働組合を結成・参加する権利である（　①　），労働組合を通して，経営者側と交渉を行う権利である（　②　），ストライキなどの争議行為で，労働条件の改善を求める権利である（　③　）の3つです。

①（　　　　　　　　　　　）　②（　　　　　　　　　　）

③（　　　　　　　　　　　）

6 1999年に，性別に関係なく男女があらゆる分野で責任を負い，能力を発揮できる社会を目ざすための法律が制定された。この法律名を答えなさい。

（　　　　　　　　　　　　　）

Lesson 28 国はどうやってお金を集めてるの？

［財政と社会保障制度］

「GDP」って一体何のことだろう？

「GDP」は「国内総生産」のことよ！
前の年度に対してGDPが伸びた率を
経済成長率というの

ヒロキと殿の社会科の力も
少しは成長したかしら？

そりゃこれだけやればぼくたちの
「G（学習）D（出来る）P（パワー）」も
だいぶ伸びたよね、殿！

「G（ガトーショコラ）
D（団子）
P（プリン）？」

「G（がっかり）D（だめだめ）P（パターン）」ね…

現代の食べ物には
詳しくなったねえ…

このLessonのイントロ♪

　ここでは，国がどのようなことにお金を使い，そのためのお金をどのように集めているかを見ていきましょう。また，みなさんが病院に行くときに使う健康保険とは何でしょうか。健康保険を含む社会保障制度についても，学習していきましょう。

1 財政のしくみと租税のしくみ

136 財政のしくみと役割

　個人や企業の力では提供することが難しい**公共のものやサービス**は，国や地方公共団体などの行政が提供しています。このような行政の経済活動を**財政**といい，国の財政を**国家財政**，地方公共団体の財政を**地方財政**といいます。Lesson23や25でも少し説明しましたが，財政は**1年ごとに見積もった予算にしたがって運営されます。**

　財政には主に3つのはたらきがあります。1つめは国民に道路などの**公共財**や，警察・学校教育などの**公共サービス**を提供することです。2つめは，**累進課税制度や社会保障制度の整備**によって，人々の所得の差を減らす**所得の再分配**です。→192ページを見よう　3つめは，**財政支出や税金の徴収を増やしたり減らしたりすることで**，経済を安定させる**景気の調整**です。公共事業など　集めること

◎財政の3つのはたらき

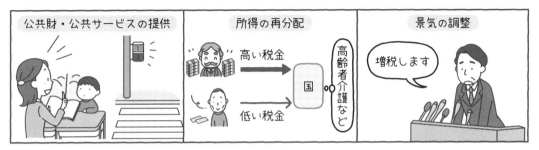

公共財・公共サービスの提供	所得の再分配	景気の調整
	高い税金 → 国 ← 低い税金 → 高齢者介護など	増税します

歳出（財政支出）

　2020年度の国の歳出で一番多いのは**社会保障関係費**です。これは，**国民の最低限度の生活を保障する**のに必要なお金です。少子高齢社会となり，社会福祉や社会保険などの負担が増えています。→194ページを見よう　次に多いのは国の借金の返済にあてる**国債費**です。国債費の割合が増えると財政を苦しめます。→192ページを見よう　3番目は**地方交付税交付金**です（忘れてしまった人はもう一度Lesson25に戻って確認しましょう）。

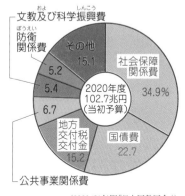

文教及び科学振興費
防衛関係費
その他 15.1
社会保障関係費 34.9%
5.2
5.4
2020年度
102.7兆円
（当初予算）
国債費 22.7
6.7
地方交付税交付金 15.2
公共事業関係費

（2020/21年版「日本国勢図会」）

▲国の歳出の割合

財政投融資

　国が**債券**などを発行して民間の市場からお金を借り，**公団などの政府機関や地方公共団体に投資したり貸し出したりする**のが**財政投融資**です。「**第二の予算**」と呼ばれ，生活環境の整備や中小企業を助けるために行われてきましたが，最近はその割合が減ってきています。企業融資ともいう

歳入（財政収入）

歳入の多くは**租税**と**公債金**です。租税は，家計や企業が収める税金です。公債金とは，国の借金のことで，国債を発行して集めたお金です。

さまざまな租税（税金）

租税は税を納める先と，納める形によって次のように分類されます。

✿税を納める先
・**国税**…個人の所得にかかる**所得税**や会社の利益にかかる**法人税**など，国に納める税金。
・**地方税**…地域に住む人たちが支払う**住民税**など，都道府県や市（区）町村に納める税金。

✿税を納める形
・**直接税**…所得税や法人税など，税金を納める人と，実際に負担する人が同じ税金。
・**間接税**…消費税や関税など，税金を納める人と税金を負担する人が異なる税金。

課税方法

所得税や**相続税**は，所得が低い人の税率を低くして，所得が高い人の税率を高くすることで，所得差を減らすために，**累進課税制度**となっています。いっぽう，商品の購入時にかかる消費税はだれが買っても同じ税率なので，所得が低い人ほど負担は大きくなってしまいます。

課税の対象となる金額が多いほど，税率を高くする

公債が抱える問題

近年，不景気が続いて国の租税収入が減り，**国債**が多く発行されました。国債は国が国民などからする借金なので，将来返済しなくてはならず，その負担を次の世代に負わせることになるので国債の発行は慎重にしなければいけません。

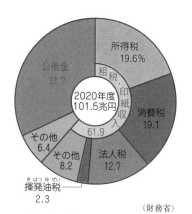

所得税 19.6%
公債金 31.7
租税・印紙収入 61.9
2020年度 101.5兆円
消費税 19.1
法人税 12.7
その他 8.2
揮発油税 2.3
その他 6.4

（財務省）

▲国の歳入と租税の内訳

		直接税	間接税
国税		所得税 法人税 相続税 など	消費税 関税 揮発油税 たばこ税　など
地方税	都道府県	道府県民税 （都民税） 自動車税 事業税	地方消費税 道府県たばこ税 （都たばこ税）
	市町村	市町村民税 事業所税 固定資産税	市町村たばこ税 入湯税

▲さまざまな租税

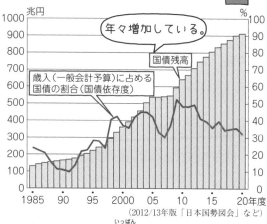

お小遣いは変わらないのに，もし消費税が値上がりしたら，お菓子がたくさん買えなくなるや…

年々増加している。

国債残高

歳入（一般会計予算）に占める国債の割合（国債依存度）

1985 90 95 2000 05 10 15 20年度

（2012/13年版「日本国勢図会」など）

▲国債の残高と歳入（一般会計）に占める国債の割合

●**財政**のはたらき➡**公共財・公共サービスの提供**，**所得**の**再分配**，**景気の調整**。
●国の**歳出**は社会保障関係費と国債費，歳入は公債金と租税が多い。
●租税は税を納める先で**国税**と**地方税**，税を納める形で**直接税**と**間接税**。

② 景気の動きと財政政策

授業動画は
こちらから

 ## 経済成長

　国内で1年間に生産された総生産額から，原料や材料にかかった費用などを引いたものを**国内総生産（GDP）**といいます。経済の規模が大きくなっていくことを**経済成長**といい，**前の年度に対して，GDPなどが伸びた割合**を**経済成長率**といいます。

景気変動と安定化

　資本主義経済は，**好景気**と**不景気**が順番に繰り返される**景気変動**が起こります。

　好景気のときは**商品がよく売れ，雇用が増えて働く人の給料も上がり，物価が高くなります。**

　不景気のときは**商品があまり売れず，生産が縮小してしまい，失業者が増えて，物価が下がります。**景気が急激に悪くなることを**恐慌**といいます。

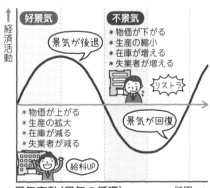

▲景気変動（景気の循環）

　国は日本銀行の金融政策と連携して景気に合わせた**財政政策**を行います。例えば，好景気
→Lesson27の186ページを見よう
財政支出や財政投融資など
のときは，**公共事業を減らしたり，増税を行ったり**して，景気を落ち着かせようとします。
不景気のときは，**公共事業を増やしたり，減税を行ったり**して，景気を回復させようとします。

●前年度に対して，**国内総生産（GDP）**などが伸びた割合を**経済成長率**という。
●**好景気**と**不景気**が繰り返す**景気変動**が起こる。政府は**財政政策**を行う。

③ 国民生活と社会保障

授業動画は
こちらから

 ## 社会保障制度の発達

　国民の生活が病気や失業などで苦しくなったときに，国が責任を持って生活を保障するしくみが**社会保障制度**です。第二次世界大戦後，各国で社会保障制度が整えられました。

♣ 日本の社会保障制度のしくみ

日本の**社会保障制度**は，憲法第25条の**生存権**を保障するための
ものです。国には社会保障制度を整える義務があり，次の4つを
中心に整備されています。

イギリスでは，
「ゆりかごから墓場まで」
というスローガンで
国民生活を保障したそうよ

✿**社会保険**…掛け金を積み立てておき，病気や高齢などで必要になったと
きに，給付やサービスを受ける。

✿**公的扶助**…最低限度の生活を保障するために，国が援助する。
生活保護法にもとづき，生活苦の人々を助ける

✿**社会福祉**…障害者や高齢者など，働くことが難しい人を援助する。

✿**公衆衛生**…国民の健康を保つために感染症の予防や下水道の整備を行う。

◎ 日本の社会保障制度

社会保険	医療保険	**健康保険**。病気やけがをしたときに給付。
	年金保険	高齢になって，収入がなくなったときに給付。
	雇用保険	**失業保険**。職を失ったときに，決まった期間だけ給付。
	介護保険	**介護サービス**を受けられる。満40歳以上の国民が加入。
公的扶助	生活保護	**生活保護法**にもとづき，収入が一定額以下の人を援助。
社会福祉	障害者福祉	体が不自由な人など，障害のある人の生活を援助。
	高齢者福祉	老人ホームを運営するなどして，高齢者の生活を援助。
	児童福祉	保護者のいない児童のための福祉施設の建設など。
	母(父)子福祉	母(父)と子だけの家庭の生活を援助。
公衆衛生	感染症予防	予防接種や感染病予防などを行う。
	公害対策	公害の発生の予防，公害の解消など。

社会保障関連費は毎年増え続けています。その大部分は年金と医療費が占めています。

♣ 社会資本の整備

私たちが当たり前のように使っている道路や上下水道，学校や病院などの施設を**社会資本**
といいます。**社会資本の整備は国や地方公共団体がお金を出して，公共事業として行われます。**

第二次世界大戦後，日本では，道路や空港などの産業関連社会資本が優先的に整備されて
いましたが，今後，急速に老朽化するといわれています。また，近年は病院や上下水道，学
校などの生活関連社会資本の整備も必要とされています。

ポイント

●**社会保障制度**は社会保険・公的扶助・社会福祉・公衆衛生の4つが中心。

●日本の**社会資本**➡産業関連社会資本と生活関連社会資本。

Lesson 28 の力だめし

授業動画は
こちらから ···> 140

➡ 解説は別冊p.22へ

1 国の歳出（財政支出）でもっとも多いものを，次のア〜ウから，記号で選びなさい。
　　ア．地方交付税交付金　　イ．国債費　　ウ．社会保障関係費　　（　　　　　　　　）

2 国の歳入（財政収入）の多くを占める，国債を発行して集めたお金は何か。答えなさい。
　　　　　　　　　　　　　　　　　　　　　　　　（　　　　　　　　　　　　）

3 租税について説明した次の文の（　）にあてはまる語句を答えなさい。

　　租税は，税を納める先によって分類することができます。所得税や法人税など，国に納めるのが（　①　）で，住民税など，都道府県や市町村に納めるのが（　②　）です。また，税を納める形によっても分類することができます。税を納めるべき納税者と，税金を納める税負担者が同じ税金が（　③　）で，税金を納める人と税金を負担する人が異なる税金が（　④　）です。

　　　　①（　　　　　　　　　　　）　②（　　　　　　　　　　　　）
　　　　③（　　　　　　　　　　　）　④（　　　　　　　　　　　　）

4 前年度に対して，国内総生産（GDP）などが伸びた割合を何というか。答えなさい。
　　　　　　　　　　　　　　　　　　　　　　　　（　　　　　　　　　　　）

5 好景気と不景気が順番に繰り返すことを何というか。答えなさい。
　　　　　　　　　　　　　　　　　　　　　　　　（　　　　　　　　　　　）

6 社会保障制度について説明した次の文の（　）にあてはまる語句を答えなさい。

　　日本の社会保障制度は，憲法第25条に記されている社会権の１つの（　①　）権を保障するためのものです。社会保障制度は次の４つを中心に整備されています。掛け金を積み立てておいて，病気や高齢などで必要になったときに給付やサービスを受ける（　②　），最低限の生活を保障するために国が援助する（　③　），障害者や高齢者など，働くことが難しい人を援助する（　④　），国民の健康を保つために感染症の予防や下水道の整備を行う（　⑤　）です。

　　　　①（　　　　　　　　　　　）　②（　　　　　　　　　　　　）
　　　　③（　　　　　　　　　　　）　④（　　　　　　　　　　　　）
　　　　⑤（　　　　　　　　　　　）

世界の平和を守るために…

[国際連合と地域主義]

平和じゃの〜

日本は本当に
平和ですな

でも世界では紛争などが
起こっている地域もあるのよ
テロリズムも恐怖だわ

ひえー怖いのうー

だけど今は世界の国々が手を取り合って
国際連合という組織が作られ
世界の平和のために積極的に活動しているの

素晴らしいことですな！

うむ
皆手を結んで

一緒においしいものを食べられる
世界がよいと余は思うぞ！！

このLessonのイントロ♪

　日本に住んでいると，平和な世の中と思うかもしれませんが，世界ではいつもどこかで争いが起こって苦しんでいる人たちがいます。世界の平和を維持するために，さまざまな活動を行っている国際連合について学習しましょう。また，EUやASEANなど，地域の結びつきを強める動きについても，見ていきましょう。

1 国家と国際社会のルール

授業動画は
こちらから

国家

　国際社会は，190を超える独立国家が結びついてできています。**国家として成立する**ために
は**領域（領土）・国民・主権**の3つの要素が必要です。この3つの要素を持った国を**主権国家**と
いいます。

主権国家の原則

　主権国家は，**ほかの国から政治について干渉を受けない内政不干渉**と，**ほかの国と対等の関
係で交渉できる主権平等**が原則となっています。

日本の国土と排他的経済水域

141

　日本の国土面積は約**38万㎢**で，世界で**60番目**くらいの広さです。日
本は島国であるため，**排他的経済水域が広く，国土面積の10倍以上**になります。
→Lesson6の45ページを見よう

約190か国中の
60番目って，
広いほうだね

領土をめぐる情勢

　日本と外国との間では，**北方領土**はロシア連邦と，島根県
北海道東部の択捉島・国後島・色丹島・歯舞群島
の**竹島**は韓国との間で領有権をめぐる問題があります。
　沖縄県の尖閣諸島では，1960年代に周辺海域に石油などが
埋蔵されている可能性が指摘されると，1970年代から中国と
台湾が領有権を主張するようになりましたが，領土問題は存
在しません。

▲北方領土の位置

カムチャツカ半島
ロシア
樺太
（サハリン）
北方領土
千島列島
国後島
北海道
択捉島
歯舞群島
色丹島

国際法

　国際社会で守るべき**ルール**を**国際法**といい，主に**国際慣習法**と**条約**に分かれます。

☆**国際慣習法**…**治外法権**など，国際社会での古くからのならわしで決まったルール。
　　　　　滞在している国の裁判を受けなくてもよい権利（特権）
☆**条約**…2国間や複数の国の間で約束し，文書化されたルール。

ポイント

●190を超える**主権国家**による**国際社会**。主権国家の3要素は**領域・国民・
主権**。
●主権国家の原則➡**内政不干渉**の原則と**主権平等**の原則。
●**国際法**は国際社会で守るべきルール。**国際慣習法**と**条約**がある。

2 国際連合

🌏 国際連合の目的

第一次世界大戦後に結成された**国際連盟**は，武力制裁ができないなど強制力が弱かったため，第二次世界大戦を止められませんでした。この反省をいかし，**二度と戦争が起こらないように，世界の平和と安全を維持する**ために**国際連合（国連）**が結成されました。1945年6月サンフランシスコ会議で**国際連合憲章**が採択され，10月に発効し，国際連合が発足しました。**最初の加盟国は51か国**で，**現在は190を超える国々が加盟**しています。

🌏 国際連合の原則

国際連盟の失敗点を改善して，国際連合は誕生しました。2つの違いは右の表の通りです。国際連盟の総会では**全会一致が原則**でしたが，それではなかなか議決が進まなかったので，国際連合では**多数決制**にしました。

安全保障理事会の常任理事国である**アメリカ・ロシア・イギリス・フランス・中国**の五大国には**拒否権**があり，**五大国のうち，1つの国が反対すればその議案は決定されません。**

国際連盟		国際連合
1920年1月	成立年	1945年10月
ジュネーブ（スイス）	本部	ニューヨーク（アメリカ合衆国）
最初の加盟国…42か国→アメリカの不参加や大国が脱退	加盟国数	最初の加盟国…51か国→現在は，190を超える
全会一致	総会の議決	多数決制
経済制裁のみ	制裁	軍事制裁ができる

▲国際連盟と国際連合の違い

補足 国際連盟では大国が参加しなかったり，脱退したりしたことも問題だったため，国際連合では大国中心主義をとり，五大国一致の原則を採用しました。

> ☑ ここをチェック
>
> **五大国一致の原則**
> 安全保障理事会では，五大国一致の原則がとられ，9か国以上（五大国含む）の賛成で初めて議決される。そのため，五大国が対立すると機能しないこともある。

🌏 国際連合の構成

国際連合には，さまざまな主要機関や専門機関などがあります。主要機関として**全加盟国の代表が参加して，1国1票を持つ総会**があります。また，**五大国の常任理事国と10か国の非常任理事国で構成される安全保障理事会（安保理）**もあります。任期は2年で，毎年半分を改選する 安保理は国連の中心機関です。

専門機関などについても，右ページの図でしっかり確認しましょう。世界平和のために中心となって取り組む

◎国連のさまざまな活動

国連教育科学文化機関（UNESCO）　世界遺産の登録など

世界保健機関（WHO）　病気の予防や衛生に取り組む

国連児童基金（UNICEF）　子どもの成長を守る

平和維持活動（PKO）　世界の平和を守る

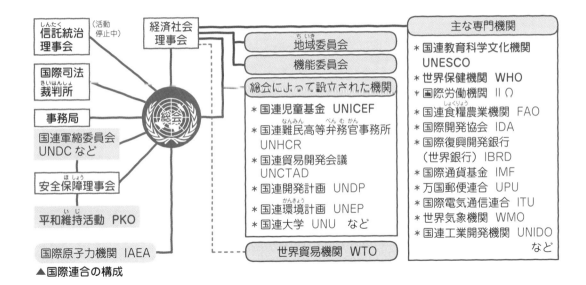

▲国際連合の構成

平和維持活動

国際連合は，世界中の紛争地域などに**平和維持軍を派遣するなどして，停戦状態や公正な選挙を監視する平和維持活動（PKO）**を行っています。日本も**PKO協力法**を制定し，**自衛隊を海外に派遣して，道路の舗装や飲み水の支給などの人道支援**を行っています。

- ●国際連合の特色➡多数決制，五大国一致の原則（大国中心主義）。
- ●主要機関➡**総会，安全保障理事会**など。専門機関➡**国連教育科学文化機関（UNESCO），世界保健機関（WHO）**など。

③ 国家間のつながり

授業動画はこちらから➡➡➡ [143]

強まる地域主義

現在，世界中で**地域がまとまって経済的に協力を深めようとする地域主義（リージョナリズム）**が進んでいます。主な地域的経済統合には，次のようなものがあります。

✿**ヨーロッパ連合（EU）**…ヨーロッパの国々で結成。共通通貨ユーロを導入。27か国が加盟。
→Lesson4の33ページを見よう　　　　　　　　　　　　　　　2020年7月現在

✿**東南アジア諸国連合（ASEAN）**…東南アジアの国々10か国で結成。経済の発展を目ざす。

✿**アジア太平洋経済協力会議（APEC）**…アジアの国々や太平洋を取り囲む国々で結成。

✿**USMCA（アメリカ・メキシコ・カナダ協定）**…北米自由貿易協定を見直した協定。

200ページの地図もしっかり確認しましょう。

✿**環太平洋経済連携協定（TPP）**…太平洋を囲む11か国で結成。経済活動を自由にするための経済連携協定（EPA）の一つ。

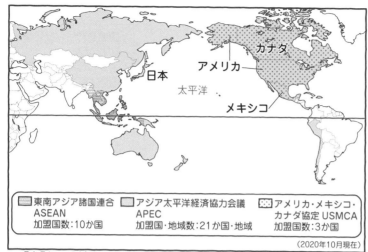

EUの加盟国は、33ページに地図がございましたな。もう一度確認しておくとよいですぞ

東南アジア諸国連合 ASEAN 加盟国数：10か国	アジア太平洋経済協力会議 APEC 加盟国・地域数：21か国・地域	アメリカ・メキシコ・カナダ協定 USMCA 加盟国数：3か国

（2020年10月現在）

▲ASEAN, APEC, NAFTAの加盟国

地域紛争とテロリズム

→Lesson20の139ページを見よう

　冷戦が終わってからも，世界では争いが絶えません。**多民族国家の中で，違う民族や宗教が対立するなど**，**地域紛争**や**民族紛争**が起こっています。地域紛争や政治的な迫害によって，母国を追われる**難民**も増えています。国連の機関である**国連難民高等弁務官事務所（UNHCR）**や**非政府組織（NGO）**などが難民を保護・支援する活動を行っています。

　また近年，爆弾を使うなどの暴力的なやり方で，自分たちの政治的な目的達成のための**テロリズム（テロ）**も多発しています。

世界平和の動き

　冷戦中，**核兵器を持っていれば攻撃されない**という**核抑止論**によって，アメリカやソ連を中心に核兵器が開発されましたが，核軍縮の動きが広がり，1968年に**核を持った国を増やさないために核拡散防止条約（NPT）**が結ばれ，1996年に**核実験を禁止する包括的核実験禁止条約（CTBT）**が国連で採択されました。しかし，アメリカやロシアなどは核兵器を持ち続けており，北朝鮮のように新たに核兵器の開発を進める国もあります。（2013年5月現在，未発効）

　地域紛争などの背後にある国どうしの格差を解消して世界の平和を守るため，先進工業国は発展途上国に対して**政府開発援助（ODA）**で資金面や技術面の援助を行っています。**非政府組織（NGO）**は政府の援助が難しい分野で活動しています。

●**地域主義（リージョナリズム）**➡EU，ASEAN，APEC，TPPなど。

●**地域紛争**や**民族紛争**が起こる➡**難民**の増加。**テロリズム（テロ）**の発生。

●**核軍縮の動き**➡**核拡散防止条約（NPT）**や**包括的核実験禁止条約（CTBT）**など。

1 主権国家の3つの要素とは，領土（領域）とあと2つは何か。答えなさい。

（　　　　　　　　　）　（　　　　　　　　　）

2 国際連合について，次の各問いに答えなさい。

(1) 国際連合の主要機関で，全加盟国で構成され，1国が1票の平等の権利を持つ機関は何か。答えなさい。

（　　　　　　　　　）

(2) 国際連合の主要機関で，世界平和のために中心となって取り組んでいる機関は何か。答えなさい。

（　　　　　　　　　）

(3) (2)の機関には5か国の常任理事国があるが，その5か国とはアメリカ合衆国とあとの4か国はどこか。答えなさい。

（　　　　　　　　　）　（　　　　　　　　　）

（　　　　　　　　　）　（　　　　　　　　　）

(4) 世界中の紛争地域などに平和維持軍を派遣して，停戦状態や公正な選挙を監視する，国際連合の活動は何か。答えなさい。

（　　　　　　　　　）

3 地域主義の広がりの中で，1967年という早い時期に，東南アジア地域の社会・経済の発展を目ざして結成された組織の略称は何か。次のア～エから選び，記号で答えなさい。

ア．EU　　イ．ASEAN　　ウ．APEC　　エ．NAFTA

（　　　　　　　　　）

4 爆弾を使うなどの暴力的なやり方で，自分たちの政治的な目的を達成しようとすることを何というか。答えなさい。

（　　　　　　　　　）

5 日本も多く援助している，先進工業国が発展途上国に対して行う政府開発援助の略称は何か。アルファベット3字で答えなさい。

（　　　　　　　　　）

Lesson 30 未来のためにできること

この時代はクーラーや冷蔵庫があっていいのう 世の時代にもほしいぞ

ひんやり…

だら～

ちょっといい加減にしなさい！

殿みたいにエネルギーをムダづかいしたりゴミをいっぱい出す人がいるから地球の環境が壊されていくのよ！

未来の地球に人間が住めなくなっちゃうかもしれない！

ひえ～それはおおごとじゃ！！

未来の民のために余に何かできることはないだろうか…！

成長したわね 殿！ まずはウチを綺麗にするところから始めるわよ！

うむ!!

おーっ

？？

なんか違うような…

このLessonのイントロ♪

　いよいよ最後のレッスンです。ここでは地球温暖化や人口問題・エネルギー問題など，みなさんも一度は聞いたことがあるようなことばが出てきます。世界はどのような問題を抱えているのか，また，未来の人たちが幸せに暮らすためにはどうするべきか，学んでいきましょう。

① 私たちの生活と環境問題

授業動画はこちらから 145 146

145 ✿ さまざまな文化

　私たち人間は，長い歴史の中でさまざまな**文化**をうみ出してきました。**国連教育科学文化機関（UNESCO）**は，**文化的に貴重な建造物や美しい自然を未来に残していくために，これらを世界遺産に登録し，保護しています。**

　また，**宗教**は文化の中でも特に人々の生活に関係しています。世界三大宗教である**キリスト教・イスラム教・仏教**のほかにも，**ヒンドゥー教**，**ユダヤ教**，**神道**などの民族宗教があります。
　　　　　　インドなど　　　　　　日本独自のもの

キリスト教がもっとも多い！

2019年
計77.1億人

キリスト教 31.4%
その他 23.3
仏教 7.1
ヒンドゥー教 15.0
イスラム教 23.2

(2020/21年版「世界国勢図会」)
▲世界の宗教人口の割合

✿ 地球規模の環境問題

　私たちが暮らす地球は，石油や石炭の使いすぎや自動車からの排出ガスなどによって，大きな環境問題を抱えています。環境問題には，以下のようなものがあります。

✿**地球温暖化**…石油や石炭などを燃やすことで，**二酸化炭素（CO_2）などの温室効果ガスが増えて，気温が上がる。**これにより南極の氷が溶けると海面の上昇などが起こる。
　　　　　　火力発電など

✿**酸性雨**…強い酸性の雨によって，**森林が枯れたり，銅像などが溶けたりする。**自動車や工場からの排出ガスに含まれている硫黄酸化物や窒素酸化物が原因。

✿**オゾン層の破壊**…地球を覆うオゾン層に穴が開くと，地表に届く紫外線の量が増加する。**フロンガス**などが主な原因。
　　　　　　　　　　　　　　　　　　　　　かつてスプレーなどに使われていた

オゾン層は，有害な紫外線から地球を守ってくれているんだって

✿**砂漠化**…アフリカのサハラ砂漠の南に広がるサヘルと呼ばれる地域などで特に深刻で，過伐採・過放牧などによって起こる。

✿**熱帯林の減少**…南アメリカ大陸のアマゾン川流域などで深刻で，道路や農地開発にともなう森林の伐採などで熱帯林が減少。

✿ 世界的な取り組み

146

　地球規模の環境問題に取り組むため，世界の国々が集まって話し合いが行われています。1992年，**国連環境開発会議（地球サミット）**がブラジルのリオデジャネイロで開かれ，**環境を守りながら開発も進める社会**を目ざす**リオ宣言**が合意されました。
　　　　　　　　　　　　　　持続可能な開発
　　　　　　　　　　環境と開発に関するリオ宣言

　1997年，京都で**地球温暖化防止京都会議**が開かれ，先進工業国が**温室効果ガスの削減目標を数値で定めた京都議定書**が採択されました。2015年，京都議定書に代わって，全加盟国が参加する**パリ協定**が採択されました。

☑ここをチェック

京都議定書の削減目標

京都議定書での日本の削減目標は6%，アメリカ合衆国は7%，EU諸国は8%だった。その後，アメリカは議定書から離脱してしまった。

さまざまな公害

　身近な環境問題として，**公害**があります。公害には大気汚染（おせん）や水質汚濁（おだく）などがあります。
空気が汚れる　海や川が汚れる

日本は高度経済成長期（けいざい）に国や企業（きぎょう）が利益（りえき）を追い求めて，工業化を優先して進め，人体に有害（ゆうがい）
→Lesson20の141ページを見よう

な物質についての十分な対策をとらなかったため，公害が多く発生してしまいました。大き

な問題となった**四大公害病**は裁判にまでなりました。下の表で確認しましょう。すべての公

害裁判（さいばん）は，被害者である住民側の勝利で終わりました。

（2020/21年版「日本国勢図会」）

▲公害の割合（苦情件数）

公害病	地域	原因	訴えられた企業
水俣病（みなまた）	熊本県・鹿児島県 八代海沿岸（やつしろかいえんがん）	水の汚れ	チッソ
イタイイタイ病	富山県 神通川流域（じんづう りゅういき）	水の汚れ	三井金属鉱業
四日市ぜんそく（よっかいち）	三重県 四日市市	大気の汚れ	三菱油化（みつびし）など
新潟水俣病（第二水俣病）	新潟県 阿賀野川流域（あがの）	水の汚れ	昭和電工

▲四大公害病

公害対策

　1967年，公害を防ぐために**公害対策基本法**が制定されました。1993年，公害だけでなく
環境基本法の制定により廃止

環境全体のことを考えた**環境基本法**が制定されました。環境問題に取り組む**環境省**（しょう）も設置（せっち）さ

れています。また，循環型社会（じゅんかんがた）を築くために，**リデュース**（減らす）・**リユース**（再利用）・**リ**
限りある資源の利用をおさえ，再生できるものなどを有効活用する社会

サイクル（再生利用）の**3R**を進めています。
3つの頭文字のRからこういう

> **ポイント**
> ●地球環境問題➡**地球温暖化・酸性雨**（さんせいう）**・オゾン層の破壊**（そう　はかい）**・砂漠化**（さばくか）**・熱帯林**
> **の減少**など。
> ●国際的な取り組み➡**国連環境開発会議・地球温暖化防止京都会議**など。
> ●公害への取り組み➡**環境基本法**の制定・**環境省**の設置・**3R**の推進（すいしん）など。

② さまざまな国際問題

授業動画はこちらから

南北問題と南南問題

　北半球に多い先進工業国と南半球に多い発展途上国（はってんとじょうこく）との経済格差（けいざいかくさ）や，それに伴ったさまざま（ともな）
な問題を**南北問題**といいます。第二次世界大戦前，発展途上国の多くは植民地でした。独立

したあとも，特定の農産物や鉱産物（こうさんぶつ）などの原料の輸出に頼る（たよ）**モノカルチャー経済**となってい

て，経済発展がむずかしくなっています。**発展途上国の中でも，資源が豊富で経済的に豊かになったサウジアラビアなどの国々と，貧しい状態から抜け出せていない国々との間で経済格差がうまれています。**これを**南南問題**といいます。
〔サハラ砂漠より南にあるアフリカの国々など〕

　これらの問題に取り組むため，**国連貿易開発会議（UNCTAD）**が設立されました。また，**世界銀行**が貧しい国へ，資金面や技術面で援助を行っています。日本などの先進工業国は**政府開発援助（ODA）**による援助を行い，**非政府組織（NGO）**も活動しています。

👥人口増加による問題

　世界の人口は**77億人**を超え（2019年），特に**アジア・アフリカの発展途上国**では，**人口爆発**といわれるほど，急激に人口が増加しています。そのため，必要な分の食料が手に入らず，
〔ほかにも紛争による影響や，不作などが原因の場合もある〕
貧困や**飢餓**の問題が起こっています。いっぽう先進国では食べきれない食料を捨てる国があるなど，世界的にバランスがとれていません。

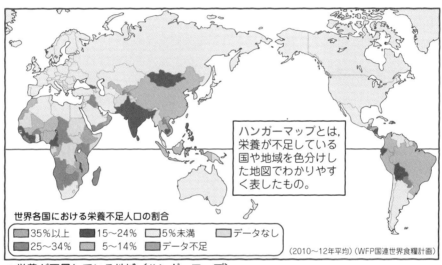

ハンガーマップとは，栄養が不足している国や地域を色分けした地図でわかりやすく表したもの。

世界各国における栄養不足人口の割合
- 35％以上
- 15〜24％
- 5％未満
- データなし
- 25〜34％
- 5〜14％
- データ不足

（2010〜12年平均）（WFP国連世界食糧計画）

▲栄養が不足している地域（ハンガーマップ）

⚡限りある資源とエネルギー

　人口が増えれば，それだけ電気などのエネルギーが必要となります。資源やエネルギーは無限にあるものではありません。**石炭・石油・天然ガス**などの**化石燃料**は埋蔵量が限られているうえに，どこでも産出できるわけではありません。

　資源に恵まれていない日本は，多くの化石燃料を輸入に頼っています。生活や産業に必要な電力は，**火力発電**が中心となっています。ほかに**水力発電**や**原子力発電**も行われています。
〔安全性に問題がある〕

最近は地球環境にやさしく，持続可能な**太陽光，風力，地熱，波力，バイオマス**などの**再生可能エネルギー**の開発が進んでいます。
〔植物などをエネルギーとして活用〕

　206ページの地図やグラフも確認しましょう。

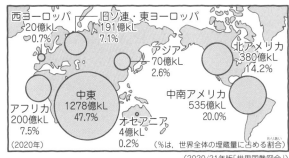

▲石油の埋蔵量（地域別）

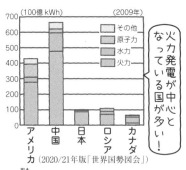

▲主な国の発電量のエネルギー別割合

🎵世界平和のためにできること

　第二次世界大戦の反省から，日本は憲法の3つの原則の1つである平和主義を重要視しています。Lesson20でも学習したように，日本は**核兵器を「持たず，つくらず，持ち込ませず」の非核三原則**をとっています。

　戦後，アメリカとの結びつきが重視され，**日米安全保障条約**を結び，
→Lesson20の140ページを見よう
アメリカ軍の**基地**を日本に置くことなどを認めています。Lesson29でも学習したように，日本は**PKO協力法**を制定して，**カンボジアなど，**
国際平和協力法ともいう
各国に自衛隊を派遣しています。

日本は世界で唯一，原子爆弾の被害を受けた国だったわね

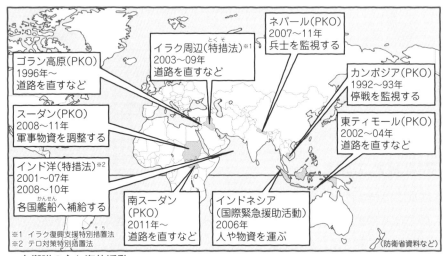

ネパール（PKO）
2007～11年
兵士を監視する

イラク周辺（特措法）※1
2003～09年
道路を直すなど

ゴラン高原（PKO）
1996年～
道路を直すなど

カンボジア（PKO）
1992～93年
停戦を監視する

スーダン（PKO）
2008～11年
軍事物資を調整する

東ティモール（PKO）
2002～04年
道路を直すなど

インド洋（特措法）※2
2001～07年
2008～10年
各国艦船へ補給する

南スーダン
（PKO）
2011年～
道路を直すなど

インドネシア
（国際緊急援助活動）
2006年
人や物資を運ぶ

※1 イラク復興支援特別措置法
※2 テロ対策特別措置法

（防衛省資料など）

▲自衛隊の主な海外活動

●先進工業国と発展途上国の間の**南北問題**。発展途上国の間の**南南問題**。
●**人口爆発**による**貧困**や**飢餓**の問題。**再生可能エネルギー**の開発。
●日本は**非核三原則**をとる。**PKO協力法**を制定➡自衛隊の派遣。

1 次の①〜④の地球環境問題の主な原因とされているものを，あとのア〜エから，それぞれ記号で選びなさい。

①地球温暖化 （　　　　　）　　②オゾン層の破壊 （　　　　　）
③砂漠化 （　　　　　）　　④熱帯林の減少 （　　　　　）

ア．森林伐採や放牧のしすぎ

イ．石油や石炭などを燃やすことで出る，二酸化炭素などの温室効果ガスの増加

ウ．農地や道路をつくることなどを目的とした森林伐採のしすぎ

エ．冷蔵庫やスプレーなどに使用されてきたフロンガス

2 四大公害病の1つである四日市ぜんそくの原因は何か。次のア〜エから選び，記号で答えなさい。

ア．大気汚染　　イ．水質汚濁　　ウ．土壌汚染　　エ．騒音 （　　　　　）

3 循環型社会を築くために進められている3Rとは何か。すべて答えなさい。

（　　　　　　）（　　　　　　　）（　　　　　　　）

4 先進工業国と発展途上国との間にある大きな経済格差や，それに伴ったさまざまな問題を何というか。答えなさい。 （　　　　　　）

5 1960年代から日本で利用が進められてきたが，その安全性の面で大きな問題が指摘されている発電方法は何か。答えなさい。

（　　　　　　）

6 地球環境にやさしく，持続可能な太陽光，風力，地熱，波力，バイオマスなどのエネルギーをまとめて何というか。答えなさい。

（　　　　　　）

7 核兵器を「持たず，つくらず，持ち込ませず」という日本政府の方針を何というか。答えなさい。

（　　　　　　）

実戦問題に挑戦！

Lesson 1～30まで学んできた人にとっては，実戦形式の問題もたちうちできない相手ではありません。自力で解いて，答えあわせをし，間違ってしまったところは復習しましょう。それでは，次のページから早速チャレンジしてみましょう！

1 世界のすがた・自然環境，時差

解説は別冊p.25へ

かほさんは，SNSで公開されていた投稿の内容について調べ，授業で発表した。次の投稿を見て，あとの各問いに答えなさい。

[SNSに投稿されていた文章]

今，鹿児島県の屋久島に来ています！　島の気候は，a 亜熱帯の沖縄に近い気候です。b 島の南方を暖流が流れていて，高知県の沖合いへと北上しています。この島には標高の高い山が多く，山頂にかけて多様な植物が見られました。夏の屋久島は自然がとても美しいです。

今回は，c 東京から直行便の飛行機を利用して島に来ました。d 昔に比べて交通手段が発達しましたね。以前にカイロやロンドンへ旅行したときも，成田からの直行便を利用しましたが，やはり直行便があると便利です。

---

(1) 下線aの沿岸部で見られる植物のようすとして適切なものを，次のア～エから記号で選びなさい。

ア．サバナ　　イ．ステップ　　ウ．マングローブ　　エ．ツンドラ

（　　　　　　）

(2) 下線bについて，この海流は何か。答えなさい。

（　　　　　　）

(3) 下線cについて，次の①～③に答えなさい。

[略地図1] 東京からの距離と方位が正しい地図

① 略地図1において赤道を示す線を，ア～エから記号で選びなさい。　　　　　（　　　　　　）

② 略地図1の都市カイロは東京から見てどの方位にあるか。八方位で書きなさい。

（　　　　　　）

③ 次のグラフは，略地図1の各都市の気温と降水量を表している。東京の気温と降水量を表すグラフを，ア～エから記号で選びなさい。

（　　　　　　）

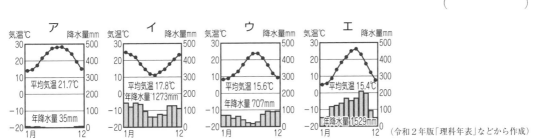

（令和2年版「理科年表」などから作成）

(4) 下線dについて，かほさんはメモを書いた。次ページの図を参考にして，　X　にあてはまる数字を書きなさい。

（　　　　　　）

[かほさんのメモ]

- 1900年，夏目漱石は，英語教育の研究のために イギリスに留学するように文部省から命じられ た。

- 漱石は，9月10日に横浜港を出発し，40日近く かけてロンドンに到着した。

[図]　　X　時間の飛行

ロンドンの 空港に着陸 した現地の 時刻 1月1日の 午後3時　←　東京（成田） の空港を離 陸した時刻 1月1日の 午前11時

- 漱石が渡英した当時から現代までの120年間で交通手段は大きく発達した。

- 特に，航空交通が発達したことで目的地までの時間距離は非常に短くなった。

- SNSの投稿者が以前に旅行した成田からロンドンまでの道のりについて，直行便を 利用するとどのくらい時間がかかるのか計算してみた。

　……日本とロンドンの時差は9時間のため，図に示したように航空機が飛行すると， 計算上，飛行した時間は　X　時間となる。

2 日本の自然環境・産業，日本の諸地域　➡解説は別冊p.25へ

右の略地図を見て，次の各問いに答えなさい。

(1) 略地図中のXに見られるような，多くの入り江や湾を持 つ海岸は何か。答えなさい。

（　　　　　　　　　　　）

(2) 略地図中の太平洋ベルトと呼ばれる地域と九州地方の IC工場の立地について述べた次の文の　①　，　②　に あてはまることばを，あとの〔語群〕から選んで答えなさい。

A〜Dは県， ……… は太平洋ベルトを示す。

太平洋ベルトの工業地域は　①　に，九州地方 のIC工場は　②　に多く立地する。

①（　　　　　　　）
②（　　　　　　　）

〔語群〕

空港の近く　　大都市周辺　　臨海部

(3) 略地図中のA〜Dの県の中には，県名と名称の異なる県庁所在地が2つある。その県庁 所在地の名称を2つとも書きなさい。

（　　　　　　　　　）（　　　　　　　　　）

(4) 右の表は，略地図中のA〜Dの県の統計資料である。次の各問いに答えなさい。

① 表の㋐〜㋒にあてはまる県を，A〜Cの中からそれぞれ記号で選びなさい。

㋐（　　　　　　）

㋑（　　　　　　）

㋒（　　　　　　）

表

	農業総産出額（億円）	割合（%）			
		米	野菜	果実	畜産
㋐	2488	57.0	14.1	3.2	20.8
㋑	1259	13.0	16.4	42.7	20.7
㋒	3103	16.5	25.1	25.5	29.5
D	839	4.1	55.2	11.7	19.4

統計年次は2017年

（2020年版「県勢」から作成）

② D県の野菜の割合が高い理由を，輸送ということばを使って書きなさい。

（　　　　　　　　　　　　　　　　　　　　　　　　　　　　）

③ 原始〜近世

📖解説は別冊p.26へ

次の略年表を見て，あとの各問いに答えなさい。

年代	日本のできごと
200	・a邪馬台国の女王が魏に使いを送る
400	
600	b
800	・遣唐使が停止される
1000	・紫式部が『源氏物語』を書く
1200	・c六波羅探題が置かれる
1400	
1600	・dポルトガル人が鉄砲を伝える ・e江戸幕府が開かれる
1800	・f本居宣長が『古事記伝』を書く

(1) 略年表中のaの女王の名前を書きなさい。（　　　　　　　　　　　　）

(2) 略年表中の**b**の期間に起こった，次のア～エのできごとを年代の古い順に並びかえて，記号で答えなさい。

ア．班田収授法が定められた。

イ．坂上田村麻呂が征夷大将軍に任命された。

ウ．聖武天皇が奈良に東大寺を建てた。

エ．中大兄皇子と中臣鎌足らが大化の改新を行った。

（　　　　　⇒　　　　　⇒　　　　　⇒　　　　　）

(3) 略年表中の**c**が置かれるきっかけとなった戦乱を起こした人物として適当なものを，次のア～エから記号で選びなさい。

ア．後醍醐天皇　　イ．後鳥羽上皇　　ウ．北条泰時　　エ．北条時宗

（　　　　　）

(4) 次のア～キのうち，略年表中の**d**のできごとののち，16世紀後半に日本がヨーロッパ人との間で行った南蛮貿易で，日本から輸出したものを全て選び，記号で答えなさい。

ア．漆器　　　　イ．生糸　　　ウ．銀　　　エ．絹織物

オ．鉄砲　　　　カ．刀剣　　　キ．ガラス製品

（　　　　　）

(5) 略年表中の**e**が定めた大名を統制するための制度について，次の各問いに答えなさい。

① 大名の妻子を人質として江戸に住まわせ，1年ごとに江戸と領地を行き来させる制度の名称を何というか。その名称を答えなさい。

（　　　　　）

② ①の制度を整えた将軍の名前を答えなさい。

（　　　　　）

③ ①の制度は各藩にどのような影響を与えたか，「財政」ということばを使って書きなさい。

（　　　　　　　　　　　　　　　　　　　　）

(6) 略年表中の**f**が大成した学問について，次の各問いに答えなさい。

① この学問の名称を書きなさい。

（　　　　　）

② この学問は **X** に影響を与えた。Xに入る適当な言葉を，あとのア～エから記号で選びなさい。

（　　　　　）

ア．寛政の改革　　イ．太平天国の乱　　ウ．大塩平八郎の乱　　エ．尊王攘夷運動

4 近代〜現代

解説は別冊p.27へ

次の**資料１〜３**を見て，あとの各問いに答えなさい。

〈資料１〉

　明治政府は欧米列強に対抗し「富国強兵」政策をとった。その一環として，政府の収入を安定化し財政の基礎を固めるため，1873年から次のような税制改革が実施された。

・土地の所有者と価格（地価）を定め，地券を発行する。

・課税の基準を収穫高から地価に変更する。

・税率は地価の３％とし，土地の所有者が現金で納める。

〈資料２〉

日清戦争と日露戦争における
日本の戦費と戦死者数

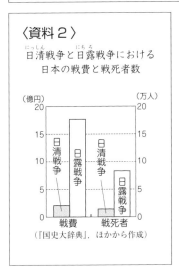

（『国史大辞典』，ほかから作成）

〈資料３〉

【下関条約の主な内容】

●清は，朝鮮の独立を認める。

●清は，遼東半島・台湾などを日本に譲る。

●清は，賠償金２億両(約３億1000万円)を日本に支払う。

【ポーツマス条約の主な内容】

●ロシアは，韓国における日本の優越権を認める。

●ロシアは，旅順・大連の租借権を日本に譲る。

●ロシアは，北緯50度以南の樺太を日本に譲る。

---

(1) **資料１**に示した税制の改革を何というか答えなさい。

（　　　　　　　　　　　　　　）

(2) 1904年に始まった日露戦争は長期化し，両国とも継続困難になったため，アメリカの仲介でポーツマス条約が結ばれた。しかし，条約締結後，東京をはじめとする日本各地で暴動を伴う民衆運動が起こった。その運動が起きた理由を**資料２・３**から読み取り，「賠償金」ということばを使って30字以内で説明しなさい。

5 日本国憲法，民主政治，地方自治

解説は別冊p.27へ

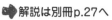

次のメモA～Cは，はるきさんが「現代日本の民主政治」についての疑問を調べてまとめたものである。これらを見て，あとの各問いに答えなさい。

〈メモA〉

【国民が自由な意見を発表する権利を保障している法は何か？】

● 国民の a自由権 （身体の自由・精神の自由など）を保障しているのは日本国憲法である。

○ 日本国憲法は，国民主権， b基本的人権の尊重，平和主義を三大原則としており，自由権は基本的人権の中に含まれている。

〈メモB〉

【内閣総理大臣はどのように選ばれているのか？】

● c選挙によって選ばれた国会議員が，国会での議決により内閣総理大臣を指名する。

● 内閣総理大臣を指名するとき，国会議員は自分が所属する政党の党首に投票することが普通である。

〈メモC〉

【地方自治はどのようなしくみで行われているのか？】

● 地方の政治は，その地域の運営について，地方の住民の意思に基づき行っている。

● 地方議会は条例の制定や予算の議決などを，首長は地方議会によって議決された予算を執行するなどの仕事を行っている。

● 住民には直接請求権が認められている。

● 地方議会は首長に対して　 X 　をすることができる。

---

(1) 下線部aのような基本的人権を守るため，権利が侵されたときに救済を求める権利の名称を書きなさい。　　　　　　　　　　　　（　　　　　　　　　　）

(2) 下線部bについては，日本国憲法に次の条文で示されている。　 Y 　にあてはまる語句を書きなさい。　　　　　　　　　　　　（　　　　　　　　　　）

この憲法が国民に保障する自由及び権利は，国民の不断の努力によつて，これを保持しなければならない。又，国民は，これを濫用してはならないのであつて，常に　 Y 　のためにこれを利用する責任を負ふ。

---

(3) 下線部cについて説明した次の下線部が正しい場合は○を，間違っている場合は正しいことばを書きなさい。

ア．衆議院議員選挙の比例代表では，有権者が政党名または候補者名を書いて投票する。

イ．衆議院議員選挙では，同じ候補者が小選挙区と比例代表の両方ともに立候補できる。

ウ．参議院議員選挙では，比例代表よりも選挙区で選出される議員数が多い。

ア（　　　　　　　）

イ（　　　　　　　）

ウ（　　　　　　　）

(4) メモCの ┌X┐ にあてはまる語句として適切なものを，次のア〜エから記号で選びなさい。

ア．解職請求　　　イ．不信任議決　　　ウ．解散請求　　　エ．再議の要求

（　　　　　　　）

❻ 内閣のしくみ，裁判所，国際社会　　➡解説は別冊p.28へ

次の各問いに答えなさい。

(1) 次の文は，行政と司法の制度について述べたものである。文中の ┌①┐， ┌②┐， ┌③┐， ┌④┐ にあてはまる語句はそれぞれ何か答えなさい。

①（　　　　　　　）

②（　　　　　　　）

③（　　　　　　　）

④（　　　　　　　）

【内閣のしくみ】

　内閣は内閣総理大臣と ┌①┐ 大臣で組織されている。内閣は ┌②┐ と呼ばれる会議を開き，行政の運営を決定する。

【裁判員制度のしくみ】

　裁判員制度とは，くじで選ばれた6人の国民が， ┌③┐ 裁判の第一審に参加し，3人の ┌④┐ とともに被告人の有罪・無罪や刑罰の内容を決める制度である。

---

(2) 太平洋を囲む11か国で結ばれた，自由貿易や経済活動の自由化を進めるための経済連携協定にあたるものを，次のア〜エから記号で選びなさい。

ア．EU　　　イ．ASEAN　　　ウ．APEC　　　エ．TPP

（　　　　　　　）

Epilogue

[エピローグ]

今日はテストの返却日

ただいまー

ちょっとヒロキ！

くわっ

やればできるじゃない！

社会　85点

このお姉さまのおかげねぇっ

さすがヒロキ殿！

めでたい

ヒロキ殿は武士にも負けぬ強い男でありますね

ヒロキは最近頑張っておるのう…

ラリラリ〜

痛いよ姉ちゃん…

うふふ

…ですね

"勉強する" という自分の役目を
しっかり果たしておりますな

役目を果たす……か

えーっ

殿　帰っちゃうの！？

いやだよ！
ずっとここにいるって
言ったじゃないか

まだまだこの時代には
おいしいものがたくさんあるよ！

ヒロキがこの時代で勉強を頑張っているように
余にもやらねばならぬことがあるのじゃ

元の時代に帰ったら
団子食べ放題が待っておるしの〜！！

…そんな

団子ならぼくがいくらでも
作ってあげるのに…
プリンだってドーナツだって…

…でも殿は
自分の時代の団子がいいんだよね

…そうじゃな

ヒロキ　のぞみ　ありがとう！
達者でのー！！

サラバ

殿もじいも姫も忍者さんも
元気でね──！！！

ヒロキ　見て！

新しい書物を見つけたの！！

ホラこれ殿じゃない？

ホントだ！

殿は若い頃はアホ殿だったけど
成長して　食べ物を国の民に分け与え
他国ともよく交流をして

先進的な考えを持ったいい殿様だった
…って書いてあるわ

あ　あと
時代を先取った食べ物を
多く開発したそうよ

あはは
プリンとかドーナツとかかなあ…

おしまい

さくいん

［地理］

あ行

IC（集積回路） ········· 40,56,72
アイヌ ··············· 53
アジアNIES（新興工業経済地域） ··············· 26
ASEAN（東南アジア諸国連合） ··············· 26
アボリジニ ··············· 42
アルプス・ヒマラヤ造山帯 · 12
EU（ヨーロッパ連合） ··· 33
イスラム教 ··············· 28
緯度 ··············· 13
OPEC（石油輸出国機構）··· 27
温帯 ··············· 17,18

か行

加工貿易 ··············· 50
からっ風 ··············· 59
カルデラ ··············· 71
乾燥帯 ··············· 17,19
寒帯 ··············· 17,20
環太平洋造山帯 ··············· 12
企業的な農業 ··············· 40
季節風 ·········17,18,24,46
北関東工業地域 ··········· 50,60
北九州工業地帯（地域）
··········· 50,72
北大西洋海流 ··············· 31
キリスト教 ··············· 28
近郊農業 ··············· 59,66
経済水域 ··············· 45
経済特区 ··············· 26
経度 ··············· 13
京浜工業地帯 ··········· 50,60
京葉工業地域 ··········· 50,60
高原野菜 ··············· 59,62
高山気候 ··············· 20
高齢化 ··············· 47

さ行

栽培漁業 ··············· 54
サハラ砂漠 ··············· 35
3大洋 ··············· 11
サンベルト ··············· 40
潮目 ··············· 49,56
時差 ··············· 13
集約的農業 ··············· 49
縮尺 ··············· 73
少子化 ··············· 47
少子高齢社会 ··············· 47
食料自給率 ··············· 49
シリコンバレー ··············· 40
人口爆発 ··············· 47
正距方位図法 ··············· 12
政令指定都市 ··············· 60
世界の人口 ··············· 47
赤道 ··············· 13
瀬戸内工業地域 ··········· 50,68
促成栽培 ··············· 68,72

た行

タイガ ·········19,31,34
太平洋ベルト ··············· 50
大陸棚 ··············· 49
地球儀 ··············· 12
地形図 ··············· 73
地図記号 ··············· 73
地中海式農業 ··············· 32
中京工業地帯 ··········· 50,62
適地適作 ··············· 40
東海工業地域 ··········· 50,62
等高線 ··············· 73

な行

成田国際空港 ··············· 60
日本アルプス ··············· 61

混合農業 ··············· 32

日本の人口 ··············· 47
熱帯 ··············· 17,18

は行

阪神工業地帯 ··········· 50,66
ヒスパニック ··············· 39
日付変更線 ··············· 13
標準時子午線 ··············· 13
フィヨルド ··············· 31
富士山 ··············· 61
仏教 ··············· 28
プランテーション ··········· 25,35
BRICS ··············· 41
偏西風 ·········17,18,31
方位 ··············· 73
貿易摩擦 ··············· 50
北海油田 ··············· 33
本州四国連絡橋 ··············· 67
本初子午線 ··············· 13

ま行

メルカトル図法 ··············· 12
モルワイデ図法 ··············· 12

や行

やませ ··············· 55
養殖漁業 ··········· 54,56,68

ら行

酪農 ··············· 32
リアス海岸 ·· 47,55,56,61,65
ルール工業地域 ··············· 32
レアメタル（希少金属）
··········· 27,36,41,48
冷帯（亜寒帯） ··········· 17,19
6大陸 ··············· 11

［歴史］

あ行

足利尊氏 …………… 98,101
足利義満 …………… 101
アヘン戦争 …………… 115
井伊直弼 …………… 116
板垣退助 …………… 118
伊藤博文 …………… 119
井原西鶴 …………… 110
岩倉使節団 …………… 118
院政 …………… 95
歌川（安藤）広重 …………… 112
打ちこわし …………… 111
エジプト文明 …………… 79
江戸幕府 …………… 107
王政復古の大号令 …………… 116
応仁の乱 …………… 103
織田信長 …………… 104

か行

貝塚 …………… 80
化政文化 …………… 111
刀狩令 …………… 104
葛飾北斎 …………… 112
かな文字 …………… 92
株仲間 …………… 109
冠位十二階 …………… 85
勘合貿易 …………… 101
韓国併合 …………… 123
寛政の改革 …………… 111
桓武天皇 …………… 91
享保の改革 …………… 110
金印 …………… 83
金閣 …………… 102
銀閣 …………… 102
空海 …………… 92
下剋上 …………… 103
元寇 …………… 98
原子爆弾 …………… 135

『源氏物語』 …………… 92
元禄文化 …………… 110
五・一五事件 …………… 132
五・四運動 …………… 127
高度経済成長 …………… 141
御恩 …………… 96
五箇条の御誓文 …………… 117
55年体制 …………… 141
国学 …………… 111
国際連合（国連） …………… 139
国際連盟 …………… 126
御成敗式目（貞永式目） …………… 97
国家総動員法 …………… 133
古墳 …………… 84
米騒動 …………… 128
コロンブス …………… 103
墾田永年私財法 …………… 90

さ行

座 …………… 102
西郷隆盛 …………… 116
最澄 …………… 92
財閥 …………… 124
鎖国 …………… 108
薩長同盟 …………… 116
三・一独立運動 …………… 127
参勤交代 …………… 107
三国干渉 …………… 120
三国協商 …………… 125
三国同盟 …………… 125
サンフランシスコ平和条約 …………… 140
執権 …………… 97
執権政治 …………… 97
地頭 …………… 96
シベリア出兵 …………… 126
下関条約 …………… 120
朱印船貿易 …………… 108
十七条の憲法 …………… 85
自由民権運動 …………… 119
守護 …………… 96

書院造 …………… 102
承久の乱 …………… 97
聖徳太子 …………… 85
聖武天皇 …………… 90
縄文土器 …………… 80
殖産興業 …………… 118
シルクロード …………… 79
親鸞 …………… 98
征韓論 …………… 118
青銅器 …………… 80
西南戦争 …………… 119
世界恐慌 …………… 131
石油危機（オイル・ショック） …………… 142
摂関政治 …………… 92
雪舟 …………… 102
全国水平社 …………… 128
租 …………… 90

た行

大化の改新 …………… 86
太閤検地（検地） …………… 104
大正デモクラシー …………… 127
大政奉還 …………… 116
第二次世界大戦 …………… 134
大日本帝国憲法 …………… 119
太平洋戦争 …………… 134
大宝律令 …………… 86,89
平清盛 …………… 95
打製石器 …………… 78
田沼意次 …………… 111
治安維持法 …………… 128
近松門左衛門 …………… 110
地租改正 …………… 117
中国文明 …………… 79
調 …………… 90
朝鮮戦争 …………… 139
朝鮮通信使 …………… 109
徴兵令 …………… 117
冷たい戦争（冷戦） …………… 139
帝国議会 …………… 119

鉄砲 …………………… 103
寺子屋 ………………… 111
天平文化 ……………… 91
天保の改革 …………… 112
土一揆（ど）（つち） … 102
東大寺 ………………… 90
徳川家康 ……………… 107
独立宣言 ……………… 115
豊臣秀吉 ……………… 104
渡来人 ………………… 84

な行

中大兄皇子 …………… 86
南蛮文化 ……………… 104
南北朝 ………………… 101
二・二六事件 ………… 133
二十一か条の要求 …… 125
日英同盟 ……………… 120
日米修好通商条約 …… 116
日米和親条約 ………… 116
日明貿易 ……………… 101
日蓮宗（法華宗） …… 98
日露戦争 ……………… 120
日清戦争 ……………… 120
日中戦争 ……………… 133
日中平和友好条約 …… 141
日本国憲法 …………… 136
ニューディール政策 … 131
能楽（能） …………… 102
農地改革 ……………… 136

は行

廃藩置県 ……………… 117
幕藩体制 ……………… 107
バスコ=ダ=ガマ …… 103
東日本大震災 ………… 142
卑弥呼 ………………… 83
百姓一揆 ……………… 111
平塚らいてう ………… 128
ファシズム …………… 131
武家諸法度 …………… 107
普通選挙法 …………… 128
フランシスコ=ザビエル … 103
ブロック経済 ………… 131

分国法 ………………… 103
文明開化 ……………… 117
平安京 ………………… 91
『平家物語』 ………… 98
平城京 ………………… 89
ペリー ………………… 116
ベルサイユ条約 ……… 126
奉公 …………………… 96
法然 …………………… 98
法隆寺 ………………… 85
ポーツマス条約 ……… 120
ポツダム宣言 ………… 135

ま行

『枕草子』 …………… 92
満州国 ………………… 132
満州事変 ……………… 132
水野忠邦 ……………… 112
源頼朝 ………………… 96
民本主義 ……………… 127
明治維新 ……………… 117
名誉革命 ……………… 115
メソポタミア文明 …… 79
桃山文化 ……………… 104

や行

八幡製鉄所 …………… 123
邪馬台国 ……………… 83
弥生土器 ……………… 80
庸 ……………………… 90

ら行

楽市・楽座 …………… 104
蘭学 …………………… 111
連合国軍最高司令官総司令部（GHQ） …………… 135
ロシア革命 …………… 126

わ行

倭寇 …………………… 101

［公民］

あ行

安全保障理事会（安保理）…………… 198
違憲立法審査権（違憲審査権・法令審査権）…… 171
インフレーション（インフレ）…………… 180
えん罪 ………………… 168
円高 …………………… 187
円安 …………………… 187

か行

拡大再生産 …………… 183
家計 …………………… 177
株式会社 ……………… 184
カルテル ……………… 185
環境基本法 …………… 204
環境権 ………………… 150
間接税 ………………… 192
議院内閣制 …………… 165
企業 …………………… 183
基本的人権の尊重 …… 148
供給量 ………………… 179
拒否権 ………………… 198
均衡価格 ……………… 179
金融 …………………… 185
金融機関 ……………… 185
金融政策 ……………… 186
クーリング・オフ制度 … 178
景気変動 ……………… 193
経済（経済活動） …… 177
刑事裁判 ……………… 167
公企業 ………………… 183
公共サービス ………… 191
公共料金 ……………… 180
好景気 ………………… 193
公正取引委員会 ……… 185
国債 …………………… 192
国際法 ………………… 197
国際連合（国連） …… 198
国事行為 ……………… 148
国民主権 ……………… 148

国連環境開発会議（地球サミット）……………………………203
国会……………………………159

さ行

サービス……………………………177
財（もの）……………………………177
最高裁判所……………………………168
歳出……………………………191
財政……………………………191
再生可能エネルギー………………205
財政政策……………………………193
歳入……………………………192
裁判員制度……………………………168
参議院……………………………159
三権分立……………………………171
三審制……………………………168
参政権……………………………150
私企業……………………………183
市場経済……………………………179
司法権……………………………167
司法権の独立……………………………168
資本主義経済……………………………183
社会権……………………………150
社会資本……………………………194
社会保険……………………………194
社会保障関係費……………………191
社会保障制度……………………………193
衆議院……………………………159
衆議院の解散……………………………161
衆議院の優越……………………………161
自由権……………………………149
主権国家……………………………197
需要量……………………………179
少子高齢社会……………………………145
小選挙区制……………………………154
常任理事国……………………………198
消費支出……………………………178
消費者主権……………………………178
職業選択の自由……………………………187
知る権利……………………………150
請求権……………………………150
製造物責任法（PL法）………………178
政党……………………………155

政府開発援助（ODA）……………………………200,205
世論……………………………156
租税（税金）……………………………192

た行

多文化社会（多文化共生社会）……………………………145
男女共同参画社会基本法……………………………149,188
男女雇用機会均等法……………………………149,188
地域主義（リージョナリズム）……………………………199
地域紛争……………………………200
地球温暖化……………………………203
地方交付税交付金……………………191
地方財政……………………………173
地方自治……………………………172
直接税……………………………192
直接請求権……………………………174
デフレーション（デフレ）……………………………180
独占価格……………………………180
独占禁止法……………………………185

な行

内閣……………………………165
内閣総理大臣……………………………165
南南問題……………………………204
南北問題……………………………204
日米安全保障条約……………………206
日本銀行……………………………186
日本国憲法……………………………148

は行

バリアフリー……………………………146
非核三原則……………………………206
非政府組織（NGO）……………………205
平等権……………………………149
比例代表制……………………………154
不景気……………………………193
物価……………………………180

プライバシーの権利………………150
平和維持活動（PKO）………………199
平和主義……………………………148
包括的核実験禁止条約（CTBT）……………………………200

ま行

民事裁判……………………………167
民主主義……………………………153
黙秘権……………………………167

や行

野党……………………………156
ヨーロッパ連合（EU）………………199
与党……………………………156
世論……………………………156

ら行

流通……………………………178
労働基準法……………………………188
労働基本権（労働三権）……………………………150,187
労働三法……………………………150,188

やさしくまるごと中学社会 改訂版

著者：渡部迪恵

イラスト：そらあすか，関谷由香理（ミニブック）

DVD・ミニブック・計画シート 監修協力：葉一

デザイン：山本光徳

データ作成：株式会社四国写研

図版作成：有限会社熊アート

動画編集：学研編集部（DVD），株式会社四国写研（DVD），渡辺泰葉（授業動画）

DVDオーサリング：株式会社メディアスタイリスト　**DVDプレス**：東京電化株式会社

企画・編集：宮﨑 純，中原由紀子，髙橋龍之助（改訂版）

執筆協力：野口光伸，株式会社シナップス（米谷淳三），株式会社オルタナプロ

編集協力
佐野秀好，佐藤玲子，八木佳子，鈴木優美，関谷由香理，秋下幸恵，渡辺泰葉

写真協力：株式会社アフロ

やさしくまるごと中学社会 改訂版

別冊

軽くのりづけされていますので、ゆっくりと取りはずしてお使いください。

Gakken

地 理

Lesson 1 日本は地球のどこにあるの？

> **1** ①ユーラシア ②オーストラリア ③太平洋
> **2** (1)図①エ 図②ア (2)A (3)E
> (4)ウ，カ （順不同）
> **3** 11月1日午前7時（11月1日7時）

解説

1 ①②6つの大陸を大きい順に並べると，ユーラシア大陸，アフリカ大陸，北アメリカ大陸，南アメリカ大陸，南極大陸，オーストラリア大陸となる。③3大洋を大きい順に並べると，太平洋，大西洋，インド洋となる。**地球全体の陸地と海洋の表面積の割合は，およそ陸地3：海洋7である。**

2 (1)メルカトル図法の地図は角度が正しいので，船で航海をするときなどに利用される。ただし，面積や方位は正しくない。モルワイデ図法の地図は面積が正しく，分布図などに利用される。ただし，距離と方位は正しくない。なお，中心からの距離と方位が正しい地図に正距方位図法の地図があるが，中心の地点以外からの距離と方位は正しくない。平面の地図に地球の面積や距離などをすべて同時に正しく表現することができないのは，地球がほぼ球体だからである。

(2)インド洋は，ユーラシア，アフリカ，オーストラリア，南極の各大陸に囲まれている。

(3)赤道は，アフリカ大陸中部や南アメリカ大陸北部を通っている。赤道が通る国に，ケニア，インドネシア，ブラジルなどがある。

(4)ヒマラヤ山脈とアルプス山脈は，アルプス・ヒマラヤ造山帯に含まれる。

3 地球は24時間で1回転するので，360度÷24時間＝15度。経度15度で1時間の時差がうまれる。また，日本の時刻の基準である標準時子午線は，兵庫県明石市を通る東経135度の経線なので，ロンドン（経度0度）との経度差は135度−

0度＝135度。よって時差は135度÷15度＝9時間となる。日本はロンドンより東にあって，日付変更線に近いため，日本の時刻のほうがロンドンの時刻より早い。このことから日本の時刻は，ロンドンの10月31日午後10時より9時間進んだ，11月1日午前7時となる。

> **ポイント**
> ・経度15度で1時間の時差がうまれる
> ・日本の標準時子午線は，兵庫県明石市を通る東経135度の経線である

Lesson 2 暑い？ 寒い？ 気候の違い

> **1** ①温暖（温帯）湿潤 ②西岸海洋性 ③スコール ④ステップ
> **2** (1)A 熱 B 乾燥 C 温 D 寒
> (2)①ア ②イ

解説

1 ①日本のほとんどの地域は，温帯に含まれていて，温暖（温帯）湿潤気候である。北海道は冷帯（亜寒帯）に含まれ，夏が短く冬が長い。また，梅雨がない。沖縄などの南西諸島や小笠原諸島では，亜熱帯の気候の特徴が見られる。②**ヨーロッパ西部は，暖流の北大西洋海流と，その上を1年を通して西から吹く偏西風の影響で，高緯度のわりに冬でも暖かい。**また，ヨーロッパの地中海沿岸には，夏は雨が少なく乾燥し，冬はやや雨が多い地中海性気候が見られる。③熱帯だけではなく，世界各地で起こる同様の集中豪雨をスコールと呼ぶことがある。④ステップ気候の地域は，夏に少し雨が降り，丈の短い草が生える草原では，羊ややぎの遊牧が行われている。

2 (1)Aは，赤道をはさんで，南北の低緯度地域に広がっていることから熱帯である。**熱帯の特徴は一年を通じて気温が高いことである。**Bは，中央アジア，北アフリカ，アラビア半島，オーストラリア内陸部に広がっていることから乾燥帯である。**乾燥帯の特徴は雨が少ないことである。**C

は，東アジア，ヨーロッパ，北アメリカ東部に広がっていることから温帯である。**温帯の特徴は温暖で四季があることである。**Dは，南極大陸，グリーンランドに広がっていることから寒帯である。**寒帯の特徴は1年中寒さが厳しく，雪や氷で覆われることである。**

(2) 地図上のアはバロー（アメリカのアラスカ州）で寒帯，イはロンドン（イギリス）で温帯，ウはカイロ（エジプト）で乾燥帯，エはイルクーツク（ロシア）で冷帯（亜寒帯），オはシンガポールで熱帯に属する都市である。グラフ①は，平均気温が0度より低く，夏でも気温が低いので，寒帯に属するアの都市のものである。グラフ②は，1年中平均して降水量があり，温和な気候の温帯に属するイの都市のものである。

ポイント
世界には，大きく区分して，熱帯，乾燥帯，温帯，冷帯，寒帯の5つの気候帯がある。

Lesson 3 アジアは広い！

1 (1) ◎イ ★ウ
(2) ASEAN（東南アジア諸国連合，アセアン）
2 一人っ子政策
3 経済特区
4 ヒンドゥー教
5 OPEC（石油輸出国機構，オペック）

解説
1 (1) ◎は日本の東北地方，中国南部，タイなどに分布していることからイの米である。**中国は米の生産量が世界一（2017年），タイは米の輸出量が世界有数（2016年）である。**★はインドネシアやマレーシアなどの東南アジアの国々にあるので，ウの天然ゴムがあてはまる。

(2) 地図中のピンク色でぬられた国々は，ミャンマー，タイ，ラオス，カンボジア，ベトナム，マレーシア，シンガポール，インドネシア，フィリピン，ブルネイ・ダルサラームである。この10

か国は，2020年現在，ASEAN（東南アジア諸国連合）に加盟している。ASEANは，加盟国間の経済協力などを目的として，1967年に結成された。

2 中国は人口が14億人を超え，世界一である。**中国の一人っ子政策は，人口が増えすぎないように，1組の夫婦に子どもは1人までとする政策であった。**大都市や人口の多い省を中心に進められていた。政策の効果はあったが，少子高齢化が進むなどの問題が出てきたため，見直しを求める声があがり，2015年に廃止された。

ポイント
・中国の人口は14億人を超え，世界一
・中国では「一人っ子政策」を実施した

3 経済特区は，シェンチェンやスワトウなどの沿岸部の都市が指定された。経済特区に進出する外国企業には，税金などの面で優遇措置がある。

4 インドでは国民の約80％がヒンドゥー教を信仰している。ヒンドゥー教は，キリスト教，イスラム教に次いで，世界で3番目に信者の数が多い。

5 OPEC（石油輸出国機構）は，ペルシア湾岸のサウジアラビアや南アメリカのベネズエラなどの石油産出国によって，1960年に結成された。産油国が，自分の国の利益を守るために，世界経済を左右する石油の生産量や価格の調整をしている。

Lesson 4 国を越えた結びつき 鉱産資源の宝庫

1 ①偏西風 ②混合農業 ③移牧
④地中海式 ⑤ぶどう ⑥小麦
2 EU（ヨーロッパ連合，欧州連合）
3 ユーロ
4 ガーナ…エ ケニア…ア
5 ①金 ②ダイヤモンド ③石油

解説
1 ①ヨーロッパ州の西部は，暖流の北大西洋海流の上を1年中西から吹く偏西風によって，高緯度のわりに温暖である。②ヨーロッパ州の北部や

中部では，小麦などの穀物と家畜のえさとなる飼料作物の栽培と，豚や牛など家畜の飼育を組み合わせた混合農業が行われている。③アルプス山脈あたりでは，家畜を夏は高いところ，冬は山のふもとへと移動させて飼育する移牧を行っている。④⑤⑥地中海式農業は，スペイン，フランス，イタリア，ギリシャなどの地中海沿岸で行われている。

ポイント

ヨーロッパの農業

混合農業，酪農，地中海式農業

2 EC（ヨーロッパ共同体）が発展して，1993年にEU（ヨーロッパ連合）が成立した。2012年に，EUはこれまでの功績が認められて，ノーベル平和賞を受賞した。**2020年7月現在，27か国が加盟しているが，加盟国が増えるにつれて，加盟国間の経済格差の広がりや失業率の上昇などの深刻な問題が起きている。**

3 2020年7月現在，EU加盟国の中には，デンマークやスウェーデンなど，ユーロを導入していない国もある。

4 エのカカオは，アフリカ州の中でも特にギニア湾岸のコートジボワールやガーナ，ナイジェリアなどで栽培がさかんである。ケニアでは茶の栽培もさかんである。

5 ①②南アフリカ共和国は，金，ダイヤモンド，石炭，レアメタル（クロムやバナジウム）などの鉱産資源が豊富である。③北アフリカやギニア湾岸は石油の産出地である。アフリカ州にはナイジェリアなど，OPEC（石油輸出国機構）に加盟している国々がある。

Lesson 5 人種はいろいろ，仲良く国づくり

1 ①アパラチア ②ロッキー
③ミシシッピ ④企業 ⑤サンベルト
⑥先端技術（ハイテク）
2 ヒスパニック
3 アマゾン川
4 ウ
5 ①鉄鉱石 ②石炭 ③羊 ④小麦
（①②は順不同）

解説

1 ①アパラチア山脈の西のふもと一帯には，アメリカ合衆国最大の石炭の産出地，アパラチア炭田がある。②ロッキー山脈は環太平洋造山帯に属する。③ミシシッピ川はニューオーリンズ付近で，メキシコ湾に注いでいる。河口は三角州をつくっている。④大型機械を使用して，少ない労働力で大量生産するのが，企業的な農業である。⑤⑥サンベルトは，気候が温暖で，広い工業用地があり，資源にも恵まれていたため，工業が発達した。先端技術（ハイテク）産業がさかんな都市は，サンフランシスコ，ロサンゼルス，サンディエゴ，ダラスなどである。**サンフランシスコ郊外には，シリコンバレーと呼ばれる地域があり，ICT（情報通信技術）産業の企業が集中している。**

ポイント

・東部になだらかなアパラチア山脈
・西部に高くて険しいロッキー山脈

2 ヒスパニックは，主にアメリカ南西部とフロリダなどに多く住んでいる。近年，ヒスパニックの人口が増加していて，アメリカ国内ではヨーロッパ系に次いで人口が多い。

3 アマゾン川は赤道付近を流れ，大西洋に注いでいる。流域には熱帯雨林（熱帯林）が広がっている。なお，長さが世界一の川は，アフリカ州を流れるナイル川である。

4 南アメリカ州では，アの銅はチリやペルーで，イの石炭はコロンビアで，エのすずはペルーやボ

リビアでたくさんとれる。

5 ①②日本の鉄鉱石と石炭は，いずれもその輸入量全体の約60％をオーストラリアが占めている（2019年）。③④オーストラリアでは，羊の放牧は雨の少ない南東部や南西部でさかんである。雨が多い地域では，小麦の栽培や酪農が行われている。

Lesson 6 日本はどんな国なの？

```
1  ①環太平洋  ②温  ③南東  ④北西
2  東の端…ウ  南の端…イ
3  石油…サウジアラビア
   鉄鉱石…オーストラリア
4  排他的経済水域
5  太平洋ベルト
6  中国（中華人民共和国）
```

解説

1 ①**世界には，環太平洋造山帯とアルプス・ヒマラヤ造山帯の２つの大きな変動帯（造山帯）がある。** 日本列島は，南アメリカ州のアンデス山脈から，北アメリカ州のロッキー山脈をへて，オセアニア州のニュージーランドまで太平洋を取り囲むように連なる，環太平洋造山帯に含まれている。②日本のほとんどの地域は温帯に属するが，北海道は冷帯（亜寒帯）に属し，南西諸島と小笠原諸島は亜熱帯に属する。③④夏は，湿った南東の季節風が太平洋側に多くの雨を降らせ，冬は，北西の季節風が日本海をわたる際に水蒸気を含んで，日本海側に多くの雪を降らせる。

2 日本の東の端にある南鳥島と，南の端にある沖ノ鳥島はいずれも東京都に属する。西の端にある与那国島は沖縄県に，北の端にある択捉島は北海道に属する。

ポイント

日本の東端…南鳥島，西端…与那国島，
南端…沖ノ鳥島，北端…択捉島

3 日本が石油を輸入している国は，サウジアラ

ビアのほかに，アラブ首長国連邦，カタール，イラン，クウェートなど西アジアの国々が多い。鉄鉱石はブラジルからの輸入も多く，オーストラリアとブラジルの２か国で，輸入量の約80％を占めている（2019年）。

4 **排他的経済水域では，沿岸国が水産資源や鉱産資源を管理することが認められている。** 世界各国がそれぞれの排他的経済水域を設定するようになったことが，日本の遠洋漁業の漁獲量が減少した理由の１つである。

5 工業原料や燃料を輸入に頼る日本では，工場が太平洋沿いの臨海部に集中し，太平洋ベルトと呼ばれる地域が形成された。

6 日本の最大の貿易相手国は，かつてはアメリカ合衆国だったが，近年，中国にかわった。

Lesson 7 冬の寒さが厳しい地方

```
1  ①十勝  ②輪作  ③酪農  ④石狩
2  アイヌ
3  北海道地方…知床
   東北地方…白神山地
4  ①親潮（千島海流）  ②潮目（潮境）
   ③リアス  ④養殖
5  南部鉄器
6  さくらんぼ（おうとう）
```

解説

1 ①十勝平野は十勝川流域に広がっている。②土地の栄養が落ちないように，同じ場所で年や時期ごとに決まった順番で，違う農作物をつくることを輪作という。つくられる農作物は，小麦，てんさい，大豆，じゃがいもなどである。③十勝平野では，酪農は畑作と組み合わせた混合農業で行われている。④石狩平野は石狩川流域に広がっている。かつては泥炭地だったが，他の土地から質のよい土を入れる客土によって稲作ができるようになった。

2 札幌はサッポロペッ（乾いた大きな川という意味），根室はニムオロ（樹木がしげるところと

いう意味）など，北海道には，アイヌ語が由来とされる地名が数多くある。

3 知床は海域を含む約71,000 haが，白神山地は世界最大のぶなの原生林のうち約17,000 haが，世界自然遺産として登録されている。

4 ①②**暖流と寒流がぶつかる潮目は，魚のえさとなるプランクトンが豊富なので数多くの魚が集まり，よい漁場となっている。**③④リアス海岸は，海岸線がのこぎりの歯のようになっていて複雑に入り組んでいる。リアス海岸が広がる三陸海岸南部の湾内は波がおだやかなので，こんぶやわかめなどの養殖漁業に適している。

5 東北地方は冬に農作業ができないため，地元でとれる原料をつかって日用品をつくっていた。それが現在に伝わり，なかには伝統的工芸品に指定されているものもある。伝統的工芸品は，①手づくりの日用品，②伝統的技術で生産，③一定の地域で広く生産されていることが条件。

6 さくらんぼは山形盆地を中心につくられている。山形県では西洋なしの栽培もさかんだが，このグラフでは，全国の70％以上を占めていることからさくらんぼと判断する。

ポイント
東北地方のくだもの栽培
青森県…りんご，福島県…もも，日本なし
山形県…さくらんぼ，西洋なし

Lesson 8 東京大都市圏と日本の屋根

1 ①関東ローム ②利根 ③太平 ④稲
⑤近郊 ⑥高原
2 イ
3 信濃川
4 日本アルプス（日本の屋根）
5 山梨県…ウ　静岡県…イ　愛知県…ア

解説

1 ①関東ローム（層）は，箱根山，富士山，浅間山などの火山から噴出した火山灰が降り積もって

できた赤い土である。水分を保つことが難しいことから，畑作や畜産が行われている。②③利根川は，越後山脈を水源として関東平野を東に向かって流れ，太平洋に注いでいる。流域面積は日本一広い。④茨城県も千葉県も，米の都道府県別収穫量の順位では，上位ベスト10に入っている（2018年）。⑤**大消費地である大都市に近いという条件をいかして，千葉県，茨城県，埼玉県では近郊農業がさかんである。**⑥**群馬県では，浅間山のふもとの嬬恋村で夏でも涼しい気候をいかした高冷地農業が行われていて，キャベツなどの高原野菜が栽培されている。**

2 京浜工業地帯は，以前は日本最大の工業地帯だったが，広い土地を求めて埼玉県や栃木県などに工場を移す企業が増え，近年，生産額は伸び悩んでいる。京葉工業地域は，東京湾岸の東側，千葉県に広がっていて，鉄鋼業や石油化学工業がさかんである。北関東工業地域では，電気機器や自動車などの機械工業がさかんである。

ポイント
・京浜工業地帯…機械工業，印刷業
・京葉工業地域…鉄鋼業，石油化学工業
・北関東工業地域…機械工業

3 信濃川流域の越後平野は，日本有数の穀倉地帯である。新潟県は，米の都道府県別収穫量の順位で，北海道と毎年1・2位を争う。

4 飛驒山脈は北アルプス，木曽山脈は中央アルプス，赤石山脈は南アルプスと呼ばれ，3つの山脈を合わせて日本アルプスという。

5 山梨県では甲府盆地を中心に，水はけのよい扇状地や山の斜面を利用して，ぶどうやももの栽培がさかんである。ぶどうとももは，いずれも山梨県の収穫量が日本一である（2018年）。静岡県では牧ノ原を中心に茶の栽培がさかんである。茶の収穫量は静岡県が日本一で，全国の約40％を占めている（2019年）。丘陵地でみかんの栽培もさかんで，みかんの収穫量は和歌山県，静岡県が多く，四国地方の愛媛県も多い（2018年）。愛知県では，渥美半島を中心に菊の栽培がさかんである。夜間に照明をあてて開花の時期を遅らせ，冬から春に出荷するので電照菊と呼ばれている。愛

知県の菊の収穫量は日本一で，全国の約30％を占めている（2018年）。

Lesson 9 古都の保存と過疎化

1 ①紀伊 ②琵琶 ③北西 ④太平洋
2 (1) A中国山地 B四国山地
C高知平野
(2)イ (3)ウ (4)瀬戸内工業地域
(5)塩田

解説

1 ①紀伊山地は降水量が多いので森林がよく育ち，古くから林業がさかんである。②日本一広い湖は琵琶湖である。面積は約670 km²で，滋賀県のおよそ6分の1を占める。琵琶湖から流れ出る淀川の水は，京阪神地方の生活用水・工業用水に利用され人々を支えている。これが琵琶湖が「京阪神の水がめ」といわれる理由である。③兵庫県と京都府の日本海側は日本海側の気候に属し，冬に北西の季節風の影響で雪が多い。大阪府に広がる大阪平野は，1年を通じて降水量が少なめで，瀬戸内の気候に属する。大阪平野や京都盆地などでは，夏に非常に高温となることがある。④**夏に気温が高く，降水量が多いのが，太平洋側の気候の特徴である。**

2 (1) **A**は中国地方を東西に連なる中国山地で，なだらかな山並みが続いている。**B**は四国地方を東西に連なる四国山地で，山並みは比較的険しい。**C**は高知平野で，仁淀川と物部川の下流に開けている平野である。
(2) 高知平野では，ビニールハウスなどを利用して，なすやピーマンなどの野菜の促成栽培が行われている。生長を早める工夫をすることで，他の産地からの出荷量が少なく価格が高い時期に出荷できる。高知県のなすの都道府県別生産量は第1位，ピーマンは第3位である（2018年）。なお，抑制栽培は，生長を遅らせる工夫をする栽培方法で，露地栽培は，温室やビニールハウスなどを利用しないで，屋外の畑で栽培することである。

ポイント
・促成栽培…生長を早める工夫をする
・抑制栽培…生長を遅らせる工夫をする

(3) 広島県の養殖かきの生産量は全国の50％以上を占めている（2017年）。愛媛県では，まだい，真珠の養殖がさかんである。
(4)(5) **瀬戸内工業地域は，1960年代から1970年代にかけて，瀬戸内海沿岸の塩田の跡地などを工業用地に利用して発展してきた。** 臨海部に広がる工業地域なので，船で輸送される原料や燃料の輸入，工業製品の輸出に便利である。この立地条件をいかして，石油化学工業や鉄鋼業が発達している。

Lesson 10 暖かい地方 地形図を読もう

1 ①筑紫 ②二毛作 ③シラス ④畜産
⑤促成 ⑥沖縄
2 (1) A－B (2)ウ (3) 1 km

解説

1 ①筑紫平野では稲作がさかんである。平野を流れる筑後川は，有明海に注いでいる。②同じ耕地で1年に2回，異なる農作物を栽培することを，二毛作という。同じ農作物を1年に2回つくる二期作と間違わないように注意。③④九州南部の火山灰が積もってできた台地とはシラス台地のことである。シラス台地は水分を保つことがむずかしいので，稲作には適さず，ここではさつまいもなどをつくる畑作や，豚や肉用にわとりを飼育する畜産が行われている。豚の飼育頭数（2019年）と肉用にわとりの飼育羽数（2019年）は，いずれも，鹿児島県と宮崎県が日本有数である。⑤宮崎平野では，ビニールハウスを利用して，ピーマンなどの野菜の生育を早める促成栽培が行われている。宮崎県のピーマンの生産量は全国第2位で，きゅうりは全国第1位である（2019年）。⑥さとうきびやパイナップルのような，亜熱帯の気候に適した農作物の栽培がさかんなのは沖縄県である。

特に，パイナップルの生産量は沖縄県が全国のほぼ100%を占めている。

九州地方の農業

・筑紫平野…稲作　　・宮崎平野…促成栽培

・シラス台地…畑作，畜産

・沖縄…さとうきび，パイナップル

2（1）海面からの高さが等しい地点を結んだ線が等高線である。**等高線の間隔が広いほど，傾斜は緩やかで，間隔が狭いほど，傾斜は急である。**地形図上で，**A—B**のほうの等高線の間隔が**C—D**より広いので，**A—B**のほうの傾斜が緩やかだとわかる。

（2）地形図上で，**2**の川の東にある地図記号が ‖ なので，田（水田）に利用されていることがわかる。なお，くわ畑の地図記号は Y，果樹園は ỏ，茶畑は ∴ である。

（3）地図上の長さから実際の距離を求めるには，次のように計算する。

地図上の長さ×縮尺の分母＝実際の距離

この問題では，4（cm）×25,000＝100,000（cm）＝1,000（m）＝1（km）となる。「何kmになるか」と問われているので，kmで答えること。

歴　史

Lesson11 ヒトのルーツはどこから？

1　①8　②13　③14　④16　⑤20　⑥21

2　新人（ホモ・サピエンス）

3　メソポタミア文明

4　始皇帝

5　万里の長城

6　(1)岩宿遺跡　(2)大森貝塚

(3)①石包丁　②高床倉庫　③鉄器

解説

1　①西暦701〜800年が8世紀なので，701年は8世紀最初の年で，大宝律令がつくられた年。②1201〜1300年が13世紀なので，1221年は13世紀で，承久の乱が起こった年。③1301〜1400年が14世紀なので，1356年は14世紀。④1501〜1600年が16世紀なので，1600年は16世紀最後の年で，関ヶ原の戦いが起こった年。⑤1901〜2000年が20世紀なので，1998年は20世紀である。なお，1998年は元号（年号）を使うと，平成10年。⑥2001〜2100年が21世紀なので，2013年は21世紀。

2　約5〜3万年前に活動したといわれる新人のクロマニョン人は，洞くつにみごとな壁画を描いていた。

3　主な文明は，いずれも大河の流域に発達した。メソポタミア文明はチグリス川とユーフラテス川の間に，エジプト文明はナイル川流域に，インダス文明はインダス川流域に，中国文明は黄河流域や長江流域で発達した。

4　戦乱が続く春秋・戦国時代を統一したのが，秦の王で，初めて「皇帝」を名のったので始皇帝と呼ばれる。

5　秦を特に悩ませていたのは，北方の遊牧民族の匈奴の侵入である。それを防ぐためにつくられたのが万里の長城である。なお，現在残っている

万里の長城の多くは，のちの明の時代に修築されたものである。

6 (1) 長い間，日本列島には旧石器時代はなかったと考えられてきたが，1946年に考古学者の相沢忠洋さんが岩宿遺跡を発見したことがきっかけとなって，その定説がくつがえされた。

(2) 大森貝塚を発見したモースは，明治時代の初めに，欧米の学問や技術などをわが国に導入するために，政府が雇った外国人の1人で，アメリカの生物学者であった。

ポイント
主な遺跡

・旧石器時代…岩宿遺跡（群馬県）
・縄文時代…大森貝塚（東京都），
　　　　　　三内丸山遺跡（青森県）
・弥生時代…登呂遺跡（静岡県），
　　　　　　吉野ヶ里遺跡（佐賀県）

(3) ①秋の収穫のときに，石包丁を使って稲穂を刈り取っていた。②高床倉庫には，ねずみの侵入や湿気を防ぐための工夫がされていた。③稲作とともに金属器も伝わった。鉄器は農具や武器や工具として使われたが，青銅器は主に祭りの道具として使われた。

Lesson 12 古代の日本はどんな社会だったの？

1 ①奴　②金印　③卑弥呼
④『魏志』倭人伝
2 前方後円墳
3 埴輪
4 ①渡来人　②漢字
5 (1) 十七条の憲法　(2) 法隆寺
6 中大兄皇子

解説
1 ①②57年に奴国の王が貢ぎ物を贈った相手は，後漢の光武帝である。そして，光武帝から金印を授けられた。③④『魏志』倭人伝には，邪馬台国のことが記録されていて，女王卑弥呼が30

ほどの小さなクニを従えて，まじないによって政治を行っていたとある。邪馬台国のあった場所については，近畿や九州などいろいろな説があり，論争が続いている。

2 大阪府堺市にある大仙古墳（大山古墳，仁徳陵古墳）は，全長486ｍある前方後円墳で，世界最大級の墓である。

3 人や馬，家などの形をした埴輪からは，当時の人々の服装や暮らしぶりがわかる。埴輪には円筒型をしたものもある。埴輪は古墳の土が崩れるのを防ぐためや，死者が死後の世界で不自由しないためにつくられたと考えられている。

4 ①②③渡来人が日本に伝えたこと（もの）には，漢字や儒教のほかに，ため池などをつくる土木技術，高級な絹織物や須恵器（質の固い土器）をつくる技術などがある。また，朝廷内で財務を担当するなどして活躍する者もいた。

5 (1) 十七条の憲法には，儒教（儒学）や仏教の教えが取り入れられている。人の和を大事にすること，仏教を信じること，天皇の命令には必ず従うことなどが記されている。

(2) 法隆寺は，奈良県生駒郡斑鳩町にある世界最古の木造建築物である。仏教を広めることにつとめた聖徳太子によって建てられた。

ポイント
聖徳太子の行ったこと

・十七条の憲法…役人の心構えを定める
・冠位十二階の制度…家柄に関係なく，有
　能な人材を登用する
・遣隋使の派遣…隋との対等外交を目ざす
・法隆寺の建立

6 中大兄皇子は，母などを天皇にたて，自分は皇太子として大化の改新を進めた。そして，蘇我氏を滅ぼして20年以上たってから即位した（天智天皇）。

Lesson 13 律令政治ってどんなもの？

```
1  平城京
2  ①口分田  ②班田収授  ③租
   ④墾田永年私財法
3  正倉院
4  人物…坂上田村麻呂  官職…征夷大将
軍
5  摂関政治
6  真言宗…空海  天台宗…最澄
7  ①かな  ②枕草子  ③源氏物語
   ④平等院鳳凰堂
```

解説

1　710年，藤原京から平城京に都が移された。平城京は，唐の都長安を手本としてつくられた。

2　①②6年ごとに戸籍が作成され，それに基づいて6歳以上の男女に口分田が与えられた。③農民には，租のほかに，特産物を納める調，労役のかわりに布を納める庸という税や，国司のもとで年間60日以内の労役に従事する雑徭，3年間の防人などの重い負担が課せられた。④墾田永年私財法は，口分田の不足を補うために定められた。

3　正倉院の宝物の中には，西アジアやインドの美術品や工芸品などがあり，遣唐使を通じて中国からもたらされたものと考えられる。このことから，正倉院は「シルクロードの終着駅」といわれることがある。また，正倉院は壁面を三角形の木材で組んだ校倉造でできている。

4　征夷大将軍とは，蝦夷を攻めるための軍の総指揮官のことである。のちに，鎌倉幕府を開いた源頼朝以後の征夷大将軍は，武家政権の総大将のことをいう。

5　摂政の「摂」と関白の「関」をとって，摂関政治という。摂関政治の全盛期は，11世紀前半の藤原道長・頼通父子のときである。道長は，自分の娘を次々と天皇の后にすることで権力を握った。

平安時代，**藤原氏は娘を天皇の后にして皇子をうませ，その皇子を次の天皇にして，朝廷での権力をのばした。**

6　空海も最澄も，9世紀の初めに遣唐使とともに唐へ渡り，帰国後，新しい仏教を広めた。真言宗を開いた空海が建てたのが高野山（和歌山県）にある金剛峯（峰）寺で，天台宗を開いた最澄が建てたのが比叡山（滋賀県，京都府）にある延暦寺である。

7　**894年，菅原道真の進言により遣唐使が停止された。文化の面では，日本独自の国風文化が発達した。**

①かな文字は，漢字をもとにしてつくった音だけを表す文字で，ひらがなとカタカナがある。②③かな文字の普及で，優れた文学作品が書かれた。『枕草子』の作者である清少納言も『源氏物語』の作者である紫式部も，天皇の后に仕えた女性である。④平安時代の後半，極楽浄土へのあこがれから，浄土信仰が人々の間に広まった。藤原頼通が京都の宇治に建てた平等院鳳凰堂，奥州藤原氏が東北地方の平泉に建てた中尊寺金色堂は，代表的な浄土信仰の建物である。

国風文化

・かな文字の普及

・紫式部『源氏物語』，清少納言『枕草子』

・紀貫之『土佐日記』，『古今和歌集』

Lesson 14 平氏と源氏ってどんな人たち？

```
1  (1)①平清盛  ②源頼朝  ③承久
   ④元（蒙古，モンゴル）  (2)ア
   (3)御成敗式目（貞永式目）  (4)エ
2  Aエ  Bイ  Cア  Dウ
```

解説

1 (1)①1159年の平治の乱で源義朝を破って，平氏の地位を高めた平清盛は，1167年に武士として初めて太政大臣となった。そして藤原氏にならって貴族的な政治を行った。平氏一族は，朝廷の中で高い地位につき，一族の中には「平氏一門でない者は人ではない」と大きなことを言う者もいた。②**1185年に平氏が滅亡すると，鎌倉を本拠地にしていた源頼朝は，国ごとに守護を，荘園・公領に地頭を設置した。**さらに1192年には征夷大将軍に任じられた。③鎌倉幕府の源氏の将軍が3代で絶えると，後鳥羽上皇は，政治の実権を朝廷に取り戻そうと，1221年に承久の乱を起こしたが，幕府側に敗れた。これを機に，幕府は京都に朝廷の監視や西日本の武士の統率などを行う六波羅探題を設置した。④元の軍勢の2度の来襲を元寇といい，1274年が文永の役，1281年が弘安の役である。2度とも暴風雨のため元の軍勢は引きあげたので，水際でくいとめることができた。しかし，元と戦った御家人に幕府は十分な恩賞を与えることができず，御家人の不満が高まった。

(2) 地頭は荘園・公領に設置され，その管理や年貢の取り立てを行った。守護は，国ごとに設置された。

(3) 1232年に制定された最初の武家法とは，御成敗式目（貞永式目）である。この式目で，**第3代執権北条泰時は，御家人に対して裁判の基準を示した。**守護・地頭の任務や，御家人の所領に関する決まりが定められていて，51か条からなる。

(4) 鎌倉幕府を倒したあとに，後醍醐天皇が始めた新しい政治を建武の新政という。アの白河天皇は，1086年に退位して上皇になったのちも，院政を始めて政治の実権を握った人物，イの桓武天皇は，794年に平安京に遷都して律令政治の立て直しをはかった人物，ウの天武天皇は，672年の壬申の乱に勝利したのち即位し，天皇中心の政治を進めた人物である。

2 A 鴨長明の『方丈記』，吉田兼好（兼好法師）の『徒然草』，平安時代に書かれた清少納言の『枕草子』は日本三大随筆と呼ばれる。
B 藤原定家がまとめた『新古今和歌集』は，後鳥羽上皇の命令による勅撰和歌集である。

C 親鸞は，「南無阿弥陀仏」と念仏を唱えれば極楽浄土に生まれ変われると説いた。この浄土真宗（一向宗）は武士や農民の間に広まった。
D 栄西の臨済宗は座禅により悟りを開く禅宗の1つである。鎌倉時代に広まった禅宗には，道元が開いた曹洞宗もある。

ポイント

鎌倉文化

・藤原定家『新古今和歌集』
・鴨長明『方丈記』・吉田兼好（兼好法師）『徒然草』
・東大寺南大門の金剛力士像
・軍記物『平家物語』
・絵巻物…「蒙古襲来絵詞」

Lesson **15** 鳴かぬなら ○○○○○○○ **ホトトギス**

1 (1)①建武 ②足利尊氏 ③応仁
④豊臣秀吉
(2) 人物…足利義満 合い札…勘合（符）
(3) 織田信長 (4) （太閤）検地
2 分国法（家法）
3 イ
4 種子島

解説

1 (1)①②1333年，後醍醐天皇は，新興武士の楠木正成や鎌倉幕府の有力御家人だった足利尊氏らの協力で，鎌倉幕府を滅ぼすと，公家中心の政治を始めた。この後醍醐天皇の政治を建武の新政という。しかし，倒幕で活躍した武士への恩賞が少ないことなどから，武士の間で不満が高まり，足利尊氏が挙兵すると，後醍醐天皇は吉野（奈良県）に逃れ，建武の新政は2年余りで終わった。尊氏が京都に新しい天皇をたて，京都の北朝と吉野の南朝の2つの朝廷が誕生した（南北朝時代の始まり）。尊氏は，北朝の天皇から1338年に征夷大将軍に任じられた。③**応仁の乱は，室町幕府8代将軍の足利義政の跡継ぎ争いをめぐって，守護大名の細川氏と山名氏が対立して起こった。**戦

乱は京都を中心に約11年間続いた。この応仁の乱ののち，戦国時代となった。④1582年の本能寺の変で，家臣の明智光秀にそむかれて自害した織田信長のあと，豊臣秀吉が信長の後継者となり，1590年に全国を統一した。

(2) 足利義満は，倭寇と正式な貿易船（遣明船）を区別するために，勘合と呼ばれる合い札（証明書）を使って，明との貿易を始めた。日明貿易は勘合貿易ともいう。

(3) 織田信長は，室町幕府の15代将軍足利義昭を利用して実権を握ったが，義昭が言うことをきかなくなると，義昭を京都から追放して幕府を滅ぼした。

(4) 豊臣秀吉は，全国のますやものさしを統一して，太閤検地を行い，土地の生産量を体積である石高であらわした。

ポイント

・**信長の政治**…安土城の築城，楽市・楽座，
　　　　　　　　仏教勢力の弾圧
・**秀吉の政治**…大阪城の築城，太閤検地，
　　　　　　　　刀狩，朝鮮侵略

2 主な分国法（家法）には，越前（現在の福井県）の戦国大名朝倉氏の「朝倉孝景条々」，甲斐（現在の山梨県）の武田氏の「甲州法度之次第」，駿河・遠江（現在の静岡県）の今川氏の「今川仮名目録」などがある。

3 銀閣は，京都の東山の足利義政の別荘に建てられた。同じ敷地内に書院造の東求堂同仁斎がある。東山文化は簡素で気品のある文化である。アの北山文化は足利義満が金閣を建てたころの文化，ウの国風文化は，平安時代，摂関政治が行われていたころの文化，エの桃山文化は安土桃山時代の文化である。

4 種子島（鹿児島県）に伝わった鉄砲は，またたくまに各地に広まり，国内でつくられるようになった。そして鉄砲は戦国大名の重要な武器の1つとなった。鉄砲の普及は戦い方に変化をもたらした。その代表的な戦いが1575年の長篠の戦いで，織田信長と徳川家康の連合軍は，足軽鉄砲隊を組織し鉄砲を有効に使って，武田氏を破った。

Lesson 16 将軍のおひざもと 天下の台所

```
1 ①関ヶ原 ②親藩 ③譜代 ④老中
  ⑤武家諸法度 ⑥参勤交代
2 オランダ
3 ①ウ ②エ ③イ ④オ
4 エ
```

解説

1 ①豊臣秀吉の死後，1600年，徳川家康が率いる東軍は，豊臣方の大名を結集した石田三成が率いる西軍を関ヶ原の戦いで破った。その後，徳川家康が天下の実権を握った。②③親藩には徳川氏，松平氏，譜代大名には井伊氏，酒井氏など，外様大名には島津氏，前田氏などがいた。④老中は4〜5人置かれ，譜代大名から選ばれた。⑤大名を統制する法律とは，武家諸法度である。2代将軍徳川秀忠のとき最初に出され，その後，将軍がかわるたびに出された。⑥**3代将軍徳川家光のときに，武家諸法度に参勤交代の制度が加わった。参勤交代は，江戸での滞在費や江戸と国元との往復費など，大名にとっては大きな経済的負担となった。**

2 ヨーロッパの国々の中では，オランダのみが，長崎の出島での貿易を許された。幕府は，オランダ商館長にオランダ風説書を毎年提出させ，海外の情報を入手していた。

3 ①③享保の改革を行ったのは8代将軍徳川吉宗である。寛政の改革を行ったのは老中松平定信である。アの田沼意次は，寛政の改革の直前まで老中として政治を行っていた。株仲間の結成を奨励するなど経済の活発化を目ざしたが，失脚した。②目安箱は，庶民の意見を聞くために設置された投書箱である。享保の改革で，小石川養生所が設置されたり，町火消しが組織されたりしたのは，目安箱への投書がきっかけである。④天保の改革で，老中水野忠邦は，商業を独占している株仲間を解散させて，物価を引き下げようとした。なお，力の蔵屋敷は各地の大名が年貢米や特産物を保管・販売したところである。大阪などに多くつく

11

られた。

・享保の改革 (1716〜45年) …徳川吉宗,
　公事方御定書, 目安箱, 上米の制

・寛政の改革 (1787〜93年) …松平定信,
　武士の借金帳消し, 凶作に備えた米の貯蔵

・天保の改革 (1841〜43年) …水野忠邦,
　株仲間の解散, 人返し令

4 「19世紀初め」という時期と「江戸の町人を中心に」ということから, エの化政文化が正解である。アの元禄文化は, 17世紀末から18世紀初めにかけて, 上方 (京都, 大阪) を中心にして栄えた町人の文化, イの天平文化は, 奈良時代の聖武天皇の頃に栄えた仏教や国際的影響の強い文化, ウの北山文化は, 室町時代に足利義満が金閣を建てた頃の文化である。

ポイント

・元禄文化…上方の町人中心,
　　　　　　明るくて活気がある

・化政文化…江戸の町人中心,
　　　　　　皮肉やこっけいを好む

Lesson 17 明治維新で何が変わったの?

1 ①ワシントン ②人権 ③産業
④アヘン

2 ペリー

3 領事裁判権 (治外法権) を認めたこと, 関税自主権がなかったこと　(順不同)

4 徳川慶喜

5 ①ア ②エ ③オ ④ウ

6 直接国税を15円以上納める満25歳以上の男子

7 日清戦争…下関条約　日露戦争…ポーツマス条約

解説

1 ①アメリカはイギリスからの独立を目ざして,

1775年に独立戦争を始めた。独立戦争の軍最高司令官のワシントンは, 1783年に独立を成しとげると, 1789年にアメリカ合衆国の初代大統領となった。②フランスの人権宣言には, 「人は生まれながらにして自由・平等の権利を持つ」「あらゆる主権の源は, 本来国民の中にある」などと記されている。③産業革命とは, 機械の発明・改良や技術の向上によって産業が大きく発達することだけをいうのではなく, それに伴い社会や経済のしくみが大きく変化することをいう。19世紀のイギリスは「世界の工場」と呼ばれたが, 21世紀の初めには, 急激に工業化が進んだ中国が「世界の工場」と呼ばれるようになった。④イギリスがインドを通して清に密輸していたアヘンを, 清政府が厳しく統制すると, イギリスは1840年, 清に戦争をしかけた。これがアヘン戦争である。戦争後に結ばれた南京条約で, 清は多額の賠償金を支払わされ, イギリスは香港を獲得した。

2 1854年に再び来航したペリーは, 幕府と日米和親条約を結び, 下田と函館の2港を開港することなどを認めさせた。

3 日米修好通商条約で, 函館, 新潟, 神奈川, 兵庫 (神戸), 長崎の5港が開港した。これによって, 下田は閉港となった。領事裁判権 (治外法権) とは, 罪を犯した外国人を, その国にいる領事が自分の国の法律で裁判できる権利で, 日本の法律では罰することができなかった。また, 関税自主権がないとは, 輸出入品にかける関税の率を日本が自主的に決められないということである。幕府は, 日米修好通商条約とほぼ同じ内容の条約を, フランス, オランダ, イギリス, ロシアとも結んだ。

4 1866年, 薩摩藩と長州藩は土佐藩出身の坂本龍馬の仲立ちで, 薩長同盟を結んで倒幕を目ざした。15代将軍となった徳川慶喜は, 1867年, 自ら朝廷に政権を返上した。これが大政奉還である。慶喜は, 朝廷を中心とする新政権の中で主導権を握ろうとしたが, 王政復古の大号令が出されたことで実現できなかった。慶喜は, 江戸幕府最後の将軍となった。

5 ①アの廃藩置県があてはまる。イの版籍奉還は, 土地 (版図) と人民 (戸籍) を天皇に返させた

が，旧藩主がそのまま藩の政治を行ったので，ここにはあてはまらない。②学制の公布により各地に小学校がつくられたが，授業料を払えない家庭の子どもは通学できず，当初，入学する児童数は少なかった。③1877年の西南戦争の政府軍の主力は，徴兵された男子で構成された。④農民にとって地租改正は，それまでと税の負担は変わらず，各地で地租改正反対の一揆が起こった。そのため，1877年に地租は地価の2.5％に引き下げられた。

ポイント
明治政府の主な政策
・版籍奉還→廃藩置県
・学制　・徴兵令　・地租改正
・官営模範工場の建設

6 当時の衆議院議員選挙は，納税額と性別によって選挙権を制限する制限選挙であった。1889年当初は，直接国税を15円以上納める満25歳以上の男子だけに選挙権が与えられたため，有権者は全人口の1.1％にしかすぎなかった。その後，1900年には直接国税10円以上に，1919年には3円以上に納税額の制限が緩められた。満25歳以上の男子すべてに選挙権が与えられる普通選挙法が制定されるのは，1925年のことである。

7 1895年の下関条約では，日本は清に対して，遼東半島・台湾・澎湖諸島を日本に譲ること，賠償金を支払うことなどを認めさせた。1905年のポーツマス条約では，ロシアから遼東半島南部の租借権や韓国における優越権，樺太（サハリン）の南半分の領土などを得たが，賠償金は得られなかった。そのため，国内では不満が高まり，日比谷焼き打ち事件などが起こった。

Lesson 18 帝国主義に向かって…

1 ①韓国併合　②辛亥　③孫文
④中華民国
2 （1）サラエボ事件
（2）二十一か条の要求
（3）ベルサイユ条約
3 レーニン
4 原敬
5 中国…五・四運動
朝鮮…三・一独立運動
6 満25歳以上のすべての男子
7 治安維持法

解説

1 ①1910年，日本は韓国併合を行い，植民地支配を推進する役所として朝鮮総督府を設置した。②辛亥革命は，軍隊の反乱をきっかけに始まった。③④孫文が主張したのが三民主義である。三民主義とは，民族主義，民権主義，民生主義の3つからなる革命の指導的な理論である。1912年に成立した中華民国は，孫文を臨時大総統とし，首都を南京に置いた。

2 （1）**1914年に，バルカン半島の都市サラエボで，オーストリアの皇太子夫妻がセルビア人の青年に暗殺された。これが，第一次世界大戦の開戦のきっかけとなったサラエボ事件である。** バルカン半島は民族・宗教の対立や列強の利害の衝突で，いつ戦争が起こってもおかしくなかったため，「ヨーロッパの火薬庫」と呼ばれていた。

ポイント
・バルカン半島は「ヨーロッパの火薬庫」
・1914年，サラエボ事件をきっかけに第一次世界大戦が開戦する

（2）二十一か条の要求の内容は，山東省のドイツの権益を日本に譲ること，旅順・大連の租借期限の延長などである。中国政府が要求の多くを認めさせられると，激しい排日運動が起こった。
（3）パリ講和会議における連合国とドイツとの講

和条約が，ベルサイユ条約である。ドイツは全植民地と領土の約13％を失い，巨額の賠償金や軍備縮小を課せられた。

3 1917年のロシア革命で，レーニンの指導のもと，世界初の社会主義政府がつくられた。なお，レーニンのあとに指導者となり，独裁体制をしいたのはスターリンである。

4 原敬内閣は，陸軍・海軍・外務大臣以外の閣僚がすべて立憲政友会の党員で，初めての本格的な政党内閣であった。原敬は，華族出身でなかったので「平民宰相」と呼ばれた。なお，米騒動の責任をとって総辞職したのは，寺内正毅内閣である。

5 中国では，ドイツの権益を日本が継承することが決まると，1919年5月4日に，反日・帝国主義の侵略反対運動である五・四運動が起こった。また，日本の植民地であった朝鮮では，1919年3月1日に，日本からの独立を目ざす三・一独立運動が起こった。

ポイント

1919年に，中国で五・四運動，朝鮮で三・一独立運動が起こる。

6 1925年に制定された普通選挙法によって，納税額による制限がなくなり，満25歳以上のすべての男子に選挙権が与えられた。普通選挙とはいうものの，女子には選挙権が与えられなかった。なお，男女平等の普通選挙制が実現するのは，第二次世界大戦後の1945年のことである。

7 1925年，普通選挙法とともに制定された治安維持法は，天皇制に反対するなどの社会主義運動を取り締まるための法律であった。

Lesson 19 戦争から民主化へ

1 A…エ　B…ア　C…ウ　D…イ
2 （例）国際連盟が満州国を承認せず，日本軍の引き上げを決定したから。
3 犬養毅
4 盧溝橋事件
5 ①真珠　②沖縄　③原子爆弾
④ポツダム
6 マッカーサー
7 公布…1946（昭和21）［年］11［月］3［日］
施行…1947（昭和22）［年］5［月］3［日］

解説

1 アの**ブロック経済**とは，自国と植民地の結び付きを強くして，外国の製品をしめ出す政策である。海外に多くの植民地を持っているBのイギリスやフランスがこの政策を行った。イの**ファシズム**とは，**反民主主義・反自由主義的で軍国主義的な独裁政治のことである**。第一次世界大戦の敗戦で植民地を失い，巨額の賠償金を払わされたドイツや，戦勝国だったが新たに植民地を得られなかったDのイタリアなどで，ファシズムの勢力が政権を握った。ウの**五か年計画とは，社会主義国**のCの**ソビエト連邦（ソ連）で実行された計画経済のことで**，工業の重工業化と農業の集団化が進められた。これにより，ソ連は世界恐慌の影響を受けなかった。エの**ニューディール（新規まき直し）政策**は，Aの**アメリカのローズベルト大統領が行った政策である**。失業者対策としてテネシー川の総合開発など公共事業を増やして雇用をつくったり，企業や銀行を援助したりして経済の回復を目ざした。

ポイント

世界恐慌後の各国の動き

・アメリカ…ニューディール政策で対応

・イギリス，フランス…ブロック経済で対応

・ドイツ，イタリア…ファシズムの台頭

・ソ連…五か年計画で世界恐慌の影響なし

2 日本は1931年に満州事変を起こし，1932年に満州国を建国して，政治・軍事・経済などの実権を握った。しかし，中国側はこれを日本の侵略だとして国際連盟に訴えた。国際連盟は，調査団を派遣して調査し，満州国を承認せず，日本軍の引き上げを決定した。日本はこれを不服として，1933年，国際連盟を脱退した。

3 犬養毅首相は国際協調を重視し，満州国の承認には反対していたので，それを不満に思う海軍の青年将校らによって殺害された。

4 1937年に北京郊外で起きた事件とは，日中両軍が衝突した盧溝橋事件である。これをきっかけに日中戦争が始まった。

5 ①**1941年12月8日，日本軍は，ハワイの真珠湾を攻撃すると同時に，イギリス領のマレー半島に上陸した。これによって太平洋戦争が始まった。**②1945年4月に，アメリカ軍は沖縄本島へ上陸し，6月に占領した。③広島と長崎に原子爆弾が投下され，多くの人命が失われた。現在，日本は世界で唯一の被爆国である。④ポツダム宣言は1945年7月に，アメリカ，イギリス，中国の名で発表されていた。7月の時点ではソ連は日本と日ソ中立条約を結んでいたので，ソ連の名はない。

6 敗戦後，日本本土はアメリカ軍を主力とする連合国軍によって占領された。そして，連合国軍最高司令官総司令部（GHQ）の最高司令官のマッカーサーの指令で，日本政府は日本の民主化を進めた。

7 日本国憲法は，敗戦から1年以上を費やして公布された。そして，公布された1946（昭和21）年11月3日のさらに6か月後の，1947（昭和22）年5月3日から施行された。なお，5月3日は憲法記念日，11月3日は文化の日として，いずれも国民の祝日になっている。

Lesson 20 戦後の復興，そして経済大国へ！

1 （例）武力制裁ができる点
2 (1)アメリカ（アメリカ合衆国）(2)ソ連（ソビエト連邦）(3)韓国（大韓民国）
3 日米安全保障条約（日米安保条約）
4 ①ソ連（ソビエト連邦）
②日中平和友好 ③沖縄
④持ち込ませず
5 石油危機［オイル・ショック］
6 バブル景気（経済）

解説

1 国際連合は，国際連盟が第二次世界大戦の勃発を防げなかったことの反省から，総会での議決に多数決制を採用したり（国際連盟では全会一致が原則だった），経済制裁だけではなく武力制裁ができるようにしたり，安全保障理事会において五大国に拒否権を与えたりした。これらの1つを書いていれば正解。

2 (1)(2)**資本主義国（西側陣営）の中心となった国はアメリカ（アメリカ合衆国），社会主義国（東側陣営）の中心となった国はソ連（ソビエト連邦）である。冷戦とは，アメリカとソ連が，実際には直接戦火を交えないが，厳しい対立を続ける状態のことである。**なお，朝鮮戦争やベトナム戦争は，アメリカとソ連の「代理戦争」であった。
(3)朝鮮戦争で，アメリカが援助したのは韓国（大韓民国）である。アメリカは国連軍として戦争に介入した。一方，北朝鮮（朝鮮民主主義人民共和国）を援助したのは，義勇軍を派遣した中国である。中国は当時，東側陣営の一員であった。

3 サンフランシスコ平和条約とは，1951年に，サンフランシスコで開かれた第二次世界大戦の講和会議で，日本が48か国との間で結んだ条約である。その平和条約調印と同じ日に，日本とアメリカは日米安全保障条約を結び，アメリカ軍の基地が日本に残ることになった。日本は，翌年の2つの条約の発効により，独立国として西側陣営の一員となった。

4 ①ソ連は，1951年サンフランシスコで開かれた講和会議に出席していたが，平和条約には調印しなかった。1956年に，日本とソ連は日ソ共同宣言(せんげん)に調印して，国交を回復(かいふく)した。②中国とは，1972年に田中角栄(たなかかくえい)首相が訪中(ほうちゅう)し，日中共同声明を発表して国交を正常化した。その後，1978年に結んだのが日中平和友好条約である。③**1951年に結ばれたサンフランシスコ平和条約で，沖縄などの日本復帰(みと)は認められなかった。それ以来日本への復帰を求める運動が行われていた。**④非核三原則(さんげんそく)は，佐藤栄作(さとうえいさく)首相が表明したものである。

ポイント

1951年…サンフランシスコ平和条約→翌年(よくねん)，
　　　　独立回復
　　　　日米安全保障条約→アメリカ軍が
　　　　日本に駐留(ちゅうりゅう)
1956年…日ソ共同宣言→日本の国際連合への加盟が実現
1965年…日韓基本条約(にっかんきほん)→日韓国交正常化
1972年…沖縄の日本復帰
　　　　日中共同声明→日中国交正常化
1978年…日中平和友好条約

5 日本は，1950年代後半から高度経済成長と呼(よ)ばれる急速な経済成長を続けた。ところが，1973年に西アジアで第四次中東(ちゅうとう)戦争が起きると，石油輸出国が石油価格(かかく)を上げ，世界的に経済が混乱した。これを石油危機という。石油を輸入に頼(たよ)っていた日本経済は不況(ふきょう)に陥(おちい)り，これをきっかけにして日本の高度経済成長は終わった。

6 株式や土地の値段(ねだん)が，まるで泡(あわ)(バブル)がふくれるように急速に高くなった。日本は，1991年にバブルが崩壊(ほうかい)すると，長く続く平成(へいせい)不況に入った。

公 民

Lesson 21 幸せに暮らすために

1　メディアリテラシー（情報リテラシー）(じょうほう)
2　ルソー
3　(1) ①欽定(きんてい)　②国民　③象徴(しょうちょう)　④法律(ほうりつ)
(2) 平和主義
4　①ウ　②イ　③オ　④カ　⑤エ　⑥ア

解説

1 大量の情報が氾濫(はんらん)している情報社会では，メディアリテラシーを身につけて，自分自身で情報を取捨選択(しゅしゃせんたく)したり，情報をうのみにしないで，正しいかどうかを判断(はんだん)したりしなければならない。

2 ルソーは『社会契約論』(けいやくろん)を著(あらわ)し，人民主権を唱(とな)え，その考えは，1789年のフランス革命(かくめい)の人権宣言(せんげん)に取り入れられた。人権宣言の中には「主権の源(みなもと)は，もともと国民の中にある。」と記されている。

3 (1) ①君主の命令によって制定することを欽定ということから，天皇(てんのう)が定める憲法を欽定憲法という。②民定憲法とは国民が定める憲法のことである。③象徴とは，抽象的(ちゅうしょうてき)でわかりづらいものを具体的に表したものである。**日本国憲法の下(もと)では，天皇は政治的な権力を持たず，形式的・儀礼(ぎれい)的な憲法が定める国事行為(こうい)のみを行う。ただし，天皇の国事行為には，すべて内閣(ないかく)の助言と承認(しょうにん)が必要である。**④大日本帝国憲法の下では，国民の権利は，天皇から与えられた「臣民(しんみん)（天皇の民）」の権利であり，法律によって制限(せいげん)されていた。

(2) 平和主義は，憲法の前文と第9条に記されている。そこには，戦争の放棄(ほうき)，戦力の不保持，交戦権(ひにん)の否認などが明確にされている。

日本国憲法の三大原則

・国民主権
・基本的人権の尊重
・平和主義

4 ①平等権は，差別を受けることなくすべての人が同じ扱いを受ける権利である。②請求権は，私たちの権利が侵害されたときに救済を求める権利である。裁判を受ける権利，国家賠償請求権（損害賠償請求権），刑事補償請求権がある。③現行犯を除き，裁判官の令状がなければ逮捕されないというのも，身体の自由の１つである。④精神の自由には，信教の自由や表現の自由などもある。⑤経済活動の自由には財産権の不可侵などもある。⑥参政権には，代表者を選ぶ選挙権，選挙に立候補する被選挙権，最高裁判所の裁判官に対する国民審査，憲法改正の際の国民投票などがある。

基本的人権の尊重

■自由権

①身体の自由

②精神の自由…思想・良心の自由，信教の自由，学問の自由，表現の自由，集会・結社の自由など

③経済活動の自由…居住・移転・職業選択の自由，財産権の不可侵など

■平等権

法の下の平等，個人の尊厳と両性の本質的平等，政治上の平等

■社会権

生存権，教育を受ける権利，勤労の権利，労働三権（労働基本権）

基本的人権を守るための権利

■請求権

裁判を受ける権利，国家賠償請求権（損害賠償請求権），刑事補償請求権など

■参政権

選挙権，被選挙権，国民審査，国民投票など

新しい人権

環境権，知る権利，プライバシーの権利，自己決定権など

 国民の代表者はどうやって選ぶ？

Lesson 22

1 ①直接 ②間接
2 秘密選挙
3 ①ウ ②エ ③ウ ④ア
4 比例代表制
5 与党
6 世論

解説

1 ①古代ギリシャの都市国家（ポリス）などでは，直接民主制が行われていた。現代の日本では，憲法改正の際の国民投票や最高裁判所の裁判官に対する国民審査，地方自治の直接請求などで，直接民主制がとられている。②間接民主制は議会制民主主義，代議制ともいう。

2 秘密選挙とは，無記名で投票する選挙のことである。普通選挙とは，財産や納税額の多少，性別などの差別を設けないで，一定の年齢に達したすべての人に選挙権を与えることである。これに対して，財産や性別などで制限を加えるのが制限選挙である。日本では，第二次世界大戦後の1945年12月に，衆議院議員選挙法が改正され，満20歳以上のすべての男女に選挙権が与えられて，普通選挙制度が実現した。直接選挙とは，有権者が直接候補者を選ぶことである。これに対して，まず，有権者が中間選挙人を選び，その中間選挙人が候補者を選ぶのが間接選挙である。アメリカ大統領選挙などは間接選挙である。平等選挙とは，投票者が平等に一人１票を持ち，選挙権に制度上の差がないことである。

3 選挙権や被選挙権は，選挙の手続きなどとともに，公職選挙法に定められている。

4 選挙で，得票数に応じて各政党に議席を配分するのは比例代表制である。比例代表制は，衆議院議員選挙と参議院議員選挙に取り入れられている。衆議院議員選挙では，小選挙区制と比例代表制を組み合わせて，小選挙区比例代表並立制を採用している。

・**衆議院議員選挙**…小選挙区制と比例代表

制の組み合わせ→小選挙

区比例代表並立制

・**参議院議員選挙**…選挙区制と比例代表制

5 政権を担当している政党は与党である。与党以外の政党が野党で，内閣や与党の政策を批判して権力を抑制する働きがある。現在の日本では，衆議院，参議院の両方で過半数の議席を得た政党が政権を担当する単独政権は難しく，複数の政党が協力して政権を担当する連立政権（連立内閣）が続いている。

6 世論は政治を動かす力になる。テレビや新聞などのマスメディアは，世論の形成に大きな影響力があるのでその責任は重大である。

Lesson 23 国会は最高機関で立法機関

```
1  ①国権  ②立法
2  イ
3  3分の1以上
4  (1)A（国会）議員  B天皇
  (2)公聴（会）
5  ウ，エ（順不同）
6  弾劾裁判所
```

解説

1 ①国権とは国の権力のことである。「国会は国権の最高機関」とは，国会の議決は国民の意思とされるので，国会が国の最高意思決定機関であるということである。②立法とは法律を制定することである。「国会は国の唯一の立法機関」とは，日本国内で法律を制定できるのは国会だけであるということである。内閣や裁判所は法律を制定することができない。

2 衆議院の解散による総選挙の日から30日以内に召集される国会は特別会（特別国会）で，主に，内閣総理大臣の指名の議決が行われる。アの常会は，通常国会ともいい，毎年1回1月中に召集さ

れ，会期は150日間で，主に次年度の予算を審議・議決する。ウの臨時会は，臨時国会ともいい，内閣が必要と認めた場合，もしくは，どちらかの議院の総議員の4分の1以上の要求によって召集される。エの緊急集会は，衆議院の解散中に，国会の議決が必要な事態となった場合に参議院で開かれる。

国会の種類

・常会（通常国会）　・特別会（特別国会）

・臨時会（臨時国会）　・緊急集会（参議院だけ）

3 会議での一般表決は出席議員の多数決で決まるので，出席議員が少ないと多数決の意味がない。そこで，表決をとるために一定数以上の議員の出席が必要となる。これが定足数である。本会議の定足数は総議員の3分の1以上である。なお，委員会の定足数は，委員の半数（2分の1）以上である。

4 (1)**A国会に法律案を提出できるのは，内閣と国会議員である。B法律を公布することは，内閣の助言と承認にもとづいて，国民のために天皇が行う国事行為の1つである。**

(2)国会の委員会での審議の途中で，専門家を招いてその意見を聞くために開かれるのが公聴会である。なお，公聴会で述べられた意見は，あくまで参考にするだけで，拘束力はない。

5 ウの内閣の信任・不信任の決議権は，衆議院のみで行われる。**衆議院で，内閣信任案を否決した場合，または内閣不信任案を可決した場合は，内閣は10日以内に総辞職するか，衆議院を解散しなければならない。**エの予算の先議権とは，内閣が作成した予算案は，まず衆議院に提出されなければならないということである。アの憲法改正の発議は，衆議院・参議院の各議院の総議員の3分の2以上の賛成で発議する。イの条約の承認は，衆議院のみに認められている権限ではない。参議院でも議決される。ただし，衆議院が議決した条約を参議院が30日以内に議決しない場合は，衆議院の議決が国会の議決になる。オの国政調査権は，衆議院と参議院のどちらも持っている。

6 弾劾裁判所は，衆議院と参議院の議員7名ず

つの計14名で構成される。

Lesson 24 行政の権限と司法の力

1 ①行政 ②文民 ③天皇 ④過半数
2 イ，ウ（順不同）
3 ①司法 ②家庭 ③控訴 ④上告
4 イ
5 黙秘権（もくひけん）
6 裁判員制度

解説

1 ①**行政権とは，法律や予算にもとづき，政策を実行していく権力のことである。** 憲法第65条に「行政権は，内閣に属する。」とある。②文民とは軍人ではない人，職業軍人としての経歴を持たない人のことである。③天皇に任命権があるのは，内閣総理大臣と最高裁判所長官である。④国務大臣には民間人を起用することができるが，過半数は国会議員でなければならない。

2 内閣の仕事には，予算の作成や条約の締結のほかに，法律案の作成，法律の執行，政令の制定，天皇の国事行為に対する助言と承認，最高裁判所の長官の指名やその他の裁判官の任命などがある。なお，アの法律の制定とエの国政の調査は国会の仕事である。

3 ①**司法権とは，権利の対立などの争いを法にもとづいて公正に解決するために裁判を行う権力のことである。** なお，憲法第76条には「すべて裁判官は，その良心に従ひ独立してその職権を行ひ，この憲法及び法律にのみ拘束される。」とあり，**裁判所や裁判官はほかの権力から圧力や干渉を受けないという司法権の独立が定められている。** ②家庭裁判所では，家庭内の争いや少年事件が扱われる。最高裁判所は司法権の最高機関で，東京にただ1つだけつくられた，唯一の終審裁判所である。高等裁判所では主に第二審の裁判が行われる。地方裁判所では主に第一審の裁判が行われる。簡易裁判所では比較的軽い事件が扱われる。③④上級裁判所に裁判のやり直しを求めることを上訴と

いう。**上訴によって3回まで裁判を受けられる制度が三審制である。** 三審制は，裁判を公正・慎重に行い，人権を守り，裁判の誤りを防ぐためのしくみである。第一審から第二審への上訴を控訴，第二審から第三審への上訴を上告という。

ポイント

裁判所の種類

・最高裁判所（唯一の終審裁判所）

・下級裁判所…高等裁判所，地方裁判所，
　　　　　　　家庭裁判所，簡易裁判所

4 犯罪が発生すると，罪を犯した疑いのある被疑者が警察官によって捜査・逮捕されて取り調べを受ける。そして検察官のもとに送検されて，さらに取り調べを受け，検察官が被疑者を罰したほうがよいと判断した場合は，被疑者を被告人として裁判所に起訴する。そして，刑事裁判が始まる。なお，ウの弁護人は被告人の立場に立ってその権利を守る。

5 憲法第38条で，取り調べや裁判に際して被疑者や被告人には，自分に不利益な供述を強要されない権利である黙秘権が保障されている。

6 司法制度改革の一環として，2009年5月から裁判員制度が実施された。裁判員は選挙権がある者の中からくじで選ばれる。

Lesson 25 国のしくみと地方のしくみ

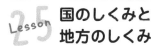

1 (1) ①内閣総理大臣（首相） ②衆議院
③弾劾裁判 ④最高裁判所（の）長官
(2) 行政権
2 民主主義
3 条例
4 首長
5 イ
6 イ

解説

1 (1) ①国会は，国会議員の中から国会の議決によって内閣総理大臣を指名する。②内閣総理大

臣が持つ衆議院の解散の決定権は，内閣が国会に対抗する手段になっている。解散後の総選挙で民意を問うことになる。③弾劾裁判とは，国会が行う，裁判官をやめさせるかどうかを決める裁判である。弾劾裁判所は，衆議院・参議院の各議院から7名ずつ選ばれた計14名の議員で構成される。④最高裁判所長官は，内閣が指名して天皇が任命する。

（2）三権とは，Aの立法権（国会），Bの行政権（内閣），Cの司法権（裁判所）である。**三権分立とは，国家権力を3つに分けて別々に担当させ，互いを抑制してバランスを保つことである。国家権力が1つに集中することを防ぎ，国民の権利と自由を守るのが目的である。**

三権分立

2 地方自治は，国民が身近に関わる政治の場である。そこで，国民はさまざまな経験を積み鍛えられる。地方自治は，まさに民主政治の原点なので，「民主主義の学校」といわれる。

3 **条例は，地方公共団体独自の法である。**条例の制定・改正・廃止は地方議会の仕事である。また，条例の制定・改正・廃止は，有権者の50分の1以上の署名をもって住民が，地方議会で審議するよう首長に直接請求することができる。

4 首長は，住民の直接選挙で選ばれる。任期は4年である。首長は，予算案や条例案を地方議会に提出したり，地方公務員（地方公共団体で働く職員）の指揮・監督を行ったりする。

5 国から地方公共団体に支出されるお金には，地方財政の格差をなくすための，使い道を指定しないイの地方交付税交付金と，公共事業など特定の仕事について使い道を指定したウの国庫支出金がある。アの地方債は，地方公共団体が資金を得るため借金をするときに発行する証書である。

地方財政の課題

・財政に苦しむ地方公共団体が多い
　地方税などの自主財源が少ない
　地方交付税交付金，国庫支出金，地方債などの依存財源に頼っている

6 首長の解職請求（リコール）は，地方自治で保障されている直接請求権の1つである。必要な署名の数は，地方議会の議員やその他の役職員の解職請求，議会の解散請求と同じく，有権者の3分の1以上である。アの50分の1以上は，条例の制定・改正・廃止の請求や，監査の請求に必要な署名の数である。

Lesson26 **ものの値段はどうやって決まる？**

1 ①家計　②政府　③税金
2 流通
3 日本銀行券
4 預金通貨
5 ①供給　②需要　③需要　④供給
6 公共料金
7 インフレーション（インフレ）

解説

1 ①②③**3つの経済主体とは，家計，企業，政府である。**家計は消費の中心であり，企業に労働力を提供して賃金を受け取り，企業からは商品を買う。政府に税金を納める代わりに社会保障などの公共サービスを受ける。企業は生産の中心であり，財やサービスを提供する。家計に賃金，政府に税金を支払い，つくった商品や公共事業の代金を受け取る。財政を通じて経済活動を行うのは政府で，税金の徴収，公共財・サービスの提供をする。

2 商品が生産者から消費者に届くまでの流れを流通という。商品の流通を担うのは卸売業や小売業などの商業である。流通を支える産業にはほかにも，倉庫業や運送業などがある。

3 日本の貨幣には，日本銀行が発行している日本銀行券（紙幣）と政府が発行している金属貨幣（硬貨）の２種類がある。千円札，五千円札，一万円札などは紙幣で日本銀行券である。百円硬貨，五百円硬貨などは金属貨幣である。

4 通貨の大半は，銀行などに預けている預金通貨である。例えば，電気料金や電話料金などを銀行の口座振替で支払うことは，預金通貨で支払っていることになる。

5 ①②**生産者が市場で売りたい量が供給量，消費者が市場で買いたい量が需要量である。**供給とは生産者が商品を市場に出すこと，需要とは消費者が商品を手に入れることをいう。③④商品の価格は，需要量と供給量の関係で変化する。需要量と供給量のバランスがとれたときの価格を均衡価格という。

ポイント

需要量＞供給量→価格は上昇

需要量＜供給量→価格は下落

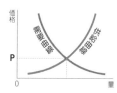

※Ｐが均衡価格を示す

6 私たちが生活していく上で，電気，上下水道，ガス，バスなどはなくてはならないものである。需要量と供給量の関係では決められないこれらの価格は，国や地方公共団体が決定したり，認可したりしているので，公共料金と呼ばれる。

7 物価が上がり続ける状態をインフレーション（インフレ）という。逆に，**物価が下がり続ける状態をデフレーション（デフレ）という。**通常，好景気のときはインフレとなり，不景気のときはデフレとなる。

1 資本主義経済

2 株主総会

3 ①売り　②買い

4 円安

5 ①団結権　②団体交渉権
③団体行動権（争議権）

6 男女共同参画社会基本法

解説

1 世界の多くの国は，資本主義経済となっている。資本主義経済とは，個人や企業がもととなる資本を使って，利潤（もうけ）を追求するために自由に経済活動を行うことである（自由競争）。工場や機械などの生産手段は，私的所有（個人所有）が認められている（私有財産制）。

2 **株主総会は株主で組織される会社の最高の議決機関である。**会社の経営方針を決めたり，取締役・監査役の選出や解任を行ったり，配当（配当金）を決めたりする。なお，会社の仕事の具体的な方針は，取締役会で決められる。

3 ①一般の銀行が持っている現金を減らすということは，日本銀行の売る国債などを，一般の銀行が買うということである。②一般の銀行が持っている現金を増やすということは，一般の銀行が，国債などを日本銀行に売ること，つまり，日本銀行が一般の銀行が持っている国債などを買うということである。

ポイント

日本銀行の公開市場操作

・インフレ（好景気）のとき
　国債などを売り，市場の通貨量を減らす

・デフレ（不景気）のとき
　国債などを買い，市場の通貨量を増やす

4 円の価値が下がる円安は日本の輸出に有利だが，輸入には不利である。逆に，円の価値が上がる円高は日本の輸入に有利だが，輸出には不利である。

5 労働基本権（労働三権）は，憲法で保障されている基本的人権のうちの１つである。労働者の権利を保障するために，経営者が労働組合の結成や活動を妨げることなどを禁じた労働組合法や，労働者と経営者の対立を調整するための労働関係調整法などが制定されている。なお，労働組合法と労働関係調整法の２つに，労働条件の最低基準を定めた労働基準法を加えて，労働三法と呼ぶ。

ポイント

・労働基本権（労働三権）
　団結権，団体交渉権，団体行動権（争議権）
・労働三法
　労働基準法，労働組合法，労働関係調整法

6 育児や子育て，介護など，あらゆる分野で男女が性別に関係なく，責任を負い協力する社会を目ざすための法律が，男女共同参画社会基本法である。

Lesson 28 国はどうやってお金を集めてるの？

1　ウ
2　公債金
3　①国税　②地方税　③直接税
④間接税
4　経済成長率
5　景気変動（景気の循環）
6　①生存　②社会保険　③公的扶助
④社会福祉　⑤公衆衛生

解説

1 社会保障関係費は，国民の最低限度の生活を保障するのに必要な経費で，社会保険費，社会福祉費，生活保護費などが含まれる。少子高齢化の急速な進展，長引く不景気により，社会保障関係費は増え，2020年度当初予算で歳出全体の約35％を占める。アの地方交付税交付金は，地方財政の格差をなくすために，国から地方公共団体へ支出されるお金である。イの国債費は，国の借金とその利子を支払うための費用である。

2 公債金とは国の借金のことである。公債金は，2020年度当初予算で歳入全体の約32％を占める。

3 ①②国に納めるのが国税，都道府県や市（区）町村に納めるのが地方税である。③④納税者と税負担者が同じなのが直接税で，所得税や住民税などがある。納税者と税負担者が異なるのが間接税で，消費税や関税などがある。

4 国内総生産（ＧＤＰ）とは，国内で１年間に生産された総生産額から，原料や材料にかかった費用などを引いたものである。国内総生産などが増えていくことを経済成長といい，前年度に対して，国内総生産などが伸びた割合を経済成長率という。

5 好景気と不景気が順番に繰り返す景気変動を，国は財政政策で調整する。財政政策は日本銀行の金融政策と連携して行われる。財政政策とは，政府が，好景気のときは増税を行ったり公共事業を減らしたりし，不景気のときは減税を行ったり公共事業を増やしたりすることである。金融政策とは，日本銀行が，主に一般の銀行などの金融機関の通貨量を，好景気のときは減らしたり，不景気のときは増やしたりすることである。

6 ①日本国憲法第25条の第１項には「すべて国民は，健康で文化的な最低限度の生活を営む権利を有する。」とある。これが生存権である。これにもとづいて，日本の社会保障は行われている。日本の社会保障制度の４つの柱は，社会保険，公的扶助，社会福祉，公衆衛生である。②社会保険には，病気やけがをしたときに給付される医療保険，高齢になって収入がなくなったときに給付される年金保険，職を失ったときに決まった期間だけ給付される雇用保険，介護が必要になった人が介護サービスを受けられる介護保険，仕事が原因で病気やけがをしたり，死亡したりした場合に給付される労災保険（労働者災害補償保険）がある。③公的扶助には，収入が一定額以下の人を援助する生活保護がある。④社会福祉には，障害のある人の生活を援助する障害者福祉，高齢者の生活を援助する高齢者福祉，保護者のいない児童のための福祉施設を建設するなどの児童福祉，母と子だけの家庭の生活を援助する母子福祉がある。⑤公衆衛生には，予防接種や感染病予防などを行う感

染症予防，公害を防ぐ公害対策，上下水道の整備などがある。

日本の社会保障制度の4つの柱

（1）社会保険　（2）公的扶助

（3）社会福祉　（4）公衆衛生

Lesson 29 世界の平和を守るために…

> **1** 国民（人口），主権（政府）（順不同）
>
> **2** （1）総会
>
> （2）安全保障理事会（安保理）
>
> （3）イギリス，フランス，中国，ロシア連邦
>
> （順不同）
>
> （4）平和維持活動（PKO）
>
> **3** イ
>
> **4** テロリズム（テロ）
>
> **5** ODA

解説

1 国家として成立するためには，領土（領域），国民（人口），主権（政府）の3つの要素が必要である。この3つの要素を持った国を主権国家という。現在，190を超える主権国家が存在している。

2 （1）国際連合は，総会，安全保障理事会などの主要機関や，国連教育科学文化機関（UNESCO）などの多くの専門機関などからなる。主要機関のうち，全加盟国で構成され，その代表者が集まるのが総会である。総会は年1回定期的に開催される。総会の議決は1国1票の多数決制が原則で，加盟国は平等の投票権を持っている。

（2）安全保障理事会は国際連合の中心機関で，5か国の常任理事国と総会で選出された任期2年の10か国の非常任理事国で構成される。

（3）**安全保障理事会の常任理事国は，アメリカ合衆国，イギリス，フランス，ロシア連邦，中国の5大国である。安全保障理事会では，常任理事国にそれぞれ拒否権があり，常任理事国のうち1国でも反対すると議案は決定できないことになって**

いる。安全保障理事会は，国際連合の中でも強い権限を持っている機関である。

（4）国際連合が，世界中の紛争地域で平和維持のために行う活動を平和維持活動（PKO）という。日本は，1992年に国際平和協力法（PKO協力法）を制定すると，その下で，自衛隊を紛争地域に派遣して，道路の舗装や飲み水の支給などの人道支援を行っている。

3 ASEAN（東南アジア諸国連合）は，1967年に結成された地域機構である。アのEU（ヨーロッパ連合，欧州連合）は，1993年に，それまでのEC（ヨーロッパ共同体）が発展して発足した。ウのAPEC（アジア太平洋経済協力会議）は，1989年に，環太平洋地域の経済協力を進めるために始まった。日本もAPECに参加している。NAFTA（北米自由貿易協定）は，アメリカ合衆国，カナダ，メキシコの3か国によって貿易や投資の自由化を進めるために結ばれた協定で，1994年に発効した。しかし，2020年にUSMCAが発効したのにともない，失効した。

主な地域統合

・EU（ヨーロッパ連合，欧州連合）

・ASEAN（東南アジア諸国連合）

・APEC（アジア太平洋経済協力会議）

・TPP（環太平洋経済連携協定）

4 2001年9月11日に起きたアメリカ同時多発テロでは，約3000人が犠牲となった。アメリカは，国際テロ組織の犯行として，テロ支援勢力を倒すために，世界の多くの国々を巻き込んでアフガニスタン攻撃やイラク戦争を起こした。

5 日本の政府開発援助（ODA）の額は，約173億ドル（1ドル＝100円として，約1兆7300億円）で，世界第4位である（2018年）。なお，日本のODA対象地域は，アジア州とアフリカ州に多い。

Lesson 30 未来のためにできること

1　①イ　②エ　③ア　④ウ

2　ア

3　リデュース（減らす，発生をおさえる），
リユース（再使用，再生使用），
リサイクル（再生利用）（順不同）

4　南北問題

5　原子力発電

6　再生可能エネルギー

7　非核三原則

解説

1　①地球温暖化とは，地球の平均気温が上昇することである。原因は，石油・石炭などの化石燃料の大量消費による二酸化炭素などの温室効果ガスの増加である。平均気温が上がることで，海面が上昇し，水没する島国が出てくる。また，かんばつや集中豪雨などの異常気象は，地球温暖化の影響で起こっていると考えられている。②高度10～50kmの上空にあるオゾン層には，太陽からの有害な紫外線を吸収する働きがある。しかし，スプレーや冷蔵庫に使用されてきたフロンガスが，オゾン層を破壊する原因となり，強い紫外線が地球上に降り注ぎ，皮膚がんを発症させるなど人体に悪影響を与えることがある。③砂漠化とは，地球上に不毛の地が増加することである。特にアフリカ大陸のサハラ砂漠の南に広がるサヘル地帯では，森林の過伐採や家畜の過放牧が原因で，砂漠化が進行している。また，西アジアや中国の内陸部でも砂漠化は起こっている。④熱帯林の減少は，アマゾン川流域や東南アジアなどで問題となっている。原因は，焼畑のしすぎや土地開発，道路開発など人為的なことである。なお，工場や自動車の排出ガスに含まれる窒素酸化物や硫黄酸化物が原因で起こる酸性雨も，重大な地球環境問題の1つである。

ポイント

主な地球環境問題

・地球温暖化　　・オゾン層の破壊
・砂漠化　　　　・熱帯林の減少
・酸性雨

2　四大公害病とは，イの水質汚濁が原因の水俣病（熊本県・鹿児島県），イタイイタイ病（富山県），新潟水俣病（新潟県）の3つと，大気汚染が原因の四日市ぜんそく（三重県）である。

3　循環型社会の実現を目ざして，2000年に循環型社会形成推進基本法が制定された。さらに，3Rの1つであるリサイクル（再生利用）を進めるために，家電リサイクル法などの法律がつくられた。

4　先進工業国が地球上の北側に多く，発展途上国が地球上の南側に多いことから，先進工業国と発展途上国との間の経済格差や，それに伴ったさまざまな問題を南北問題という。なお，発展途上国どうしの経済格差は南南問題という。

5　原子力発電は，2011年3月の東日本大震災による福島第一原子力発電所の事故に見られるように，安全性の面や廃棄物の処理などに関して，大きな問題がある。

6　再生可能エネルギーを利用した発電は，不安定で供給量が少ないなどの課題がある。しかし，発電時に二酸化炭素を排出しない，安全性の面で比較的安心であるなどの利点も多い。再生可能エネルギーには，太陽光，風力，地熱，波力，バイオマス（生物資源）などがある。

7　世界で唯一の核兵器による被爆国である日本は，政府が非核三原則の方針を貫き，世界の核軍縮に貢献する責任がある。

1 世界のすがた・自然環境，時差

(1) ウ

(2) 黒潮（日本海流）

(3) ①イ　②北西　③エ

(4) 13

解説

(1) マングローブとは，熱帯や亜熱帯のしずかな海岸，入り江，河口で，満潮時に海水におおわれる所に育つ常緑広葉樹の森林である。マングローブには，多種多様な魚介類がすむ。東南アジアの国々ではマングローブを伐採して，輸出用のえびの養殖が行われ，日本へも輸出されている。

(2) 屋久島の南方を流れて，高知県の沖合いへと向かって北上する暖流は黒潮（日本海流）である。なお，日本海を北上する暖流は対馬海流，日本海を南下する寒流はリマン海流，太平洋を南下する寒流は親潮（千島海流）である。黒潮と親潮がぶつかる潮境（潮目）がある三陸海岸の沖は，豊かな漁場となっている。

ポイント

日本近海の海流

・暖流…黒潮（日本海流），対馬海流

・寒流…親潮（千島海流），リマン海流

(3) ①赤道は0度の緯線である。赤道はアフリカ大陸中央部，インドネシア，南アメリカ大陸北部などを通る。ア〜エのうちでインドネシアを通っている線はイである。②略地図1は東京からの距離と方位が正しい地図なので，東京の左上に位置するカイロは，東京から見て北西にあることになる。なお，八方位とは，北，北東，東，南東，南，南西，西，北西の8つである。③世界の気候区分によれば，東京，ローマ（イタリア），ブエノスアイレス（アルゼンチン）の3都市は温帯に，カイロ（エジプト）は乾燥帯に属する。エのグラフは一年を通して気温と降水量に大きな変化があり，6月から9月にかけて気温が高く降水量が多いこ

とから，温帯の温暖（温帯）湿潤気候に属する東京である。アは，降水量がほとんどなく，気温は比較的高い乾燥帯の砂漠気候に属するカイロのグラフ。イは，11月から3月にかけて気温が高く，5月から9月にかけて気温が低いので，日本とは季節が逆の南半球にある，温帯の温暖（温帯）湿潤気候に属するブエノスアイレスのグラフ。ウは，5月から8月に降水量が少ない温帯の地中海性気候の特徴があるローマのグラフである。

(4) 日本とイギリスの時差は9時間なので，東京（成田）が1月1日午前11時のとき，イギリス（ロンドン）は11－9＝2で，1月1日午前2時である。ロンドンの時刻に合わせて計算すると，ロンドンが1月1日午前2時のときに成田を離陸した飛行機が，1月1日午後3時にロンドンに着陸したことになるので，飛行した時間は15時（午後3時）－2時（午前2時）＝13で，13（時間）となる。

2 日本の自然環境・産業，日本の諸地域

(1) リアス海岸

(2) ①臨海部　②空港の近く

(3) 横浜（市），松山（市）（順不同）

(4) ①⑦B　⑦C　⑦A

②（例）新鮮な野菜を近くの大消費地に，短時間で安く輸送できるから。

解説

(1) リアス海岸は多くの入り江や湾を持つ海岸なので，天然の良港が多い。日本では，Xの三陸海岸のほか，若狭湾，志摩半島，豊後水道，長崎県の海岸などにリアス海岸が見られる。

(2) 太平洋ベルトの臨海部は，工業原料や燃料を輸入して，工業製品を輸出する海上輸送の便がよいため，京葉工業地域，京浜工業地帯，東海工業地域，中京工業地帯，阪神工業地帯，瀬戸内工業地域，北九州工業地帯（地域）などが発達している。九州地方のIC工場は，ICが軽量で高価なため，輸送費の高い航空輸送でも利益が出ることもあって，空港の近くに発達している。

ポイント

IC 工場の立地

・九州地方や東北地方の IC 工場

→空港や高速道路のインターチェンジの近く
　に立地している。

(3) Aは青森県，Bは新潟県，Cは愛媛県，Dは
神奈川県である。県名と名称が異なる県庁所在地
は，横浜市（神奈川県）と松山市（愛媛県）の２つ
である。

(4) ①表中の⑦は米の割合が圧倒的に高いので，
日本有数の穀倉地帯があるBの新潟県，④は果実
の割合が高いのでみかんの生産がさかんなCの愛
媛県，⑦は農業総産出額が多く，野菜，果実，畜
産の割合が均等なので，いずれの生産もさかんな
Aの青森県である。②Dの神奈川県は，東京や横
浜，川崎などの大消費地が近くにあり，新鮮な野
菜をすぐに輸送できるという条件をいかして，大
都市向けに，キャベツ，だいこん，ほうれんそう
などの野菜を生産する近郊農業がさかんである。

---

❸ 原始～近世

(1) 卑弥呼

(2) エ→ア→ウ→イ

(3) イ

(4) ア，ウ，カ

(5) ①参勤交代　②徳川家光

　　③（例）財政上の大きな負担になった。

(6) ①国学　②エ

解説

(1) 中国の歴史書『魏志倭人伝』には，邪馬台国
の女王卑弥呼が，倭の国の中にある30あまりの
国々を従えていたこと，魏の皇帝に使いを送って
きて，「親魏倭王」の称号と金印などを授けられ
たことなどが記されている。邪馬台国の所在地は，
『魏志倭人伝』の記述や遺跡の発掘，遺物の調査
などから，近畿地方にあったとする説や九州地方
にあったとする説などがあり，論争が続いている。

(2) 略年表中のbの期間とは，239年（弥生時代）
から894年（平安時代）までの間である。アの班
田収授法が定められたのは７世紀後半（飛鳥時

代），イの坂上田村麻呂が征夷大将軍に任命され
たのは８世紀終わりごろ（平安時代），ウの聖武
天皇が奈良に東大寺を建てたのは８世紀中ごろ
（奈良時代），エの中大兄皇子と中臣鎌足が大化の
改新を始めたのは645年（飛鳥時代）のできごと
である。これらを年代の古い順に並びかえると，
エ→ア→ウ→イとなる。

(3) cの六波羅探題は承久の乱後に置かれた。承
久の乱とは，源氏の将軍が３代で途絶えたのち，
鎌倉幕府の混乱に乗じて，後鳥羽上皇が1221年
に倒幕のために挙兵した事件である。戦いは幕府
側の勝利に終わり，敗れた後鳥羽上皇は流罪と
なった。乱のあと幕府は，京都に六波羅探題とい
う役所を置いて，朝廷の監視，京都の警備，西日
本の武士の統率などを行った。なお，アの後醍醐
天皇は，1333年に鎌倉幕府を滅ぼした人物，ウ
の北条泰時は1232年に御成敗式目を制定した人
物，エの北条時宗は，1274年と1281年の元寇
に対応した人物である。

(4) ポルトガル人やスペイン人が南蛮人と呼ばれ
たことから，彼らとの貿易を南蛮貿易という。南
蛮貿易での主な輸入品は，生糸・絹織物・鉄砲・
ガラス製品などで，日本からの主な輸出品は，銀・
刀剣・漆器などであった。

(5) 江戸幕府は，大名を統制するため，将軍が代
替わりするたびに武家諸法度を制定した。３代将
軍徳川家光のときの1635年に制定された武家諸
法度で，参勤交代が制度化された。大名の妻子を
江戸に住まわせ，領地と江戸の間を１年ごとに行
き来させる参勤交代の制度は，旅費や江戸での滞
在費など，各藩にとって，財政上の大きな負担と
なった。なお，領地と江戸の間を大名が定期的に
往復することで，五街道などが整備され，宿場町
などが発達した。

(6) 国学とは，『万葉集』や『古事記』などを通
じて古来の日本人の考え方を研究する学問である。
本居宣長は，『古事記』を研究して『古事記伝』
を著し，国学を大成した。国学はのちに天皇を尊
ぶ尊王思想と結びつき，幕末の尊王攘夷運動に大
きな影響を与えた。なお，アの寛政の改革に影響
を与えたのは朱子学，イの太平天国の乱に影響を
与えたのはキリスト教，ウ.大塩平八郎の乱に影

響を与えたのは陽明学である。

ポイント

江戸時代の学問

・国学…本居宣長『古事記伝』

→尊王攘夷運動に大きな影響を与えた。

4 近代〜現代

(1) 地租改正

(2) (例)多額の戦費を使ったのに賠償金を得られなかったから。

解説

(1) 資料1中の「地券を発行」「収穫高から地価に変更」「現金で納める」などから、1873年から実施した税制改革は地租改正であることがわかる。当初の税率は地価の3％であったが、農民の負担は、それまでの年貢として納めていたものとほとんど変わらず苦しかったため、各地で地租改正反対一揆が起こった。このため、政府は1877年に税率(地租)を地価の2.5％に引き下げた。

(2) 資料2で、日露戦争の戦費も戦死者も、日清戦争と比べて大きく増えている。日露戦争がどれだけ過酷な戦争であったかが読み取れる。また、資料3で、日清戦争の講和条約である下関条約では賠償金を得られたが、日露戦争の講和条約であるポーツマス条約では賠償金を得られなかったことが読み取れる。多額の戦費をついやし多くの戦死者を出したにもかかわらず、日露戦争ではそれに見合うだけのものを得られなかったと考えた国民の不満は爆発した。東京の日比谷では交番や電車などが焼き打ちされ、政府は戒厳令をしいて軍隊を出動させた(1905年、日比谷焼き打ち事件)。

ポイント

日清戦争と日露戦争

・1894〜95年…日清戦争
　講和条約は下関条約、賠償金あり

・1904〜05年…日露戦争
　講和条約はポーツマス条約、賠償金なし

5 日本国憲法，民主政治，地方自治

(1) 請求権

(2) 公共の福祉

(3) ア 参議院　イ◯　ウ◯

(4) イ

解説

(1) 基本的人権を守るために保障されているさまざまな権利のうち、人権が侵されたときに救済を求める権利を請求権という。なお、参政権も基本的人権を守るための権利であるが、これは国民が直接、または間接的に政治に参加する権利のことをいう。

(2) この条文は日本国憲法第12条である。日本国憲法第11条では、基本的人権は「永久」で「不可侵」の権利と定められているが、一切の制限を受けないわけではない。日本国憲法第12条で、基本的人権は「国民の不断の努力」により保持しなければならず、「濫用」してはならないこと、そして、常に「公共の福祉」のため利用されるべきものであることが述べられている。

(3) アの比例代表において有権者が政党名か候補者名のどちらかを書いて投票するのは、参議院議員選挙である。イの衆議院議員選挙では、小選挙区と比例代表の両方に候補者は立候補でき、小選挙区で落選しても、比例代表で当選する場合がある。なお、衆議院議員選挙の比例代表においては、有権者は政党名のみを書いて投票する。ウの参議院議員選挙では、比例代表で選出される議員数よりも選挙区で選出される議員数のほうが多い。

ポイント

衆議院議員選挙と参議院議員選挙

・衆議院…小選挙区比例代表並立制

・参議院…選挙区選挙と比例代表選挙

(4) 首長と地方議会の議員は、対等な立場で互いを抑制してバランスを保っている。議会は首長に対する不信任議決をすることが認められている。アの解職請求は首長や議員などに対して、ウの解散請求は議会に対して、いずれも有権者が3分の1以上の署名を集めて選挙管理委員会に請求できる。エの再議の要求は、首長が議会に対して条例

の制定や予算の議決に異議がある場合に行うこと
ができる。

> **6 内閣のしくみ，裁判所，国際社会**
> (1) ①国務　②閣議　③刑事　④裁判官
> (2) エ

解説

(1) ①②内閣総理大臣とすべての国務大臣が出席
して政治の方針を決定する会議は閣議と呼ばれる。
議案の決定は全会一致を原則とし，非公開で行わ
れる。③④司法制度の改革の一環として，裁判員
制度が2009年5月から実施された。20歳以上の
有権者の中からくじで選ばれた6人が裁判員とし
て殺人などの犯罪に関する刑事裁判の第一審に参
加し，3人の裁判官とともに被告人の有罪・無罪
や刑罰の内容を決める。

(2) 太平洋を囲む11か国で結成された，自由貿
易や経済活動を自由化を進めるための経済連携協
定（EPA）のことをTPP（環太平洋経済連携協定）
という。なお，アのEU（ヨーロッパ連合）にはヨー
ロッパの国々27か国が加盟（2020年現在），イ
のASEAN（東南アジア諸国連合）には東南アジ
アの国々10か国が加盟（2020年現在），ウの
APEC（アジア太平洋経済協力会議）にはアジア
の国々や太平洋を取り囲む21の国と地域が加盟
しており（2020年現在），いずれも特定の地域に
おける国家間の経済的な協力関係を強める地域統
合である。

ポイント

主な地域統合

・EU（ヨーロッパ連合）

・ASEAN（東南アジア諸国連合）

・USMCA（アメリカ・メキシコ・カナダ協定）

・APEC（アジア太平洋経済協力会議）

・TPP（環太平洋経済連携協定）